E. HERPIN

LA

Côte d'Émeraude

(SAINT-MALO. SES SOUVENIRS)

RENNES
HYACINTHE CAILLIÈRE, LIBRAIRE-ÉDITEUR
2, PLACE DU PALAIS, 2

M DCCC XCIV

LA COTE D'ÉMERAUDE

E. HERPIN

LA
Côte d'Émeraude

(SAINT-MALO. SES SOUVENIRS)

RENNES
HYACINTHE CAILLIÈRE, LIBRAIRE-ÉDITEUR
2, PLACE DU PALAIS, 2

M DCCC LCIV

INTRODUCTION

Saint-Malo, 15 Mai 1894.

Le bleu de la Méditerranée si vif, si pur, si clair, dans sa riche et chaude tonalité, a fait naître la jolie appellation de : « Côte d'Azur ».

Notre côte, à nous, voilée, l'hiver, dans les brouillards, les temps blancs ou les teintes grises s'éclaire, soudain, s'anime, se colore, sitôt les premiers soleils et alors, elle mérite bien le nom coquet de « Côte d'Émeraude », dont on s'est plu à la baptiser.

La « Côte d'Émeraude » c'est, tout d'abord, Saint-Malo, Dinard et Paramé.

C'est aussi toutes les stations balnéaires qui s'échelonnent au long des rochers et des falaises, depuis la baie de Cancale, jusqu'à la pointe du Cap Fréhel.

Bien que toutes neuves, bien que nées d'hier, toutes ces stations balnéaires ont cependant un très vieux passé.

Durant ce très vieux passé, elles s'appelaient tout simplement, tout prosaïquement : le « Clos-Poulet ».

Ce sont les souvenirs du « Clos-Poulet » — de l'ancien

Clos-Poulet devenu la « Côte d'Émeraude » — que je vais essayer de rappeler.

Faut-il espérer que mon livre fait, surtout, avec les souvenirs cueillis dans la mémoire de nos aïeules ; fait aussi avec les légendes, les contes, les croyances et les chansons des bonnes femmes de mon pays saura, durant quelques heures, intéresser les amis des choses qui ne sont plus.

E. Herpin.

I

VIEILLES RELIQUES

N. D. DE LA GRAND'PORTE. — LA MAISON DU CHEVAL BLANC.
HISTOIRE D'UNE ANCIENNE FAMILLE DU PAYS.
LE CHATEAU DES BIGORNEAUX.
LA MAISON EN ARGENT DE SAINT-MALO.
LA MAISON DE VERRE DE SAINT-MALO.
LA MAISON DE JACQUES CARTIER. — LA MAISON DE LA « MOUNE ».
DUC, CHERCHE TES CHIENS.
SAINT-CHRISTOPHE DE LA GRAND'PORTE.
LE CHATEAU DE LA FOSSE-HINGANT.
LE CHATEAU GAILLARD.
UN DERNIER MOT SUR LES VIEILLES MAISONS DE SAINT-MALO.

NOTRE-DAME DE LA GRAND'PORTE

La légende du Clos-Poulet ! C'est l'histoire merveilleuse de tous les nombreux saints, des vieux solitaires, des héros fabuleux dont la lointaine origine se perd dans les mystères de la forêt de Scissy. C'est la longue et belle théorie des saints Coulfmith, Armaël, Enogat, Judicaël, Cadocanam et autres nobles abbés mitrés qui illustrèrent l'antique Quidaleth. C'est l'époque des voyages mystérieux que font les saints ermites dans des navires de pierre que guident les anges aux grandes ailes déployées. C'est l'époque aussi où la marée de 709 engloutit le pays tout entier d'où s'envole la Vierge Marie emportant ses trésors et les petits enfants voués à son culte...

Oui, c'est là la légende, la légende dorée du Clos-Poulet ! Or, à l'époque où finissait cette légende dorée et où commençait l'histoire véritable — de sorte que vous pouvez, à votre gré, placer mon récit au dernier soir de la légende ou à la première aurore de l'histoire — un beau brick de Saint-Malo voguait vers les Indes.

Un matin, son équipage découvrit, flottant entre deux eaux, à deux ou trois encablures, un objet volumineux. Une chaloupe fut le chercher. Cet objet était une grande caisse cerclée de fer qu'on ouvrit à grand'peine et qui renfermait un lourd monolithe, figurant une statue de la Sainte-Vierge Marie.

L'équipage du navire, à la vue de la Madone de pierre, demeura frappé d'étonnement, se demandant comment une telle masse de granit, autrement que par miracle, avait pu surnager.

Le capitaine, cependant, fit disposer une place convenable dans l'entrepont, pour y placer la statue miraculeuse, faisant le vœu de l'offrir à la ville de Saint-Malo, aussitôt son retour. Après quoi il voulut continuer sa route, mais il eut à essuyer une telle série d'ouragans extraordinaires, dont la cause lui échappait, qu'il finit par comprendre que la Madone de pierre ne voulait pas aller aux Indes et avait hâte de se trouver à Saint-Malo. Alors le beau brick vira de bord, bout pour bout, et, grand vent arrière, fila vers le Clos-Poulet où il arriva après une très rapide traversée.

La Vierge miraculeuse fut portée triomphalement dans le chœur de la Cathédrale où elle resta exposée plusieurs mois à la vénération des fidèles. Ensuite, elle fut placée au-dessus de la Grand'Porte, à la place où elle se trouve encore aujourd'hui.

Durant la Révolution, quelques sans-culottes essayèrent bien, un jour, d'arracher la statue de son antique sanctuaire, mais mal leur en prit, car en apprenant leur criminelle intention, toutes les dames de la poissonnerie accoururent, menaçant d'ouvrir le ventre des profanateurs avec les longs couteaux qui servent à tailler la raie.

Aujourd'hui encore, elle est là, au-dessus de la Grand'Porte, la Vierge miraculeuse.

Elle est là, veillant sur la cité, depuis des années et des années.

C'est elle, au XVe siècle, qui a arrêté l'incendie dans lequel Saint-Malo allait disparaître à jamais.

C'est elle, au temps des Anglais, qui nous a défendus et sauvés. Un matin, en effet, on vit la Vierge de la Grand'Porte sortir tout à coup de son immobilité et incliner le doigt vers la terre. On creusa. On aperçut des torches qui brillaient dans les entrailles du roc, des mineurs qui se préparaient à faire sauter la ville et qui, grâce à l'intervention de la Vierge, n'arrivèrent qu'à creuser prématurément leur tombeau.

Aussi, sans cesse, jour et nuit, depuis cette époque lointaine, des lumières brûlent, en l'honneur de la Vierge Malouine et une pieuse croyance raconte que jamais une calamité publique ne frappera Saint-Malo, tant qu'une bougie brillera aux pieds de N. D. de la Grand'Porte.

LA MAISON DU CHEVAL BLANC

Celle-là, c'est la belle histoire que, tout jadis, les vieilles bonnes du Clos-Poulet aimaient tant à raconter, à la veillée, en se tricotant des jupons de laine, quand dehors il grelottait l'onglée, quand dedans — dedans les hautes et solides maisons de granit, dedans surtout les larges cheminées de cuisine au bord desquelles elles se blottissaient sur les billots de chêne — quand dedans il faisait bien chaud, il faisait bien bon.

Celle-là, c'est la belle histoire qu'on contait, le soir, dans les grands salons des hôtels malouins, tout en attendant le premier son du couvre-feu. On la contait, la belle histoire, en même temps que les merveilleuses prouesses de M. Duguay. On la contait aussi, plus tard, en même temps que les misères de nos aïeux prisonniers sur les pontons, et, dodelinant leurs têtes blanchies par les inquiétudes et les années, nos vieilles grand'mères disaient alors : « Tout cela, mes enfants, ne serait peut-être pas arrivé si la bonne Duchesse avait épousé le seigneur au Cheval Blanc. »

— Oh ! bonne grand'mère. Qu'est-ce que c'est donc que le seigneur au Cheval Blanc ?

Et bonne grand'mère contait ainsi son histoire, la belle histoire du Clos-Poulet.

*
* *

Lors, Saint-Malo n'était qu'un faisceau compliqué de vieilles maisonnettes.

Ces vieilles maisonnettes, toutes de figure minable, loqueteuse, crasseuse et dépenaillée, dégringolaient à la queue leu leu tout au long de ruelles à pic, pas plus larges qu'un mouchoir de poche. Elles étaient simplement recouvertes en « bedoue, » c'est-à-dire en roseaux du marais de Dol, construites en bois du Nord apporté par les bateaux et liées les unes aux autres par des arcades voûtées, ce qui faisait qu'elles avaient tout à fait l'air de se donner la main pour éviter de tomber. Leurs entablements superposés saillaient drôlement les uns sur les autres, et, facilitant les rapports de bon voisinage, permettaient aux habitants des greniers, d'un côté à l'autre de la rue, de s'embrasser sur les deux joues avant d'aller se coucher.

Au milieu de ce dédale de vieilles bicoques en bois, constrastait par son élégance une belle demeure entièrement bâtie en granit de Bretagne. Cette belle demeure, toute seule de son espèce, avait des fenêtres cintrées tout comme les fenêtres de la cathédrale, et même, au-dessus des ogives, elle laissait pendre de grosses grappes de raisin taillées en relief. Elle avait aussi une poterne ronde surmontée d'armes nobiliaires finement ciselées et une grosse tour à pans coupés qui semblait la garder en avant, ainsi qu'un haut guetteur de pierre.

Située au fond de la cour la Houssaye, cette belle demeure s'appelait alors, comme elle se nomme encore, « la maison de la duchesse Anne. »

*
* *

Au commencement de l'an de grâce 1491, la Duchesse y demeura pendant quelques semaines, et les passants purent la voir, bien souvent, qui filait son gracile fuseau d'argent, tout au bord de sa fenêtre cintrée, cintrée ainsi qu'une fenêtre de cathédrale.

Ils purent la voir qui filait, qui filait mélancoliquement tout en songeant à la fois et à son avenir très prochain et à la très prochaine destinée de sa douce province.

Elle venait, en effet, la bonne Duchesse, de fiancer, par procuration, avec Maximilien, ce duc d'Autriche qui devint plus tard empereur d'Allemagne, et elle était triste en songeant que sa belle hermine bretonne, un jour venant, deviendrait peut-être allemande.

Et elle était plus triste encore, en songeant qu'elle avait repoussé, déjà une fois, les avances que lui avait faites Charles de France, Charles de France qui à nouveau implorait sa main.

Et elle se demandait s'il ne valait pas mieux voir sa belle hermine bretonne devenir française, plutôt que de la voir devenir allemande.

Et son gracile fuseau d'argent oubliait de tourner. Et ses grands levriers nonchalants, las d'être délaissés, s'endormaient à ses pieds. Et la lune blanche se levait. Et la tour de la belle demeure aux fenêtres cintrées — cintrées comme des fenêtres de cathédrale — se profilait dans le ciel clair, ainsi qu'un haut guetteur de pierre.

※

Or, une nuit qu'elle rêvait ainsi, un doux cavalier vint à passer sous ses yeux.

Le galop de son cheval sonnait sur le pavé, aussi pur qu'un tintement d'Angelus et son cheval, éclairé par la blanche lune, se dessinait dans la nuit, aussi neigeux que le manteau d'hermine de la bonne Duchesse.

Et, en passant, le doux cavalier, dans le vieil idiome d'Armorique, murmura une courte phrase qui signifiait en langue française : « Accepte ma main, belle Duchesse, et, ni autrichienne, ni même française, ta blanche hermine demeurera toujours bretonne. »

Et la belle Duchesse ne répondit pas.

Et le doux cavalier passa son chemin. Il revint le jour suivant. Il revint toujours, toujours, toujours...

※

Et la Bretagne, le 6 décembre 1491, devint française.

Et la belle légende du Clos-Poulet raconte que souvent,

la nuit, au pied de la tour de la Duchesse Anne qu'on appelle aussi « la maison du Cheval Blanc » on entend encore aujourd'hui comme un étrange bruit de galop qui sonne sur les vieux pavés disjoints, aussi pur qu'un tintement d'Angelus.

Et dans la ruelle, à pic, au ras de la tour, on voit aussi, rapide comme un nuage emporté par le vent de mer; comme une haquenée qui passe, aussi blanche que l'hermine de la vieille Bretagne.

HISTOIRE
D'UNE ANCIENNE FAMILLE DU PAYS

Cette famille-là, qui vivait, chez nous, avant la Révolution, se composait de sept personnes : Gros-Malo, Martin, Guillaume, Perrine, Françoise, Jeanne et Noguette.

C'était une très estimable et digne famille. Ses mœurs étaient patriarcales. Tous les matins, comme une nichée de fauvettes, elle s'éveillait avec l'aurore, et, sitôt éveillée, on l'entendait gazouiller dans sa demeure aérienne, au milieu du ciel bleu, souhaitant un joyeux bonjour aux bons Malouins dormant encore, eux autres, sur leurs deux oreilles.

Le jour des grandes fêtes, tous ensemble, Gros-Malo avec sa voix de basse, Martin et Guillaume avec leurs voix de ténors légers ; Perrine, Françoise, Jeanne et Noguette avec leurs petites voix flûtées de soprano, tous ensemble, ils chantaient, chantaient en chœur. Ils chantaient en dansant. Et c'était un beau carillon qu'on entendait de loin, très loin, jusqu'aux plus lointaines extrémités du Clos-Poulet.

Quand vint la Révolution, cette famille aux mœurs

simples, à la vie austère, fut déclarée suspecte. Suspecte ! Qu'avait-elle donc fait ! Elle avait eu le tort de pleurer quand pleuraient les Malouins ; elle avait eu le tort de chanter quand ils chantaient. Ses glas plaintifs, ses carillons joyeux... tout cela n'était plus dans la note.

Bref, elle fut dispersée, maltraitée, disséminée aux quatre vents. Martin fut offert à la Municipalité de Saint-Servan, et, à Saint-Servan, il vécut longtemps, en exil, traînant une vie malheureuse qui s'éteignit vers 1830, époque à laquelle l'âme de Martin passa dans le bronze d'une nouvelle cloche.

Guillaume, lui, fut exilé dans le clocher de Paramé. Quant à Françoise, Jeanne et Perrine, elles furent mises à mort, sans forme de procès. On dit que leurs restes servirent à faire des gros sous.

De toute cette famille de sept personnes, Gros-Malo et Noguette furent donc seuls épargnés. Gros-Malo et Noguette sont, d'ailleurs, encore vivants, coulant au haut de leur clocher à jour une paisible et pieuse vieillesse.

Né sous Louis XIV, il est bien vieux, bien respectable, le Gros-Malo, le chef de notre famille de cloches. Il est même quelque peu décrépit. Le temps a fendillé sa belle robe d'airain. Par la brèche, une partie de sa vie s'est envolée, et on affirme que sa grande voix que nous trouvons si sonore et si belle n'est plus qu'un souffle à côté de ce qu'elle était autrefois.

Quant à Noguette, ses débuts ont été orageux et sa jeunesse très nomade. Née à Rio-Janeiro, elle est débarquée chez nous, un beau matin, en compagnie de Monsieur

Duguay, et M. Duguay l'offrit au Chapitre de la Cathédrale.

Sitôt logée dans notre clocher, elle reçut pour mission de sonner le couvre-feu. Sous M. le Curé Huchet on lui permit de sonner en outre l'heure des vêpres, ainsi que la messe d'onze heures, appelée, à Saint-Malo, « la messe des paresseux. »

Aujourd'hui, vous connaissez ses fonctions. Sa principale est toujours le couvre-feu.

Chaque soir, quand votre foyer s'éteint, quand vos paupières s'alourdissent, quand dix heures sonnent à votre pendule, vous entendez tout-à-coup résonner dans le silence du soir une petite voix discrète. C'est Noguette. « Allons ! vous dit-elle, il faut souffler la lumière, il faut aller se coucher. Allons, mes chers Malouins, bonne nuit ! Dormez bien et faites de beaux rêves ! »

Et la lampe s'éteint et la nuit se fait. L'heure de la réalité est passée, l'heure du rêve commence. Et, là-haut, dans son clocher à jour, la petite Noguette s'endort au-dessus de la ville déjà endormie. Et elle rêve à sa patrie lointaine, au beau ciel de Rio, à Monsieur Duguay, aux prises glorieuses, aux hardis corsaires. Elle rêve au brillant Saint-Malo d'antan, au beau passé qui est mort. Elle rêve, elle se souvient, elle compare, elle regrette.

LE CHATEAU DES BIGORNEAUX

(CONTE DE NOEL)

Dans les jolies photographies de notre pays, « le Château des Bigorneaux » est toujours représenté comme servant de fond de tableau à la rue Gouin-de-Beauchêne, avec une très mince traînée de lumière à le séparer de celle-ci.

Cette très mince traînée de lumière, c'est la vieille rue du Bey, la vieille rue des revendeuses, auxquelles, avant d'aller se coucher, le soleil va toujours poliment dire bonsoir, et cela depuis les temps les plus reculés.

La plus vieille maison de la vieille rue du Bey, l'aïeule de toutes les autres, c'est celle qui porte le numéro 28, c'est « le Château des Bigorneaux. »

« Le Château des Bigorneaux » s'appelle ainsi parce que les bonnes gens du quartier racontent qu'autrefois, durant la messe de minuit, il se tapissait merveilleusement de toute une végétation spontanée de bigorneaux.

Racontent-ils cela pour se moquer des étrangers qui, chaque été, viennent le regarder avec un guide Conty dans la main ? Racontent-ils cela plutôt, parce que, tout au fond de leur mémoire, sommeille encore la très ancienne légende que je vais vous conter ? Je ne sais trop. Tout ce que je sais, c'est que cette très ancienne légende du Clos-Poulet était pour nos grand'mères une croyance aussi ferme qu'un article de foi, et que cette très ancienne légende aussi, elles la savaient sur le bout du doigt, aussi bien que leurs leçons de catéchisme lorsqu'elles étaient des petites filles de la première communion.

*
* *

C'était dans le vieux temps, le vieux temps où toutes les maisons de la rue du Bey ressemblaient comme des sœurs jumelles au « Château des Bigorneaux » resté à peu près seul aujourd'hui de son espèce. C'était dans le vieux temps, bien différent du nôtre, où, à Saint-Malo, on était si peu curieux, qu'au lieu de loger, comme maintenant, dans des maisons de granit bien hermétiquement closes à tous les regards indiscrets, on pouvait loger impunément dans de transparentes maisons de verre. Or, ces maisons de verre étaient bien belles. C'étaient de vraies maisons de contes de fées. Pensez donc ! au lieu d'être construites avec des monceaux de pierres, elles étaient entièrement façonnées de centaines et centaines de petits vitraux, tout semblables à de jolis yeux bleus. Elles étaient aussi toutes brodées de dentelles d'ardoises et toutes fleuries d'élégantes sculptures. D'ailleurs, allez voir le « Château des Bigorneaux, » et vous verrez bien comment elles étaient toutes.

Alors, dans la maison qu'on appelle « le Château des Bigorneaux » vivait une pauvre vieille bonne femme qui était, de son métier, marchande de « brigaux. »

Les « brigaux » étaient, à cette époque, à peu près le seul gâteau connu dans le pays. C'était le seul, avec les cimereaux de Pleurtuit, qu'on vendait à la porte de la cathédrale, à la sortie de la grand'messe. C'était le seul aussi qu'on vendait à la foire des « Sublets » de la Grand'Porte, foire célèbre dans tout le Clos-Poulet, à dix lieues à la ronde, et où cependant on vendait aussi des « ustaches (1) » et des « turlututus ».

Malheureusement, cette année-là, notre marchande de brigaux avait attrapé une fluxion de poitrine en allant, par les rochers du Bey et de Malo, quérir sa marchandise.

Avec la maladie, la misère était venue, venue pour elle et pour son gars.

Autrefois, son gars, c'était un fier et rude Terreneuvas qui faisait de belles campagnes, gagnait de beaux écus et tournait la tête aux plus jolies filles du pays. Mais son gars, un jour, avait fait naufrage. Tout l'équipage avait péri, sauf lui. Encore lui, il avait, en réalité, pour ainsi dire, péri tout comme les camarades. Si la mer, en effet, n'avait pas voulu de son corps, elle avait pris son âme, son intelligence, sa raison. L'apeurement l'avait rendu innocent, innocent ainsi qu'un petit enfant.

Pauvre grand gars ! Pauvre grand innocent !

---

(1) Couteaux à un sou que jadis on vendait aux assemblées de notre pays.

⁕⁕

Joyeux Noël, c'est la fête de tous les enfants du bon Dieu, la fête des grands comme des petits, la fête de tous ceux qui, dans leur simple et naïf esprit, dans leur frêle et gracile imagination, pensent que l'Enfant-Jésus, la nuit de Noël, se promène dans le ciel étoilé, au-dessus des maisons, et descend par les cheminées pour remplir de célestes joujoux les mignons sabots déposés au bord des foyers.

Joyeux Noël, c'était bien aussi la fête de notre innocent. Tout le temps de sa vie d'homme s'était, en effet, à jamais effacé de sa mémoire dans laquelle, seules, étaient restées empreintes les images, les illusions et les croyances qui avaient bercé jadis sa petite enfance.

Oui ! Joyeux Noël, c'était bien la fête de notre innocent, et notre innocent, au bord de la cheminée, tout près des tisons, tout comme font les petits bébés, avait déposé son grand sabot de Terreneuvas.

⁕⁕

Dans son lit, la vieille marchande de « brigaux » geignait à fendre l'âme, à cause de la fièvre qui la tracassait, et, dans son délire, elle disait qu'elle ne pourrait, le lendemain, à la sortie de la grand'messe, aller, comme de coutume, offrir ses écuellées de « brigaux, » et qu'elle n'aurait rien non plus à mettre sous la dent de son pauvre grand innocent.

Et son pauvre grand innocent comprit ce qu'elle disait. Et, ouvrant la fenêtre, il se mit à genoux en face du ciel bleu tout criblé d'étoiles, et, à l'Enfant-Jésus qui le traversait alors, les mains pleines de joujoux, il demanda des écuellées de bigorneaux, tout plein son grand sabot de Terreneuvas.

Lors, dans le ciel clair, les cloches se mirent à chanter et, dans le ciel clair aussi, il vit voguer, venant de la grève, comme un nuage étrange.

S'envolant de tous les rocs, du Grand-Bey, de Malo, de l'Islet, de Césembre, de toute la côte, c'étaient les petits « brigaux » qui formaient ce nuage.

Et ce nuage, manne miraculeuse, vint se déverser, avec un bruit argentin, plein le sabot de l'innocent.

Et les « brigaux » tombaient, tombaient, arrivant toujours plus nombreux, arrivant jusque de Saint-Jacut, jusque de Saint-Cast, jusque du cap Fréhel. Et ils se logeaient partout, partout où ils trouvaient place, sur les murailles, sur le toit et jusque dans les gouttières.

*
* *

Inutile d'ajouter que, le lendemain, à la sortie de la grand'messe, notre vieille marchande vendit à pleines écuellées ses merveilleux bigorneaux.

C'est aussi depuis cette époque que, chaque année, durant la nuit de Noël, la maison qu'elle habitait alors se tapisse encore un moment d'une merveilleuse végétation de bigorneaux, que tous ceux qui n'ont pas une faute vénielle à se reprocher peuvent apercevoir, en passant par la rue.

C'est enfin depuis cette époque que les bonnes gens du quartier appellent « Château des Bigorneaux » la maison qui porte le N° 28 de la rue du Bey.

LA MAISON EN ARGENT DE SAINT-MALO [1]

Au milieu des humbles maisons de bois à entablements qui, sous Louis XV, bordaient la place du Pilori, à Saint-Malo, s'élevait un merveilleux hôtel qu'on appelait alors et que la vieille tradition locale appelle encore « la maison en argent. »

La « maison en argent » fut la demeure de la femme la plus belle, en même temps que la plus malheureuse, qui ait jamais vécu dans le Clos-Poulet : ce fut la demeure de Guillemette de La Marzellière.

*
* *

Guillemette avait dix-sept ans. C'était la fille unique d'un gros cossu d'armateur, M. Belin. De son très pur amour, elle adorait Léon, son gentil cousin, qui était garde d'honneur de noble duchesse Maclovie de Duras.

Or, Maclovie de Duras venait d'arriver à Saint-Malo,

[1] Il s'agit de la maison, place Broussais, habitée aujourd'hui par M. Renault, chapelier.

ayant profité, pour accomplir ce voyage, du séjour que son mari, muni des pleins pouvoirs royaux, faisait à Rennes, en vue de la réforme du trop turbulent Parlement de Bretagne.

Elle était descendue à l'hôtel Granville [1].

Toutes vêtues de blanc, les plus belles filles de la ville étaient venues la saluer, et, belle entre les belles, Guillemette lui avait présenté la quenouille fleurie et enrubannée.

Alors, Guillemette avait été remarquée par le jeune marquis de la Marzellière, qui, lui aussi, était garde d'honneur de la noble duchesse, et le jeune marquis était, incontinent, tellement devenu amoureux de Guillemette qu'il avait sollicité sa main de messire Belin.

Messire Belin, malgré les larmes et les supplications de sa fille, avait juré, avec des « mille millions de sabords et de tonnerres de Brest, » qu'elle accepterait ce brillant parti.

*
* *

Il y avait grand bal à l'hôtel Granville. On dansait un menuet. A la fin du menuet, Guillemette et Léon disparurent. Ils s'enfuirent du côté des remparts.

Alors, suivant l'ordonnance, toutes les portes de la ville étaient closes ; mais Léon avait pris ses précautions, ayant eu soin de suspendre une échelle de corde à l'un des créneaux des « petits murs. » Par cette échelle, il était

---

[1] Hôtel qui existe encore « rue de la Fosse. »

déjà descendu sur la grève de Bon-Secours, et Guillemette s'apprêtait à le rejoindre, afin de gagner avec lui le rivage, où un bateau les attendait, quand, tout à coup, elle poussa un grand cri. Messire Belin venait de la saisir par le bras. En même temps, sur la grève, quatre hommes s'emparaient de Léon, le garrottaient solidement, passaient à Dinard, et, brides abattues, l'emmenaient dans un vieux manoir retiré, aux environs de Plancoët.

*
* *

On avait laissé entendre à Guillemette que, dans sa fuite, Léon s'était noyé.

Alors Guillemette avait failli mourir de chagrin. Puis, peu à peu, elle était revenue à la vie. Peu à peu, elle s'était résignée à son sort. Maintenant, elle était à la veille d'épouser le marquis de la Marzellière.

Suivant l'usage des grandes familles, le mariage devait avoir lieu, à minuit, toutes portes ouvertes, en la cathédrale de Saint-Malo.

Sitôt le mariage célébré, Léon, lui, devait être rendu à la liberté.

Déjà même il avait fait ses préparatifs de départ, et, pour remercier ses gardiens de leurs bons soins, il les avait invités à souper avec lui. Eux, considérant leur mission comme terminée, avaient accepté et ils buvaient sans défiance, et, sans défiance, ils le laissèrent s'évader.

Il était près de minuit quand Léon arriva à Dinard. A

Dinard, pas un bateau. Léon, alors, résolûment, se jeta à la nage, et, tout ruisselant d'eau, arriva à la cathédrale.

Il arriva trop tard ; Guillemette avait dit : « Oui. »

⁂

Or, jamais plus Guillemette ne sourit.

En vain son mari la conduisit-il à la cour de Versailles. En vain la ramena-t-il à Saint-Malo. En vain, au bord de la place du Pilori, sur l'emplacement même de la maison de bois où elle était née, lui fit-il édifier le plus bel hôtel qu'il pût imaginer : cet hôtel de granit aux fines sculptures qui existe encore aujourd'hui, exactement tel qu'autrefois, sauf qu'autrefois il avait, dit la tradition locale, un toit en argent.

Jamais plus Guillemette ne sourit.

Guillemette devint folle, et parfois, à sa fenêtre, on la voyait détacher une à une les lamelles d'argent qui se trouvaient à portée de ses doigts de neige, et ces lamelles d'argent, tout comme les miettes de pain qu'on jette aux petits oiseaux, elle les jetait, à la volée, aux enfants de la rue, leur criant : « Petit, petit, va chercher mon fiancé ! »

⁂

Et Guillemette mourut.

Guillemette fut inhumée dans la cathédrale de Saint-

Malo, au pied de l'autel de la Sainte-Vierge, sous deux dalles en marbre blanc, en forme de croix, et portant, au-dessous de ses armes de noblesse, cette simple inscription, aujourd'hui à demi effacée par le doigt du temps :

GUILLEMETTE BELIN
DAME MARQUISE DE LA MARZELLIÈRE.
Décédée le XX Septembre
MDCCXXI

LA MAISON DE VERRE DE SAINT-MALO

Tout comme Dinard la coquette, le vieux Saint-Malo possède sa maison de verre.

La maison de verre de Dinard [1], c'est le dernier cri, c'est le dernier symbole de notre élégante civilisation balnéaire. En outre, par sa situation pittoresque, par son étrangeté voulue, elle dépasse de cent coudées tout ce que nous avions imaginé jusqu'ici de plus nouveau, de plus original : soit, par exemple, sur la digue de Paramé, l'exotique chalet du prince de Galles, soit encore, tout près de celui-ci, ces deux curieuses villas en forme de demi-lune qui sont, dit-on, la réalisation de cette habitation-type au bord de la mer rêvée et décrite dans *la Mer*, le si séduisant livre de Michelet.

La maison de verre du vieux Saint-Malo, c'est, au contraire, le dernier cri, c'est le suprême soupir d'une très lointaine époque évanouie depuis des siècles, dans les brumeux lointains du passé. C'est un dernier vestige de l'antique Moyen-Age oublié là, on ne sait trop comment,

[1] Maison qui domine la plage des bains et est bien connue de tous les touristes.

au coin d'une de nos plus vieilles rues : la rue Jean-de-Châtillon.

La maison de verre de Dinard date d'hier, j'allais dire de demain. La maison de verre de Saint-Malo remonte au XIIIe siècle. Or, étrange coïncidence ! toutes deux, dans le Clos-Poulet, symbolisent à un même titre l'architecture de leur époque dans ce qu'elle a de plus élégant ; toutes deux sont construites de verre, tout comme ces palais de contes de fées que nos grand'mères nous décrivaient complaisamment jadis en nous berçant sur leurs genoux.

C'est, en effet, une vraie verrière, le seigneurial hôtel de la rue Jean-de-Châtillon, verrière en ruines, en morceaux, en loques, dont, un à un, les riches vitraux ont été enlevés par les visiteurs, surtout par les visiteurs anglais, et remplacés par des petits carreaux modernes, sauf un seul, dont le riche coloris, encerclé de fines lamelles de plomb, figure les armoiries du grand corsaire qui naquit là et s'appelle du Guay-Trouin.

Allez donc la voir, la vieille maison de verre qui fut le berceau de M. du Guay. Certes, vous ne perdrez pas votre temps.

Vous y entrez par une porte étroite s'ouvrant sur la rue, et au-dessus de laquelle vous pouvez encore déchiffrer, à demi effacées par les siècles, les armes de la famille du Guay-Trouin.

Montez de suite au second étage, en vous faisant toutefois éclairer avec une lanterne, si vous ne voulez pas vous casser le cou.

C'est à cet étage que naquit du Guay-Trouin.

Sur l'arrière, ce second étage se compose principalement d'une grande pièce qui, jadis, servait de cuisine. Son ornement principal, c'est, cela va de soi, une très vaste cheminée. Dans cette cheminée, lors de ma dernière visite, un vieux marin faisait sauter sur la poêle quelques sardines. Où sont les piastres d'antan ?.....

A la cuisine succède une enfilade de petites chambres qui, à s'y méprendre, ressemblent toutes à des cellules de couvent, et dans lesquelles, jadis, logeaient les domestiques.

Ces petites chambres conduisent au plus extraordinaire, au plus étrange, au plus invraisemblable jardinet que vous ayez jamais pu rêver !

A ce jardinet, un peu plus élevé que le second étage, vous montez par une échelle de meunier.

Ce jardinet, de sept à huit pieds de long, est suspendu, entre ciel et terre, sur le faîte d'un rocher abrupt. Entre lui et la maison de du Guay, c'est le vide. Penchez-vous tout au bord du rocher, pour regarder dans ce vide. Ce vide a un fond, et le fond est une cour engloutie dans l'ombre. Cette cour a pour enceinte, d'un côté la paroi du rocher, d'où s'échappent des plantes agrestes, et, des autres côtés, tout un échafaudage de vitrines superposées que le soleil éclaire bizarrement et dont les miroitements produisent le plus curieux et le plus pittoresque effet.

Les pièces de devant, c'étaient les chambres de maîtres, et c'est dans l'une d'elles que naquit du Guay-Trouin.

Au premier étage étaient les salons. C'est dans ces salons, devenus sur leurs vieux jours des chambres misérables, que se sont fêtées ces bombances de corsaires qui, vrais festins de Sardanapale, sont demeurées si fameuses dans les annales malouines.

Figurons-nous un peu ce qu'étaient ces bombances.

Autour des tables, sur des sièges recouverts de riches tapisseries et de superbes étoffes orientales, sont assis les gros négociants et les intrépides corsaires.

Voilà les Groult, de la Rondinière, Magon, Danican, Porée, Chapdelaine, Bellisle, Lefer...

Ces rois de la mer racontent leurs abordages, leurs croisières, leurs prises. Ils comptent négligemment leurs millions pour savoir s'ils doivent en prêter trente au roi Louis XIV, et, entre la poire et le fromage, ils promettent à du Guay, qui préside la fête, de lui offrir une flotte entière pour qu'il les emmène à la conquête de Rio-Janeiro.

A ce repas de corsaires, c'est un merveilleux scintillement d'étoffes, de bijoux, d'argenterie, de costumes.

Les pourpoints sont de soie claire brochée d'or, les jabots sont de fine dentelle, les ceintures sont en cachemire, et les poignards qui les décorent sont dans des gaînes entièrement semées de diamants. De tous ces beaux jabots, il est vrai, monte une vague odeur de pipes ; de tous ces superbes pourpoints s'exhale une forte senteur de goudron et sortent aussi des paires de grosses mains caleuses qui choquent les coupes de cristal débordantes de vin d'Espagne, avec des mouvements rudes et saccadés rappelant l'habitude qu'ont les convives de tenir surtout des casse-têtes et des haches d'abordage [1].

---

[1] Voir un repas de corsaires par M. Cunat. Journal *la Vigie de l'Ouest*, année 1846.

Les femmes, elles, ne sont pas trop dépaysées dans le joyeux tapage qui les entoure, et si, parfois, un des convives se hasarde à leur tenir quelque propos trop galant, claque ! avec un bon soufflet bien appliqué, qui, comme un coup de fouet, sonne sur la joue de l'imprudent, elles savent sans trop se faire prier le ramener au juste sentiment des convenances. On sait que Mlle Lelarge, fille d'un des grands corsaires malouins, usa de ce péremptoire argument vis-à-vis d'un souverain étranger, son voisin de table, qui lui exprimait avec trop de sans-façon l'admiration qu'il éprouvait pour sa très remarquable et très séduisante beauté.

C'est au dessert, enfin, qu'après avoir dégusté toute la collection des vins savamment vieillis, à fond de cale, dans leurs bateaux, et après avoir aussi trinqué et trinqué encore avec le « vin des corsaires, le vin aux paillettes d'or, » c'est au dessert, dis-je, que, sur les larges plats d'argent capturés sur les navires anglais, ils se faisaient apporter les folles fricassées de piastres, restées si fameuses dans l'épopée de nos corsaires.

Alors, Noël et largesse ! Tout comme de vulgaires dragées, les fricassées de piastres étaient lancées par les fenêtres, à la volée, et elles étaient ramassées par les gamins et les mendiants attroupés sous les balcons. Or, les grimaces que ceux-ci faisaient en ramassant les pièces, qui leur brûlaient le bout des doigts, faisaient se tordre de rire nos étranges aïeux, dont les pourpoints débraillés et les faces enluminées amusaient fort aussi les badauds qui grouillaient dans la rue en se montrant les uns aux autres les plus fameux d'entre tous ces rois de la mer.

*
* *

Il y a beau temps que, dans la vieille demeure de M. du Guay, s'est à jamais éteint le dernier écho des soupers fins et des joyeuses orgies d'antan !

Il y a beau temps que les riches étoffes, les lourdes argenteries, les brillants cristaux..... il y a beau temps que tout cela est disséminé, disparu, détruit à jamais.

Dans la vieille demeure seigneuriale de M. du Guay, il n'y a plus que de la misère, des ruines, des grabats, des toiles d'araignées. Miette à miette, lentement, mais sûrement, elle se disloque et disparait, comme aussi, d'ailleurs, la très curieuse maison de verre de la rue Gouin-de-Beauchêne, comme toutes nos autres maisons de verre qui, il y a seulement quelques années, subsistaient, fort nombreuses, dans nos petites rues, comme types de notre architecture locale, à l'époque du Moyen-Age.

Encore quelques années, et la maison de verre où naquit du Guay-Trouin aura achevé de s'effondrer ! Encore quelques années, et, sur son emplacement, s'élèvera une belle bâtisse, toute neuve et toute fraiche, bien cossue sous son badigeon jaunâtre. Alors nos édiles passant par là diront peut-être d'un air capable :

— Tiens ! tiens ! voilà encore un quartier qui s'est joliment « décrassé ». Tout de même ! Saint-Malo a rudement gagné depuis quelque temps !

Non, braves édiles, Saint-Malo n'a pas rudement gagné, il a rudement perdu depuis quelque temps, et le jour où la maison de verre où naquit le roi des corsaires n'existera plus, Saint-Malo aura encore perdu une miette de son cachet original, un trait de son artistique et pittoresque physionomie.

LA MAISON DE JACQUES CARTIER

Le pèlerinage que nous accomplissons ensemble aux si curieuses et si pittoresques maisons de notre vieux et cher Saint-Malo serait fort incomplet, si nous ne faisions une station toute spéciale à la demeure où naquit et vécut le plus célèbre, le plus grand, le plus sympathique de ses enfants. Je veux parler de Jacques Cartier.

Mais quel étrange et inconcevable oubli ! Quelle profonde et déplorable ingratitude de nos mémoires ! Où donc, tout d'abord, est né Jacques Cartier ? Dans laquelle de nos petites rues tortueuses et biscornues faut-il aller chercher son berceau ?

Est-ce dans la rue du « Chat qui danse »[1], dans les rues de « la Coudre »[2], de « l'Abbaye Saint-Jean », de « la Vicairerie »[3], de « la Bloterie »[4], de « l'Échaudoir »[5], ou de la « Herse »...[6] ? Est-ce au Pilori, à la Croix-du-Fief, ou, simplement, sans tant chercher, sur la minuscule place de « la Beurrerie », qu'on a sans doute, plus tard, débaptisée pour l'appeler intentionnellement la place Jacques-Cartier ?

(1) Rue Bel-air.
(2) Rue Beauregard-Marion.
(3) Rue de Dinan.
(4) Rue des Halles.
(5) Rue de la Clouterie.
(6) Rue des Cordiers.

Mystère ! la tradition locale, en effet, d'ordinaire si vivace et si fidèle, ici ne nous révèle rien. La tradition locale a tout oublié. Ce n'est du reste, pas étonnant. Par une incroyable insouciance, Saint-Malo n'a jamais rien voulu faire pour rappeler aux générations à venir la mémoire du plus illustre de ses enfants. Par suite d'une regrettable parcimonie, Saint-Malo n'a jamais voulu dépenser, en son honneur, le prix d'une simple plaque commémorative : je n'ose pas, il est évident, parler de statue.

Tout ce que nous avons de Jacques Cartier, afin de perpétuer son souvenir, nous a été donné par le Canada.

C'est la Société littéraire et scientifique de Québec qui, au mois de décembre 1843, nous offrit les suprêmes reliques des navires que notre grand navigateur malouin dut abandonner à Sainte-Croix, au mois d'avril 1536, reliques qui, on le sait, figurent aujourd'hui au Musée de notre ville.

C'est M. Honoré Mercier, premier ministre de Québec, qui, lors de son récent passage à Saint-Malo, fit graver dans notre cathédrale, à l'entrée du chœur, cette inscription commémorative :

Ici s'est agenouillé
JACQUES CARTIER
Pour recevoir la bénédiction
de l'Évêque de St-Malo
Avant son départ pour la découverte
du Canada
le 16 mai 1535
—
HONORÉ MERCIER
Premier ministre de Québec
En souvenir de sa visite à Saint-Malo
1891

Une inscription qui date de trois années, et quelques débris de navires déposés dans l'une des salles de notre mairie, voilà donc tout ce qui nous reste de Jacques Cartier ! Aussi, c'est dans la poussière de nos archives, c'est sous les toiles d'araignées qui enlincculent nos séculaires registres paroissiaux, qu'il faut aller fouiller pour reconstruire sa vie privée, ressusciter sa famille éteinte, rebâtir son berceau disparu.

*
* *

Au commencement du XVe siècle, vivaient à Saint-Malo deux frères appelés Jehan et Jacob Cartier.

Jehan et Jacob Cartier étaient-ils nés à Saint-Malo ? Ce n'est guère facile de le savoir, car nos registres paroissiaux, relatifs aux naissances, ne commencent qu'en l'an de grâce 1454.

Tout ce qu'on peut affirmer, c'est que tous deux se marièrent dans notre ville, et que Jehan fut l'aïeul de notre célèbre concitoyen.

Jehan, en effet, se maria à Guillemette Beaudouin et eut six enfants, dont l'aîné reçut le nom de Jamet.

Jamet, né le 4 décembre 1458, se maria, à son tour, à Jesseline Jansart. De cette union naquirent trois enfants : Jacques, Lucas et Bertheline[1].

Jacques, c'est notre glorieux compatriote. Tout jeune, Jacques Cartier se fit remarquer par son application, sa

---

[1] Voir les registres paroissiaux de la cathédrale de St-Malo au XVe siècle.

sagesse, sa piété et son intelligence. Appartenant à une famille aisée, il allait assidûment à l'école de la Cité, où le vieux pédagogue qui devait, un peu plus tard, être remplacé par les Bénédictins, lui apprenait même les principes de la langue latine. Cette école de la Cité se trouvait dans la rue du « Cheval Blanc », tout proche le fameux Château-Gaillard, dont l'un des bastions, appelé le « Bastion du Cheval Blanc », est devenu le « Fort-à-la-Reine ».

Lorsque, dans la famille de Jacques Cartier, il s'agissait de trouver un parrain, c'est sur lui, presque toujours, qu'on se plaisait à jeter les yeux, et cela, tant à cause de sa science éclairée que de sa rare et édifiante piété.

Aussi, en feuilletant les registres paroissiaux de l'époque, à chaque instant on y trouve sa signature, qui, d'ordinaire même, figure sur l'acte de baptême, presque seule, à côté de celle du prêtre.

A l'âge de seize ans, on le voit figurer comme petit compère, au baptême de son cousin Etienne Nouëlle. Le 13 septembre 1518, il figure comme grand compère, c'est-à-dire comme premier parrain, au baptême de sa cousine, Germaine-Perrine Cartier. L'année suivante, il est parrain à trois reprises différentes : il est parrain de Jocelin Legendre, de Jehan Gauffrier et d'Henriette Clairon [2]. En 1556, il tient Pierre Felonnays sur les fonts du baptême, et ainsi de suite, chaque année, jusqu'en 1550, où il termina par son neveu, le fils de Jacques Nouël, auquel il donna son nom, la fort brillante série de ses parrainages.

[2] Voir les registres paroissiaux du XVIe siècle.

En l'année 1529, Jacques Cartier, âgé de vingt-deux ans, se maria, en la cathédrale de Saint-Malo, à une belle Malouine, Catherine Desgranches, fille de Jacques Desgranches, connétable de la ville. Cette union le rattacha plus intimement encore à son pays natal, dans lequel, très-fidèlement, il revint se fixer après chacune de ses glorieuses et lointaines expéditions.

Après son expédition de Sainte-Croix, il ramena sur son navire le roi Danacona, les seigneurs Taïguragny et Domagaya, ainsi que sept canadiens appartenant à leur suite.

En l'espace de dix ans, malgré les soins qu'on prit d'eux, tous ces pauvres dépaysés moururent de langueur, après toutefois avoir été convertis au christianisme par Jacques Cartier, qui les fit baptiser, et, à tous, inutile de le dire, servit de parrain.

Agé de plus de soixante-quinze ans, Jacques Cartier, seigneur de Limoillou, mourut sans postérité, après s'être plu à consacrer sa vieillesse au bonheur de sa très nombreuse et très patriarcale famille.

Il se plaisait fort, paraît-il, à recevoir surtout son imposant bataillon de filleuls dans sa belle et noble demeure des Portes-Cartier, pittoresque gentilhommière assise aux abords de la grève, à Rothéneuf, et aujourd'hui ne rappelant plus, que par l'écusson à demi-effacé qui décore sa porte, l'hôte à jamais illustre qui l'a habitée.

*
* *

C'est aux Portes-Cartier que, durant la belle saison, allait d'ordinaire se reposer notre illustre compatriote;

mais, le reste de l'année, habituellement, où donc demeurait-il ?

Il résulte d'un acte de l'insigne chapitre de Saint-Malo, en date du 29 septembre 1549, que Jacques Cartier et Catherine Desgranches, son épouse, tous deux présents en nos murs, fondèrent dans la cathédrale un *obit*, moyennant une rente annuelle de quatre livres, avec hypothèque sur leur maison, avec jardin, située juste en face l'hôpital Saint-Thomas.

Si nous voulons nous rappeler la physionomie bien connue qu'avait jadis la place Saint-Thomas, si nous voulons surtout ne pas perdre de vue que l'hôpital Saint-Thomas existait sur l'emplacement même où s'élève aujourd'hui l'immeuble occupé par le café Continental, nous pouvons en conclure à coup sûr que la maison de Jacques Cartier se trouvait avec son jardin là où s'élève exactement aujourd'hui l'hôtel de France. L'hôtel de France « où est né Chateaubriand », là fut donc aussi le berceau de Jacques Cartier.

C'est là que fut sa maison patrimoniale, et c'est là que s'écoula sa très pieuse enfance. C'est là aussi qu'il eut les deux visions qui emplirent toute sa vie, l'une de bonheur et l'autre de gloire : naïve et pure vision de sa gentille voisine, Catherine Desgranches, la fille du connétable ; radieuse et géniale vision du lointain Canada, la chère patrie morte, la seconde France d'autrefois.

Oh ! le curieux rapprochement ! Oh ! l'étrange coïncidence ! Jacques Cartier et Chateaubriand, tous deux immortels génies, sublimes voyants, âmes enthousiastes, cœurs ardents, chrétiens inspirés, tous deux grands poètes et grands navigateurs, tous deux, au bord de nos vieux remparts, en face la mer dont l'enjôleuse voix a éveillé également leur première imagination, tous deux, à des siècles de distance, ont eu le même berceau !

18 Décembre.....

LA MAISON DE LA « MOUNE »

Décidément, j'aime les vieilles maisons.

Plus elles sont vieilles, tremblantes, cassées, crasseuses, plus je les aime.

Chacun son goût.

Je les aime non pas avec l'âme d'un propriétaire, mais en me plaçant au point de vue où Jacques Callot se plaçait en crayonnant ses immortels mendiants. Je les aime, surtout, quand je les vois en groupe, en tas, en compagnie, soit dansant la farandole le long de la rue Gouin de Beauchêne et de la Venelle-aux-Chiens, soit dégringolant à la queue leuleu sur les bords enchanteurs du Pélicot, ce fleuve qui n'a d'autre source que les gouttières de la rue qui porte son nom.

Dites-moi ? Si elles pouvaient nous causer, les vieilles maisons, nous en diraient-elles de belles et curieuses histoires ? En ont-elles assez vu, en ont-elles assez entendu, en ont-elles assez retenu, les vieilles maisons du Clos-Poulet, des tas de légendes où l'on ne parle que corsaires, flibustiers et piastres sautées dans la poêle !

Aussi, même dans leur extrême vieillesse, elles ont su conserver un petit air guilleret, des yeux malins qu'on ne retrouve nulle part ailleurs. Leurs yeux, miroirs de leur âme, sont, vous le savez, ces vitraux, tout ronds, tout verts, qui regardent sournoisement dans la rue en se penchant au long de leurs façades de bois.

Est-ce qu'en voyant tous ces petits yeux-là qui, lorsque vous passez, cahin-caha, ont l'air de vous rire dans le bec, est-ce que vous ne vous êtes pas dit : « Les maisons du Clos-Poulet n'ont pas toujours leurs yeux dans leurs poches, et, pour ma part, j'aimerais bien à savoir tout ce qu'ont vu, en s'écarquillant, tous ces petits yeux-là. »

Heureusement que, parfois, les vieilles maisons du Clos-Poulet aiment à conter, longuement, comme les grand'mères. Ainsi, au fond de la Poissonnerie, il y a une maison très pittoresque qui nous dit, à sa manière, comme elle peut, une jolie légende qui est dessinée sur le revers de sa plus haute cheminée.

C'était au temps où nos pères, tous cossus et tous capitaines, faisaient de grands voyages au long-cours d'où ils rapportaient un tas de souvenirs des pays lointains où ils étaient allés quérir fortune. C'était au temps où florissait, dans les salons de Saint-Malo, l'ère des coquilles où l'on entendait la marée monter, des beaux cailloux luisant comme la laque, des babouches ornées de perles et ayant appartenu à de belles souveraines exotiques, des flèches, des perroquets verts, voire même des crocodiles empaillés et autres bibelots intéressants. L'un d'eux avait apporté une guenon.

Un jour, la guenon aperçut, au coin de la Poissonnerie, une bonne ménagère qui dorlotait son enfant. La guenon s'approche aussitôt, en tapinois, enlève le marmot, grimpe avec lui sur un toit voisin et se met à son tour, tout doucement, à le dorloter.

Un vœu fut fait, et la guenon, paraît-il, descendant de son toit, vint replacer l'enfant dans les bras de sa mère, légèrement interloquée. Cette dernière, en souvenir de l'évènement, fit graver sur la cheminée de son immeuble une guenon en train de bercer un enfant.

Longtemps, l'histoire de la guenon est restée célèbre à Saint-Malo, et quand, dans le quartier de la Poissonnerie, un enfant se permettait de pleurer : « Si tu ne te tais pas, lui disait-on, la moune (1) va t'emporter ! »

Chez nous, la moune était donc, on le voit, le croque-mitaine, emportant les petits enfants méchants du Clos-Poulet.

Aujourd'hui, on est en train de réparer la maison sur laquelle est sculptée, au long de la cheminée, l'histoire que je viens de vous conter.

Peut-être, dans les décombres, cette histoire, avec sa pierre commémorative, va-t-elle s'effondrer pour toujours. Aussi ai-je voulu vous rappeler, avant que le passé et l'oubli s'en emparent, ce joli détail du folk-lore malouin.

---

(1) On dit indifféremment la « moune » ou la guenon de la Poissonnerie.

DUC, CHERCHE TES CHIENS !

« Duc, cherche tes chiens ! » disaient autrefois les Malouins quand ils ne voulaient pas répondre à une question embarrassante.

« Duc, cherche tes chiens ! » étrange brocard d'autant plus curieux à rappeler qu'il est aujourd'hui absolument tombé dans l'oubli et que le docte abbé Manet devait en faire un savant commentaire dans le troisième volume qu'il se proposait d'écrire sur l'histoire de la Petite Bretagne.

« Duc, cherche tes chiens ! » Quelle est l'origine de cette singulière expression ?

On sait que François II, duc de Bretagne, ayant trouvé dans sa cervelle que les bons Malouins lui étaient devenus par trop à peine et à insomnie, résolut, dès 1486, la construction du Château, qu'acheva plus tard sa fille Anne, devenue reine de France.

Comme la construction ne marchait pas trop rapidement à cette époque, il se décida même à dompter, sans plus de retard, l'orgueil de nos pères, en leur députant un beau matin une armée de trois cents soldats, glorieux éclopés de la bataille de Saint-Aubin-du-Cormier.

Cette armée pénétra dans Saint-Malo, bannière déployée et au son des trompettes : elle pénétra par la porte de Dinan, qui s'appelait alors « la porte de l'Evêque », parce que c'était par cette porte qu'entrait en ville l'évêque de Saint-Malo lorsqu'il venait prendre, solennellement, possession de son siège épiscopal.

Jusqu'à la place du Pilori, l'armée ducale s'avança sans encombre, s'étonnant toutefois que pas un chat ne vînt, sur son passage, pour admirer ses brillants uniformes et que toutes les portes et fenêtres des habitations fussent hermétiquement closes.

Tout à coup, branle-bas général !

Voilà que de toutes les ruelles aboutissant à la place du Pilori, débouche, en hurlant, une foule armée de lances, de piques, de sabres, de bâtons et même de simples rôtissoires. Voilà que cette foule, composée de vieux et de jeunes, d'hommes, de femmes et d'enfants, des officiers de la cathédrale, voire, paraît-il, de quelques chanoines et chapelains, tomba en masse sur l'armée ducale.

De l'armée ducale, il ne resta pas un survivant ; après le carnage, chacun, voulant un trophée, emporta un cadavre et le cacha dans sa cave. Seul, le chef des soldats ducaux eut les honneurs de la pendaison et resta suspendu pendant trente jours aux fourches patibulaires de l'Evêque et du Chapitre, plantées sur le fort de la Hollande, qui s'appelait alors « le fort des Pendus ».

Quand François II envoya voir ce qu'étaient devenus ses trois cents hommes, dont il n'entendait pas plus parler que s'ils n'avaient jamais existé, les Malouins se mirent à rire au nez des estafettes de leur duc, leur criant du haut de leurs bonnes murailles : « Duc, cherche tes chiens ! »

Et c'est ainsi que l'expression pittoresque : « Duc, cherche tes chiens ! » entra dans le vocabulaire du Clos-Poulet.

Elle y entra, cette curieuse expression qui, ailleurs, se traduit par la phrase populaire : « Va donc voir là-bas si j'y suis », elle y entra, comme on le voit, brillamment, un beau jour de bataille, au son des trompettes.

Puis, très doucement, en tapinois, comme tout ce qui a vieilli, elle se retira de notre langage vers le milieu de ce siècle, à la suite du regretté cortège des coutumes éteintes et des usages oubliés.

SAINT CHRISTOPHE DE LA GRAND'PORTE

La vieille tradition de l'Eglise parle d'un très haut vieillard à la taille aussi robuste que les chênes de notre pays, à la barbe de neige aussi immaculée que les cimes des blanches montagnes : il s'appuie sur un bâton noueux, il a de l'eau jusqu'à mi-jambe, et, merveilleux passeur, il traverse un gué profond, portant sur ses épaules un tout petit enfant dont le visage illuminé irradie ainsi que le soleil d'or et dont les frêles doigts fuselés tiennent, aussi facilement qu'un hochet, le globe qui figure le monde.

Le tout petit enfant, c'est Jésus-Sauveur. Ce haut vieillard, c'est Saint Christophe, c'est Porte-Christ, c'est le patron des portefaix.

Saint Christophe a, chez nous, sa statue. Vous l'avez vue. Elle est là, à l'intérieur de la ville, au fond d'une niche en forme de demi-lune, taillée dans le rempart, au-dessus de la Grand'Porte, à gauche de la statue de la Sainte-Vierge. Elle est là, éclairée toujours de quelques lumières. Elle est là, dominant la pittoresque place où se tiennent ses humbles protégés : manœuvres et décrotteurs ; commissionnaires et porte-balles ; porte-planches et porte-charbons ; portefaix de toutes espèces, de tous âges, de toutes nuances, de toutes catégories. Elle est là, tout au bord du long escalier qui grimpe au rempart, comme toute prête toujours à descendre bien vite pour aller, merveilleusement, alléger les fardeaux que portent ses très pauvres et très nombreux protégés : protégés surtout nombreux autrefois, au temps où St-Malo ne connaissait guère, comme moyens de transport, que la cale des bateaux, la hotte des ânes de Paramé et les épaules des portefaix de la Grand'-Porte ; au temps où les familles les plus cossues du Clos n'avaient pour tout équipage qu'un vieux coucou vermoulu, endormi dans un dais de toiles d'araignées. Cette absence à peu près complète de véhicules avait même donné naissance, on le sait, à une très pittoresque cérémonie. A minuit, après le dîner des noces, pour se rendre par les rues noires comme des fours éteints, de la maison nuptiale à l'église, on était obligé de se faire flanquer à droite et à gauche, de toutes les bonnes de la famille, armées de lanternes, afin d'éclairer la marche.

*
* *

Jusque vers l'année 1530, Saint Christophe a eu sa statue dans notre cathédrale. Cette statue, objet d'un culte tout spécial de la part des portefaix de la Grand'Porte, qui faisaient brûler à ses pieds des livres de chandelles, était taillée dans le tuffeau, plus élevée que la taille d'un homme et, paraît-il, noircie par le temps, lorsqu'arriva l'époque de la Révolution. Elle était à la place d'honneur, dans la chapelle Saint Christophe, chapelle adossée au pilier qui supporte actuellement la chaire.

Reléguée, on ne sait pourquoi, par Monseigneur Briçonnet, évêque de Saint-Malo, dans un coin de la vieille sacristie, elle y demeura sans honneur, bien longtemps encore après la mort de ce prélat, survenue le 18 décembre 1535.

Elle y demeura soixante ans.

Au bout de ce laps de temps, elle fut portée en procession dans la grotte creusée dans le rempart, à gauche de la statue de la Vierge, et elle y resta jusqu'au 8 février 1794.

A cette date, les révolutionnaires qui avaient déjà enlevé à Notre-Dame de la Grand'Porte sa couronne, sa tige de lys et son manteau fleurdelisé, décrétèrent « un second pèlerinage à la Sainte-Vierge de la Grand'Porte ». Se formant alors en une grotesque procession, ils s'en furent lui couper la tête et le poignet, la renversèrent sur le côté, sans pouvoir toutefois l'enlever de sa niche, après quoi ils se rendirent à la statue de Saint Christophe, qu'ils mirent littéralement en miettes. Ceci fait, ils regagnèrent leur club, en chantant « le réveil du peuple. »

On sait qu'il y a quelques années, grâce à notre vénérable curé actuel, une nouvelle statue a été enfin placée dans la grotte de Saint Christophe, grotte qui était demeurée vide depuis le 8 février 1794.

*
* *

Aujourd'hui Porte-Christ, Saint Christophe, patron des

portefaix de la Grand'Porte, est donc revenu à sa place d'autrefois, auprès de la grotte de la Vierge.

Notre-Dame de la Grand'Porte ! Saint Christophe de la Grand'Porte ! Ils sont là, tous les deux, entourés de lumières, gardant la vieille cité des Corsaires. En effet, tant qu'une lumière brûlera au pied de Notre-Dame de la Grande'Porte, jamais, dit la tradition malouine, la foudre ne tombera dans l'intérieur de la ville.

Tant qu'une lumière brûlera au pied de Saint Christophe de la Grand'Porte, jamais non plus aucun mal n'arrivera à la vieille cité : aucun mal de guerre, d'inondation ou d'épidémie. Jamais, non plus, aucun mal n'arrivera aux portefaix qui, avant de partir à leur travail, auront pensé à jeter vers leur saint patron un simple regard implorant sa protection.

*Christophorum videas
Postea tutus eas.*

LE CHATEAU DE LA FOSSE-HINGANT

Celle-là, c'est une angoissante et douloureuse rapsodie vécue il y a cent ans, en l'an de sang et de larmes 1789.

Celle-là, c'est la sombre histoire de la chouannerie dans le Clos-Poulet. C'est l'épopée d'Armand de la Rouërie, tissée tout entière de mélancolies et de désespérances.

Il était chez nous le chef des chouans. Il l'était même pour toute la Bretagne, en vertu des pouvoirs qui lui avaient été conférés à Coblentz par les princes, frères du roi.

Avant d'être chef de tous les chouans bretons, il avait été un joyeux officier des gardes, il avait été aussi un trappiste repenti, ainsi qu'officier général dans les armées de Lafayette.

Son quartier général était là, tout près de chez nous, au cœur du Clos, à Saint-Coulomb, au château de la Fosse-Hingant, habité alors par un vieux gentilhomme, Marc Desilles, père d'André, le héros de Nancy, père aussi de deux filles dont l'une, héroïne presque à l'égal de son frère, se nommait Mme de la Fonchais.

Les demoiselles Desilles avaient une cousine d'une exquise beauté, d'une admirable vertu, d'un cœur très haut, d'un esprit ardent, d'une imagination enthousiaste : c'était Thérèse de Moëllien.

Si Armand fut le chef principal de la grande conjuration bretonne, Thérèse, elle, fut sa jolie complice. Elle en fut l'âme, le souffle, le génie, la fée, l'ange gardien. Éprise de l'idée de son cousin, avide de dévouement et d'héroïsme, elle s'en allait, la belle, de château en château, de ferme en ferme, partout versant sa bourse sans la compter, partout, de sa voix d'or, prêchant la belle croisade royaliste et finement, de ses délicats doigts de femme, tissant la trame compliquée et savante de cette grande conspiration qui relia bientôt ensemble toutes les paroisses de la Bretagne, ainsi métamorphosée tout à coup en une formidable armée aux rouages forts et sûrs, formidable armée n'attendant plus qu'un signe pour lever toutes ses bannières. Mais ce signe, allait-on le faire ?

Un soir de novembre, dans la grande salle basse de la Fosse-Hingant, tous les principaux chouans s'étaient réunis. Tous, ils se tenaient debout autour d'une longue table sur laquelle, las, mortellement découragé, Armand s'était affaissé, la tête dans les mains. C'est que tous lui conseillaient d'abandonner son entreprise, qui ne pouvait, à leur idée, qu'augmenter la rage des geôliers de Louis, alors enfermé au Temple ; c'est que tous lui conseillaient, le soir même, de partir pour Jersey sur une bisquine de Cancale, qu'ils avaient fait appareiller à cette intention.

Lors, une voix d'abord douce et timide, bientôt haute et sonore, puis ferme comme un commandement, lors, une voix de femme se fit entendre. Cette voix était celle de Thérèse. Thérèse parla longtemps, longtemps. Lentement la tête d'Armand se releva. Lentement une flamme d'énergie s'alluma dans l'œil de tous les conspirateurs. « Je resterai », cria Armand, frappant du poing sur une table. Et tous, serrant plus fort leur épée, tous jurèrent de le soutenir dans la lutte.

La lutte était vaine.

Dans la grande salle de la Fosse-Hingant s'était glissé un traître appelé La Touche-Cheftel. Ce traître s'empressa d'aviser Danton de ce qui s'était passé, et, aussitôt, Danton lança contre Armand toute la meute de ses agents.

Alors, Armand dut fuir, toujours fuir, ne couchant jamais deux nuits dans la même retraite : couchant dans les oseraies, dans les bois, dans les barges de paille, couchant parfois aussi dans les châteaux dont la prévoyance de Thérèse lui faisait ouvrir les portes.

Au bout de ce temps, il parvint à passer à Dinard et se réfugia à Saint-Enogat, où, souvent, pour passer la nuit, il n'eut d'autre refuge, quand la marée était basse, que la Goule-ès-Fées, bien connue aujourd'hui des touristes et des baigneurs.

Découvert là aussi, il dut encore fuir plus loin, et, accompagné de son vieux domestique, Saint-Pierre, de son secrétaire et de Thérèse de Moëllien, il partit de nuit. La neige tombait par avalanches. Le froid était excessif. Au milieu de la forêt de la Hunaudaye, son cheval s'abattit. Ses compagnons le transportèrent à demi mort de froid jusqu'au château de la Guyomarais. « Ouvrez, » dit Thérèse, en heurtant la porte ; « ouvrez au paysan Gosselin. » On ouvrit. Armand avait une fluxion de poitrine, et quand, le 30 janvier, il apprit la mort de Louis XVI, il mourut secoué de sanglots et exhalant des cris de désespoir.

Son corps, le soir même, fut inhumé dans le jardin du château, au pied d'un cerisier, dans un grand lit de chaux, afin de hâter sa décomposition, et, deux jours après, son corps fut découvert, ainsi que tous les papiers qu'on avait enterrés avec lui, et sa tête envoyée à Danton.

Du château de la Guyomarais, les sbires de Danton se transportèrent à la Fosse-Hingant.

On sait qu'au pied d'un chèvrefeuille, à l'entrée d'une tonnelle, ils découvrirent, en creusant, un bocal où avaient été cachés tous les papiers principaux concernant la conspiration de la Rouërie.

Aussi les hôtes de la Fosse-Hingant furent-ils tous emmenés à Paris, et, après avoir longtemps été oubliés dans les prisons de la capitale, ils furent enfin envoyés à la guillotine.

Et c'est sur la guillotine que périt l'héroïque dame de la Fonchais qui, inscrite sur la liste à la place de sa belle-sœur, défendit à son avocat de révéler l'erreur dont elle était la victime.

Et c'est sur la guillotine que périt aussi, le même jour, Thérèse de Moëllien, la belle et sympathique jeune fille, poétique symbole, gracieuse personnification de la Chouannerie dans le vieux Clos-Poulet.

LE CHATEAU-GAILLARD

Il est tout un côté de Saint-Malo qui n'a conservé absolument aucun trait, aucun vestige de sa primitive physionomie. Je veux parler du côté qui, surplombant la grève de Malo, se termine aujourd'hui, du côté de la mer, par le Fort-à-la-Reine et s'étend, en arrière, du côté de la ville, depuis l'hôtel de la Bertaudière jusqu'à la cour La Houssaye.

Jadis, ce côté était occupé par le Château-Gaillard, château considérable dont aujourd'hui, non-seulement il ne reste plus miette, mais dont, même depuis longtemps, le souvenir s'est effacé de toutes les mémoires.

Le Château-Gaillard, bâti en 1395, par les soins de Charles VI, avait son entrée principale à l'endroit où se trouve actuellement la vieille cour La Houssaye.

Vous la connaissez, n'est-ce pas, la vieille cour La Houssaye ?

La vieille cour La Houssaye, un des plus curieux vestiges que le moyen-âge nous ait laissés, c'est cette sorte de bas-fond que décore pittoresquement la tour de la Duchesse Anne, tour à naïves et lointaines légendes, vers laquelle on dégringole par un tas de ruelles étrangement cahoteuses dont la principale est la rue du Pélicot.

L'entrée du château, c'était une grande porte, avec herse et pont-levis, s'ouvrant au ras de larges fossés dans lesquels pouvaient pénétrer les vagues de la grève. De chaque côté de la porte, s'élevaient de grosses tours bastionnées qui, dominant toute la ville, la défendaient merveilleusement de ce côté.

C'est du côté de la mer que se trouvaient les principales défenses. Cela se comprend aisément. Le Château-Gaillard, en effet, avait été bâti à la suite de la découverte de papiers saisis sur un Normand [1], papiers établissant que ce dernier s'était engagé à livrer la ville aux Anglais, en les y introduisant, de nuit, par la grève de Malo.

Etrange et bizarre succession des événements ! On sait que, toujours tenaces dans leurs idées, c'est par le même endroit, par la grève de Malo, que, trois siècles plus tard, les Anglais essayèrent de surprendre notre ville. Alors sans doute, depuis longtemps, le Château-Gaillard était démembré ; mais nos rochers, heureusement, ne l'étaient pas, et ce fut sur l'un d'eux, le « Gros-Malo, » que vint s'échouer, en éclatant, leur fameuse « Machine infernale. »

Les défenses du côté de la mer consistaient en une série de bastions construits directement sur le rocher, et dont l'un, exhaussé à différentes reprises, est devenu « le Fort-à-la-Reine ».

Entre les bastions et les fossés, s'élevait la forteresse proprement dite, ou citadelle, qui fut démolie en 1572.

C'est sur ses ruines que s'élevèrent plus tard le couvent

---

[1] Le Normand fut condamné à la pendaison.

des Religieuses Bénédictines de la Victoire, » ainsi que « la maison préceptoriale ».

Or, le couvent des « Religieuses Bénédictines de la Victoire » n'est autre, on le sait, que la caserne qui porte toujours le nom d'autrefois.

Quant à la maison préceptoriale, c'était une petite maison située au « Cheval Blanc, » maison qui a subsisté jusqu'en 1736, c'est-à-dire jusqu'à l'époque de l'agrandissement de la ville du côté des Travaux Saint-Thomas.

Entre temps, cette maison avait été achetée par le gouverneur, M. Desfontaines, pour le compte du roi. On y avait placé « la Grande-Ecole, » et aussi, en 1590, une sentinelle, vu sa situation importante, tout au bord des remparts, du côté des Anglais [1].

La situation exacte de la citadelle du Château-Gaillard, englobant la maison préceptoriale et le couvent de la Victoire, se trouve donc ainsi bien délimitée. Ajoutons qu'entre les bastions du côté de la mer et la citadelle proprement dite se trouvait, « sous le pavé, » un chemin couvert, autrement dit un souterrain. Ce souterrain est devenu l'égout qui se déverse dans la grève de Malo et possède une bouche, fermée par une plaque de tôle, à quelques pas au delà du Fort-à-la-Reine.

A cet endroit, vous pouvez voir souvent des petits enfants se baisser et appliquer l'oreille, afin d'entendre le bruit étrange que font, à l'intérieur, en s'y engouffrant, le vent et la marée.

---

[1] *Origine et Antiquités de St-Malo*, par Dedesert père, manuscrit daté de 1747.

En l'année 1557, le Château-Gaillard fut fortifié à nouveau par M. de Boullé, gouverneur de Saint-Malo, et, en l'année 1573, il était à peine achevé, tout en ayant déjà coûté des sommes considérables, lorsque Charles IX ordonna de le démanteler.

15 Décembre. . . .

UN DERNIER MOT SUR LES VIEILLES MAISONS DE SAINT-MALO

On est à démolir les maisons de bois de la rue Vincent-de-Gournay.

L'autre jour, passant par cette rue, j'aperçus un tas de vieux matériaux, un tas de poutres noircies qui offraient un vague aspect d'incendie récemment éteint Je fus aux renseignements et j'appris qu'on démolissait. C'est fâcheux ! C'est fâcheux au point de vue artistique, car ces maisons très pittoresques étaient, pour les peintres et les touristes, un des coins préférés de notre ville.

Ces maisons, aussi, figuraient parmi les derniers types de maisons à entablements, si chères à nos pères, durant le XVe et le XVIe siècle, et à ce dernier point de vue, il faut aussi déplorer leur disparition, car, vraisemblablement, d'ici quelques années, ces dernières reliques de l'architecture de notre pays, à cette lointaine époque, auront à jamais disparu.

Ce qui m'étonne, c'est qu'aucun riche amateur, c'est qu'aucun passionné des vieilles choses n'ait encore songé à s'offrir, pour ses étrennes, une de ces jolies et curieuses bicoques, plus ou moins condamnées à mort, à très brève échéance. Eh ! oui. La maison de Duguay-Trouin, la maison de la rue du Bey, N° 28, qu'on appelle « le Château des Bigorneaux..... », voilà, entre beaucoup, des cadeaux de nouvel an, aussi appréciables qu'une bonbonnière de dragées ou un sac de fruits confits.

— Mais, me direz-vous, en haussant les épaules et en pensant, *intimo corde*, que je divague légèrement, que diable voulez-vous que quelqu'un de cossu puisse faire d'une semblable acquisition ? Est-ce que vous pensez, par hasard, que les gros bonnets de ce pays iront jamais habiter là-dedans ?

— Pourquoi pas ? Croyez-vous que ces maisons, surtout nettoyées et restaurées dans le style de l'époque, ne valent pas les autres ? Si elles ne les valent pas, pourquoi alors essaie-t-on de les imiter ? Pourquoi les copie-t-on ? Allez seulement à Dinard ; allez à Paramé, vous en verrez plus d'une curieuse reproduction. L'une des plus charmantes est à côté de la nouvelle église de Paramé. Vous l'avez remarquée, n'est-ce pas ? Elle est non seulement dans le pur style de nos vieilles maisons du pays, mais elle est, en outre, ornementée de jolies statuettes, genre Moyen-Age, comme on en trouve encore sur beaucoup de vieilles maisons de Bretagne.

Disons en passant que c'était une bonne et originale idée d'orner ainsi autrefois sa maison avec des statuettes qui avaient pour but de la distinguer de la maison du voisin.

L'idée, certes, valait toujours bien notre idée moderne qui consiste à prosaïquement numéroter chacune de nos portes cochères. Le numéro de la porte cochère, comme signe distinctif de chacune de nos vieilles demeures, n'est d'ailleurs que le dernier terme prosaïque et dégénéré, de la lointaine évolution qui remonte aux dieux pénates de l'antiquité.

Après les dieux pénates, protecteurs du foyer, on a eu, au Moyen-Age, sur sa porte, la statue de la Vierge ou de quelque saint de prédilection. On a eu aussi les statues symboliques de guerrier, buveur, moine, pénitent, croisé... enseignes vivantes indiquant au passant la profession de chacun des propriétaires des maisons de la rue. A l'heure actuelle, à cause de ces statues qui ornent encore leur façade, beaucoup de maisons en Bretagne sont devenues célèbres. Feuilletez les guides. A Vannes, ils vous indiqueront la maison de « Vannes et sa femme ». A Ploërmel, ils vous indiqueront la maison « des Quatre Soldats ». A Malestroit, celle de « Malestroit et sa femme »... J'en passe et des plus illustres. Notez d'ailleurs que, parce que plus ça change et plus c'est toujours la même chose, il est fort possible (j'allais dire fort probable) que cette coutume du Moyen-Age redevienne à la mode.

N'est-elle pas déjà même redevenue à la mode sur nos plages de bains ? Est-ce que chaque villa, aujourd'hui, au lieu d'avoir, pour la distinguer de sa voisine, un vulgaire numéro matricule, n'a pas, avec un nom coquet, le symbole de son nom peint ou sculpté sur sa porte ou sur ses murs ? Ainsi, telle maison qui aurait porté, il y a cinquante ans, le numéro 79 ou 95, s'appellera aujourd'hui la villa des cormorans, des mauves ou des pingouins, et portera aussi, quelque part sur sa façade, l'image de ces sympathiques volatiles. Est-ce que cela n'est pas bien plus pittoresque ?

Mais, revenons à nos moutons, c'est-à-dire aux vieilles maisons de Saint-Malo, ces vieilles maisons que, gens du crû, nous dédaignons tant. Souhaitons, avant qu'elles disparaissent ainsi, une à une, qu'elles fassent le caprice de quelque riche amateur qui les fera restaurer dans le goût de l'époque. Et pourquoi notre rêve ne se réaliserait-il pas, après tout ?

Comme nous le disions plus haut, aux portes de Saint-Malo, on bâtit des maisons neuves qui essaient d'imiter les vieilles. Ne serait-il pas plus simple et plus économique d'acheter, tout simplement, les vieilles, puisque, au dire du plus vulgaire antiquaire du coin, le vrai vieux vaut toujours cent mille fois davantage que sa contre-façon qu'on appelle souvent « le vieux-neuf ».

II

LA MARINE
DE LA « COTE D'ÉMEREAUDE. »

LES GABARIERS DE PLEUDIHEN. — LES BATELIERS DU NAYE.
LES BATELIERS DE LA RANCE.
LA CARAVANE ET LES BISQUINES DE CANCALE.

TERRENEUVAS ET SAINT-PIERRAIS.

NOEL ! NOEL ! LES TERRENEUVAS. — LES ENGAGEMENTS.
LA REVUE. — AU REVOIR LES SAINT-PIERRAIS !
PARTANCE. — LA POUPÉE DE TERRENEUVE.

Décembre 189. . . .

LES GABARIERS DE PLEUDIHEN

Dehors, le froid, aussi aigu que des pointes d'aiguilles, pique tous les bouts de nez, rougit tous les bouts de doigts, distribue, à la volée, au passant de la rue, ses étrennes d'engelures, d'onglées, de gerçures, de grelottements....

Dedans les maisons, flambent les grandes cheminées, et, sur leur blanche couchette de cendres tièdes, les pieuses buches de Noël se consument doucement dans leur pur manteau de flammes, derrière les brassées de fagots bien secs qui crépitent, dansent, lancent en feux d'artifice leurs gerbes d'étincelles et s'éteignent, tout à coup épuisées.

Vous, frileusement blotti entre deux feuillets de paravent, au fond de votre bon fauteuil, le fidèle ami des soirs d'hiver, le discret confident des mélancolies au coin du feu et des rêveries au bord du tisonnier, vous, dis-je, vous êtes-vous demandé parfois la genèse de cette bonne grosse bûche de chêne et de la pétillante fouée de fagots qui, provoquant vos jolis songes, brûle ainsi dans vos grandes cheminées ?

⁂

Saint-Malo ne possède pas d'arbres, les arbres ne pouvant croître sur son sol de rochers. Je ne compte pas, en effet, les quelques spécimens rabougris, insuffisants à eux tous pour alimenter convenablement, pendant la durée d'un hiver, plus de deux ou trois cheminées qui se respectent.

En Bretagne,

> La terre de granit recouverte de chênes,

le fait, d'ailleurs, n'est pas unique ; il se remarque partout où, comme chez nous, la Bretagne est tellement « Bretagne, » tellement « terre de granit, » que les chênes n'y peuvent plus pousser.

Il en est ainsi à Houat, à Hœdic, à Belle-Isle-en-Mer... sur toutes les îles à peu près du Morbihan et du Finistère. Sur tous ces points, cependant, le combustible ne fait pas défaut ; le combustible, c'est la bouse de vache, chauffée tout l'été, au soleil, sur le revers des fossés.

A Saint-Malo, nous n'avons même pas la plus petite bouse de vache à nous mettre sur la dent... pardon, sur nos chenêts. Est-ce la peine, en effet, de compter les trois ou quatre vaches mélancoliques qu'on voit chaque été paître ce qu'elles trouvent au milieu des rochers du Grand-Bey ? Certes, le modeste combustible qu'elles peuvent produire est trop insignifiant pour entrer en ligne de compte !

⁂

Dieu fait bien ce qu'il fait.

Sans doute, Saint-Malo ne trouve sur son sol, pour se chauffer les pieds, ni le chêne confortable, ni même l'humble bouse de vache, mais Saint-Malo, pour se chauffer les pieds, possède Pleudihen.

Pleudihen, c'est le bûcher de Saint-Malo.

Or, du bûcher à la cheminée, le bois vient par gabares :

Ce sont les gabares qui nous donnent le bois.

Gabares de Pleudihen, bricks et goëlettes de Terre-Neuve, bisquines de Cancâle, pauvres petits bateaux du Naye ! voilà, à nous, voilà notre flotte nationale, flotte dans laquelle les Terreneuvas sont les vaisseaux de haut bord, les bisquines de Cancale les croiseurs rapides, et les gabarres de Pleudihen les bateaux spéciaux chargés du service de ravitaillement.

Les gabariers qui les montent, ce sont les fourriers. Et quels fourriers ! Les avez vous vus, allant par nos rues, de porte en porte, taillés comme les chênes qu'ils débitent, pittoresques au possible dans leurs larges braies de toile blanche qui flottent au vent comme des jupons courts, larges braies de toile plus respectables même que la culotte du bon Roi Dagobert, puisqu'elles remontent, dit-on, jusqu'à l'ère lointaine des anciens Gaulois.

Arrivées avec la marée et leur plein chargement de bois, les gabares accostent à côté de la porte de Dinan.

La mer baisse. Des charrettes descendent la cale. Les chevaux entrent dans l'eau, qui leur monte jusqu'au poitrail. Le bois s'empile, s'empile dans les charrettes.

La gabare est vidée. La mer monte.

Le gabarier, qui revient de faire un tour en ville, enjambe son bateau, où déjà un tas de filles de Pleudihen, venues pour le marché, ont complaisamment pris place.

Et vogue la gabare !

La longue perche de bois se pique dans la vase. Le vent de mer peu à peu se tasse dans la grande voile, qui s'enfle. La gabare, avec la marée qui monte, file lestement. Elle contourne la Cité. Elle entre en Rance. La voilà déjà en face la petite île « Notre-Dame » qui durant des siècles, a été habitée par des Religieux, ermites de Saint Antoine ou Carmes du Guildo. Or, ces religieux, jadis, sonnaient la cloche pour guider les gabares au milieu de la brume et, en retour, les gabares ne passaient jamais par là sans leur jeter un fagot où une bûche que le courant leur apportait.

Cependant la gabare vogue rapidement. Les filles groupées à l'arrière chantent un air du pays. Le soir, lentement, estompe de l'indécis de ses grisailles les deux rives du fleuve, et, là-bas, sous Dinard, les villas plantées sur la falaise se découpent sur l'ocre du ciel, comme l'étrange vision d'un pays de chimère.

LES BATELIERS DU NAYE

Les bateliers du Naye, ce sont de pauvres mathurins en retraite, de vieux et braves loups de mer qui, après avoir, bien des fois, fait le tour du monde, se sont enfin décidés à prendre leurs invalides : étranges invalides, qui sont comme la fiche de consolation, le jeu enfantin, la naïve image, la lointaine remembrance du cher métier d'autrefois !

Pauvres vieux bateaux ! Pauvres vieux marins du Naye ! A la veille de vous éteindre à jamais, combien vous me semblez dignes de figurer à la première page d'honneur dans le folk-lore de mon pays, car, véritablement, vous êtes pour nous quelque chose comme les symboles vivants des « derniers jours de la marine à rame », dont parle si bien Jurien de la Gravière.

Après avoir navigué sur toutes les mers dans vos beaux longs-courriers d'antan ; après avoir fait à mainte et mainte reprise la grande pêche à Terre-Neuve ; après avoir accompli, tout jadis, quand vous étiez jeunes et pimpants, mille joyeuses et folles prouesses au pays de la reine Pomaré, très cher aux cœurs malouins, vous ne pouvez plus faire, à la rame, de vos vieilles mains tremblantes, que la paisible traversée entre Saint-Malo et Saint-Servan !

Encore, pour accomplir cette traversée entre Saint-Malo et Saint-Servan, pour trouver des passagers, avez-vous bien de la peine, depuis que votre rival, votre tombeur, votre croquemitaine, le Pont Roulant, est apparu un jour, dressant sa haute armature de fer au milieu de vos petites barques effarées.

Et c'est maintenant, le chapeau bas, c'est d'une voix bien humble que, debout auprès de l'embarcadère, vous interpellez le passant, qui vous dédaigne : « Passez-vous ?... On part de suite !... » Et, plus bas, vous ajoutez : « Faites-nous donc gagner un sou ! »

.•.

C'est un sou, en effet, le passage entre Saint-Malo et Saint-Servan. Autrefois, aussi, c'était un sou, qu'on prît le bateau ou qu'on prît la voiture.

La voiture était, jadis, une sorte de haquet sans nom qui, cahin-caha, par l'un des sept ponceaux alors existants, faisait le service entre les deux villes, service qui fut longtemps administré par le sieur Galopet, lequel sieur Galopet y apporta, paraît-il, à partir de l'année 1708, de très notables améliorations. Ces améliorations, dernier cri du confort d'alors, consistaient en bâches de toiles qui protégeaient enfin le voyageur contre le vent, la vase et les flaques d'eau.

Quand la marée était haute, les bateaux remplaçaient les coucous. La batelée était fixée à six personnes, et il fallait payer six sous quand on voulait partir seul. Alors, avec le ton d'un homme ayant de l'argent plein son gousset, on criait : « Poussez ! »

Celui qui n'avait pas les fonds nécessaires pour faire « pousser », était obligé quelquefois, sous la pluie ou la grêle, d'attendre un temps considérable, et, en hiver, il avait presque avantage à faire le « grand tour ».

Le « grand tour », pourtant, n'était pas petit, et, certes, il méritait bien son nom ! Ni l'avenue Louis Martin, ni la route des ponts n'existaient. Le « grand tour » se faisait par la Chaussée, par la gare, par la grève de Chasles ; plus anciennement par le Pont-Rocabey, et, quand le Pont-Rocabey était couvert, c'était quasiment un voyage au long-cours que le « grand tour » qu'il s'agissait d'entreprendre.

Aussi les bateliers du Naye étaient-ils alors de vrais personnages, avec lesquels il fallait compter, et, je vous l'assure, très nombreux (presque cinquante), très bourrus, très peu complaisants, ils ne ressemblaient guère à ceux d'aujourd'hui.

⁂

Tout jadis, les bateliers du Naye ne transportaient pas les paisibles passagers faisant, pour leur plaisir ou les besoins de leur commerce, la navette entre Saint-Malo et Saint-Servan. Tout jadis, « les Nayoux », comme alors on les appelait, avaient une mission lugubre, effrayante, macabre. Exécuteur des hautes œuvres de la Justice du Clos-Poulet, c'était en effet un bateau du Naye, vrai bateau fantôme, vrai bateau de conte fantastique, vrai bateau de légende, qui servait à transporter au lieu du supplice les criminels condamnés à la noyade.

La noyade avait lieu près les rochers du Naye, dans une grande fosse naturelle que remplit la marée et qui existe encore aujourd'hui.

Le soir, les sinistres bateliers attendaient au long du quai. Un bruit de chaînes, un bruit de pas se faisaient entendre. C'était le condamné qui arrivait, chargé d'entraves, et escorté de gardes armés jusqu'aux dents. Alors, il descendait dans la barque. La barque s'avançait silencieusement vers la pointe du Naye. Là, dans un sac lesté de cailloux, on enfermait le condamné et on le précipitait à l'eau. Le matin, à marée basse, on allait pêcher son cadavre, qu'on inhumait dans le cimetière des suppliciés[1].

(1) Quand la mer était basse, la lugubre cérémonie ne différait guère, s'il faut s'en rapporter à la description de l'exécution de Jehan Angot, exécution qui eut lieu, dans la nuit du 7 novembre 1689, à marée basse, à la suite de commutation de peine accordée par le Chapitre de Saint-Malo, au dit Jehan Angot primitivement condamné à mort.

Une charrette à bascule vint chercher le condamné, à huit heures et quart du soir. Sur l'ordre du Porte-Baguette de service, après s'être confessé pieusement à l'abbé Goupil, il fut garotté par le bourreau et son aide, enveloppé d'un sac de crin et chargé sur la charrette, les pieds en avant. Le cortège se mit alors en marche, cortège formé par les gardiens de la prison portant des torches, le prêtre, le Porte-Baguette, le bourreau et son aide. Quand on eut franchi la porte Notre-Dame et qu'on fut descendu dans la grève, l'abbé Goupil commença les prières des agonisants. A ces prières, les parents du condamné qui s'étaient, en route, joints au cortège, faisaient les répons. Arrivé près le Pont l'Evêque, à l'endroit où le Rousthouan le traversait, le charretier arrêta sa voiture, la tourna et la fit alors, à reculons, avancer jusqu'au bord de la fosse du Naye.

Lors, le prêtre dit : « Je vous recommande l'âme de Jehan Angot ». Jehan Angot poussa un grand cri et le bourreau, enlevant la cheville du brancard, fit basculer la charrette.

Le corps de Jehan, avec un bruit sourd, coula au fond du gouffre, puis entraîné par la force du courant, se dirigea vers le confluent du Rousthouan où un bateau, amené par la famille, le recueillit pour le faire, ensuite, inhumer à Saint-Servan. (Voir les *Archives*. Voir aussi l'ancien journal local *la Vigie de l'Ouest*, n° du 16 janvier 1848).

Quelle coutume barbare, effrayante, terrible ! Est-il étonnant que son souvenir se soit imprimé comme un horrible cauchemar dans la mémoire de nos aïeules, qui ne passaient jamais par là sans faire le signe de la croix ? Est-il étonnant que l'imagination populaire, oubliant la vraie étymologie du fort du « Nez », nom qu'il tenait de sa configuration naturelle, en ait fait le fort du « Naye ». « Nayer », comme on le sait, en patois du Clos, signifie « noyer ».

Naturellement, la légende aussi s'est inspirée de cette coutume barbare, et elle conte que la nuit, au long des rochers, on entend par là, dans le bruit des flots, comme des plaintes, des prières, des sanglots.

Ces plaintes, ces prières, ces sanglots, ce sont les âmes des suppliciés qui les murmurent : pauvres âmes en quête de messes !

Ces plaintes, ces prières, ces sanglots, c'est aussi le suprême écho du cri que poussaient les suppliciés au moment où on les précipitait à l'eau : cri si déchirant, si profond, si suppliant, que jamais les flots du rivage et les échos des rochers n'en ont perdu le souvenir, et que, par là, surtout le soir, la mer a conservé dans sa voix comme un éternel et lugubre gémissement.

LES BATELIERS DE LA RANCE.

Alors n'existaient pas ces coquets et élégants steamers qui, aussitôt que sonne la saison d'été, font, chaque jour, la pittoresque traversée de la Rance, — la Rance, le petit fleuve bleu du Clos-Poulet.

Alors il n'y avait ni chemin de fer, ni correspondance publique, ni diligence entre Saint-Malo et Dinan ; Dinan, c'était pour nous une ville inaccessible, lointaine, perdue.

Cependant, tout jadis, au temps féodal, au temps où les hauts et puissants seigneurs de Léhon et de Dinan régnaient sur le pays, le voyage de la Rance se faisait sur de grandes barques à leurs armoiries et conduites par des rameurs qui étaient leurs vassaux. Et c'était là, en quelque sorte, le seul mode de communication existant entre les deux villes, et ce mode de communication était un droit seigneurial, ainsi que le droit de chasse, le droit de justice, le droit de battre monnaie... Il paraît, s'il faut en croire les vieilles chroniques du temps, que ce voyage était, comme aujourd'hui, fort agréable et fort apprécié. Les barques étaient élégantes et confortables, les rameurs étaient habiles et adroits. Durant la traversée, ils avaient l'habitude, pour égayer les voyageurs, de chanter des sônes et des ballades, et, assurément, ce devait être un très pittoresque coup d'œil que la vue de ces belles galères qui, fleuries de fines sculptures et égayées de blancs pavillons, glissaient doucement sur les eaux limpides du fleuve, au chant des rameurs, cadencé par le mouvement des avirons.

Du reste, dès les temps féodaux, la traversée de la Rance était si bien considérée, ainsi qu'aujourd'hui, comme un des attraits les plus séduisants, un des charmes les plus suggestifs du Clos-Poulet, que c'était elle qui était offerte comme principale distraction aux princes et aux rois qui venaient nous rendre visite. Rappelez-vous plutôt la relation des belles fêtes qui eurent lieu en Rance, quand, montés sur vingt galères, les Malouins se rendirent le 24 mai 1470, au devant de Charles IX et de sa cour ? Rappelez-vous aussi la promenade que, le 18 juin 1693, ils offrirent à Monsieur, frère du Roi, sur les deux galères qui leur avaient coûté 172,000 livres.

Avec les temps féodaux disparurent les galères seigneuriales et les voyages en Rance au chant cadencé des rameurs.

Cependant, dès le XVIIe siècle, s'organisa un service de bateaux, qu'on appelait « les bateaux de Dinan » et qui, moyennant la redevance de six sols, conduisaient à destination, après une traversée d'environ quatre heures, bagages et voyageurs.

Dans le principe, ces bateaux partaient de la porte de Dinan ; mais bientôt, à cause de la difficulté qu'ils éprouvaient à doubler la Cité, et à cause des nombreux naufrages qui eurent lieu « à la Fosse aux Dinannais », ils prirent l'habitude d'embarquer leurs passagers à la Tour Solidor.

Pour égayer la traversée qui, dans ces tristes bateaux, surtout en hiver, ne se passait pas sans misère, on recourait à divers amusements : les barques luttaient de vitesse ; les ouvriers et « mareyeuses », groupés en tas, au centre de chaque bateau, jouaient aux jeux innocents de l'époque, ou bien chantaient et devisaient.

Mais le principal amusement, c'était le « baptême de Neptune », ou solennel plongeon gratuitement octroyé à celui qui faisait le voyage pour la première fois. Cependant, comme il y a toujours des arrangements avec le ciel, on arrivait à éviter le « baptême de Neptune » assez facilement, en payant la bienvenue, c'est-à-dire une somme suffisante pour boire, à votre santé, un plein pichet de bon vin de la Rance.

Afin de s'assurer si l'un des passagers n'avait pas encore, par hasard, reçu le « baptême de Neptune », on profitait de quelque particularité locale, on poussait quelque exclamation saugrenue, destinée à faire se trahir celui qu'on destinait au baptême.

— Tiens ! lui disait-on, regarde donc le beau troupeau de moutons qui est à paître au milieu de « la plaine » de Saint-Suliac !

Le néophyte tournait la tête. Aussitôt, plouf ! il était attrappé par les pieds, et, s'il ne dénouait pas incontinent les cordons de sa bourse, il était plongé dans les eaux de la plaine, afin d'y chercher les moutons indiqués.

Aujourd'hui, le « baptême de Neptune » est une institution morte. Aujourd'hui, les bateliers de la Rance et les naïves facéties dont ils avaient le monopole ont à jamais disparu. Aujourd'hui n'existe plus, même dans la mémoire des vieux, le souvenir des belles galères féodales qui, miette à miette, depuis bien des siècles, sont tombées en poudre, sur les chantiers de Troctin.

Aujourd'hui c'est la troisième phase, la troisième métamorphose.

Des belles galères féodales, des gros batelets d'autrefois, sont nés de coquets steamers. Et ce sont ces coquets steamers qui accomplissent maintenant l'inoubliable voyage de la Rance : la Rance ! ce petit fleuve bleu du Clos-Poulet, qui déroule sa nappe d'azur entre les collines ombreuses et les verdoyantes coulées qui l'enchâssent de leur cadre d'émeraude.

Deux fois le jour, à moins d'empêchement de la marée, ils accomplissent, les coquets steamers, leur voyage de la Rance, voguant vers Dinan, « la perle de Bretagne, » lorsque le soleil se lève derrière les bleus clochers de la rive ; revenant vers Saint-Malo, la « cité corsaire », quand là-bas, vers la pleine mer, le soleil laisse tomber son globe de feu dans les lointains brumeux qu'il empourpre.

. . . . . Mars . . . . .

LA CARAVANE ET LES BISQUINES DE CANCALE

Voici venu le temps de la « Caravane » !

La « Caravane » dont je parle, ce n'est pas, certes, sur les sables du désert, c'est sur les jolis flots bleus de la baie de Cancale qu'elle s'allonge, s'égrène, bien loin, à perte de vue, jusqu'à l'horizon sur lequel se dessine la silhouette dentelée du Mont Saint-Michel.

La « Caravane » dont je parle, seule et unique de son espèce, c'est une « caravane » de bateaux : c'est la « Caravane des pittoresques bisquines cancalaises, qui, dès l'aube, s'envolent, toutes voiles dehors, à la conquête de la Toison d'Or du Clos-Poulet.

Oui, à la conquête de la Toison d'Or du Clos-Poulet.

La Toison d'Or du Clos-Poulet, c'est l'huître de Cancale, et, certes, cette dénomination n'est pas imméritée, car si l'huître, quel que soit son crû, est toujours l'apéritif par excellence, *l'irritamentum gulæ* dont parlent les Brillat-Savarin de l'antiquité, qu'est donc l'huître de Cancale, à côté de toutes ses sœurs rivales ?

Sans aller jusqu'à dire qu'elle est, comme l'antique

ambroisie, un mets divin, on peut dire au moins qu'elle est un mets de roi. Notez que je ne parle pas par métaphore. Il fut un temps, en effet, où l'Administration municipale de Saint-Malo, capitale du Clos-Poulet, faisait porter au roi de France, toutes les semaines, quelques douzaines d'huîtres par le courrier de la poste aux lettres[1]. Et il en fut ainsi, à peu près, jusqu'à l'époque de la Révolution.

*
* *

Tout en s'étant un peu démocratisée, l'huître moderne a su cependant conserver ses succulentes qualités d'antan, qualités qui existent toute l'année, sauf, comme on dit ici, « dans les mois qui n'ont pas d'R ».

« Les mois qui n'ont pas d'R », ce sont les mois de mai, juin, juillet et août.

Durant ces quatre mois de l'année, l'huître, qui fraie dès qu'arrive mai, devient laiteuse et insalubre. Aussi un vieux règlement de l'Amirauté, rendu en l'an de grâce 1766 et homologué par le Parlement, en interdit-il sagement la vente durant ces quatre mois. Une déclaration du roi, de 1787, prolongea même jusqu'au 15 octobre l'interdiction de la vente des huîtres, parce que la durée de quatre mois n'était pas suffisante, d'après cette déclaration, pour donner à l'huître le temps de se former. Ces prescriptions furent maintenues encore par différentes lois postérieures :

[1] L'abbé Manet. — *De l'état ancien et nouveau de la baie du Mont Saint-Michel*, page 24.

lois des 24 août 1790, 22 juillet 1791, 3 brumaire an IV et 24 juillet 1816.

Tout cet ensemble de lois relatif à l'interdiction de la vente des huîtres pendant les mois « qui n'ont pas d'R » est, je crois, devenu lettre morte depuis quelques années.

Est-ce avec raison ? La question est délicate, délicate comme l'huître qui en est l'objet. A vous de la trancher.

*
* *

L'huître se pêche avec la drague. La drague est un large filet soutenu par une barre de fer qui râcle le banc ainsi qu'un grand râteau. La drague traîne derrière la bisquine, et on la relève quand elle est pleine.

Lorsque l'huître est pêchée, on la dépose dans les parcs.

Les principaux parcs sont des parcs d'élevage, parcs où l'huître s'engraisse tout doucement. Ces parcs sont situés à l'endroit appelé « Tommen. »

Tommen, devenu sur ses vieux jours un parc d'huîtres, était autrefois, dit la tradition, un populeux village que le Bied-Guyoul baignait, avant d'aller, à quelque distance, se jeter dans la mer.

Ce village était bâti en amphithéâtre sur un rocher, et ce rocher était un lieu de sacrifices. Il en était ainsi, du moins, au temps des druides, à l'époque de la forêt de Scissy, ou, plus exactement, de la forêt de Cancaven, car, on le sait, la forêt de Scissy, aux abord du Cancale actuel, perdait son nom pour prendre celui de forêt de Cancaven.

En tous cas, Tommen était depuis longtemps englouti

sous les flots, que Tommen avait encore son recteur. Voici comment la chose se fit :

Il y a de cela longtemps. Alors, il existait dans le diocèse de St-Malo un pauvre vieil abbé très malin, mais qui ne pouvait cependant jamais se faire nommer recteur, parce qu'il n'était pas bien en cour auprès de Monseigneur.

Chaque fois qu'il se présentait, bien humblement, pour solliciter du lui une cure, l'évêque lui répondait invariablement qu'il n'en avait pas une seule vacante, qu'il le regrettait vivement, mais que la prochaine cure vacante serait certainement pour lui.

Un jour, notre bon abbé se rendit à l'évêché, porteur d'une vieille carte du pays. Cette carte représentait le pays de Cancaven avant la marée de 709.

« — « Monseigneur, » dit l'abbé, « savez-vous qu'il y a, dans votre diocèse, un gros bourg qui n'a pas de recteur, et cela depuis bien longtemps ? C'est le bourg de Tommen. Tenez, voyez ce bourg, situé sur ma carte à l'Est-Sud-Ouest de Cancale. »

« — Vraiment ! » dit l'évêque.

Lors, l'évêque regarda sur sa carte. Sur sa carte, le bourg avait été oublié. Immédiatement, il nomma notre abbé recteur de Tommen, lui intimant même l'ordre de partir immédiatement pour sa nouvelle cure, si longtemps abandonnée. Et c'est ainsi que, près Cancale, il s'est trouvé un recteur qui avait sa paroisse sous les flots.

*
* *

Il existait autrefois, dans notre pays, une curieuse expression qu'on employait souvent lorsqu'on voulait se débarrasser d'un importun. Au lieu de lui dire simplement, comme on dit ailleurs : « Tu m'ennuies, *va te promener ;* » on lui disait : « Va-t-en à Cancale manger des huitres. »

Cette formule de congé ne me semble pas vraiment par trop injurieuse. Elle me paraît même être devenue, en vieillissant, un souhait plein d'urbanité.

Aussi, ce souhait, je vous l'adresse. Profitez donc de la « caravane » pour aller voir la Houle, le vieux bourg, les Cancalaises immortalisées par le séduisant pinceau de Feyen-Perrin.

Allez voir la « caravane. » Allez voir la rentrée des bisquines revenant au port, très joyeusement menées par leurs équipages de Cancalais.

Je dis : très joyeusement.

Si la pêche est bonne, c'est, en effet, un usage chez eux, en approchant de terre, de se livrer sur le pont à une danse de caractère.

Par exemple, cette danse de caractère, menée avec un fol entrain, n'a lieu que les jours de « caravane » et aussi les jours de régates, sur le pont des bisquines qui remportent les prix.

En voyant tous les gars ainsi danser sur le pont des bisquines qui accourent toutes voiles dehors, vous vous direz : « En voilà toujours, certes, qui ont le pied marin et sont restés dignes de leurs ancêtres, ces premiers manœuvriers du monde, qui formaient jadis l'exclusif équipage du roi Louis XIV ! »

TERRENEUVAS ET SAINT-PIERRAIS

Mardi 1 Novembre . . . . .

NOEL ! NOEL ! LES TERRENEUVAS !

C'est maintenant le plus gros événement de l'hiver : le retour des Terreneuvas.

D'abord ils sont arrivés des centaines par un grand steamer. Puis les petits voiliers ont paru ; maintenant ils se succèdent, chaque jour plus nombreux. Avec la marée, on les voit qui entrent dans le bassin, à la queue leuleu. Ils vont bien vite s'amarrer à quai et débarquent sans retard leur bouillante cargaison de mathurins qui brûlent de la très légitime impatience de sentir sous leur botte le bon plancher des vaches.

Le retour des Terreneuvas ! C'est là une curieuse étude pour celui qui goûte les mœurs originales de notre pays ; c'est là aussi un séduisant tableau, tout empreint d'un charme pittoresque pour celui qui va flâner, par ces temps-ci, sur nos quais, en quête de vrai et sincère réalisme.

Toute la famille du Terreneuvas — du gars — est là, au complet, autour du bateau qui vient d'accoster. On dirait

un village tout entier. Il y a là des chapelets de marmots :
vraies poussées de champignons; des petites vieilles, au
nez pleurnicheur, qui tremblottent sous leurs grandes
coiffes et piétinent sur place, dans leurs gros sabots; des
jeunes, cossues, accortes, pimpantes, en bottines vernies
et en bonnets de dentelle.

Et tout cela grouille, s'agite, houle, crie et pouffe de
rire! Et tout cela traine, hale, hisse les fameux coffres,
sous l'œil austère des douaniers! Et on y va, sans lésiner,
des triples embrassades sur les deux joues, à gauche, à
droite, et derechef à gauche! Et les triples embrassades
claquent joyeusement, quasiment comme des coups de
fouet!

Et on grimpe dans la guimbarde, toute la famille, en tas,
pêle-mêle. Dame! dans une guimbarde du Clos-Poulet,
où il y a place pour dix, il y a bien place pour vingt! Et
hue donc, cocotte! En route, pour Cancale... En route,
pour le pays!

Et le pays est à la joie! Noël! Noël! les Terreneuvas!
Pensez donc! Ce sont les maris, les enfants, les fiancés
qui sont enfin rendus! Ce sont tous les beaux et forts
gars de la côte, si âprement attendus, qui vont être pour
cinq mois à l'abri de la rageuse voracité du Grand-Banc,
l'ogre insatiable, le mangeur de tout ce qui est la vie,
l'espérance, la force, le gagne-pain du pays!

Ah! on vous tient les gars, on ne vous lâchera pas de
sitôt! Vous avez eu tant de misère!

Quand nous autres, cet été, nous avions le ciel clair, la
chaleur, la mer bleue, vous autres, les gars, vous grelottiez,
là-bas, dans vos suroûas, et vos pauvres doigts, bien

engourdis, avaient à peine assez de force pour lancer les longues taudes, loin, à travers les couches blafardes des froids brouillards qui vous enserraient ?

Quand nous autres, cet été, nous avions les verdures emplies d'oiseaux et de chansons, vous autres, les gars, dans vos petits doris, vous n'aviez d'autres chansons que les déchirements du vent, les colères de la mer, les tristes coups de cloche tintant dans la brume, les cornets d'alarme hurlant longuement comme les lointains ululements des oiseaux qui crient la mort !

Quand nous autres, cet été, nous fauchions les moissons qui sentent bon, vous autres, les gars, là-bas, vous viviez au milieu des détritus de morues sanguinolentes et des senteurs d'huile, âcres et nauséabondes.

Mais bast ! C'est fini, la misère, encore pour une fois ! Maintenant c'est la joie, le bon temps, la saison des joyeuses emplettes, l'heure des accordailles et des belles noces ! La fiancée a conservé bien religieusement le petit magot de son promis, que celui-ci, en partant, lui avait laissé suivant la vieille coutume.

La robe de mariée est prête depuis longtemps. La belle coiffe de dentelle, toute blanche, toute droite dans l'empois, attend dans la grande armoire ; les bans sont publiés et les violons s'accordent !

Noël ! Noël ! les Terreneuvas ! chante tout le Clos-Poulet.

Et moi, je répète : *Noël ! Noël ! les Terreneuvas !*

Pourtant les Terreneuvas, ce sont les hirondelles d'hiver. Plein leurs grands coffres, que je lorgne avec méfiance, ils nous apportent, emmagasinée, une provision de brouillards, de temps froids, d'ondées, de frimas : les seuls souvenirs, les seuls bibelots du pays, qu'on rapporte de Terre-Neuve.

Et quand les grands coffres vont s'ouvrir, tout cela, à qui mieux mieux, va éclater, s'éparpiller, se déchaîner à travers le Clos-Poulet.

Qu'importe ! les gars sont revenus. L'hiver qu'ils nous apportent, mais c'est pour eux le printemps !

Alors, qu'ils soient les bienvenus !

Noël ! Noë ! les Terreneuvas !

25 Novembre . . . . .

LES ENGAGEMENTS

C'est maintenant, dans tout le Clos-Poulet, l'époque où se signent les engagements pour Terre-Neuve.

Durant des années et des années, ces engagements se sont faits par-devant monsieur le notaire. Le notaire d'autrefois instrumentait, d'ailleurs, et lorsqu'il s'agissait de partir pour le Grand-Banc, sus aux morues, et lorsqu'il s'agissait de partir en croisière, sus aux Anglais.

Aujourd'hui, le notaire est entièrement mis au rancart. Ce n'est plus dans son étude, c'est tout simplement dans l'auberge du crû que se contracte l'engagement pour Terre-Neuve.

Tous ces dimanches-ci, dans les auberges de nos campagnes, les capitaines, les maîtres, les patrons de goëlettes vont faire des tournées, afin d'enrôler les derniers mathurins qui doivent compléter leurs équipages.

Nos Terreneuvas sont de braves gars, mais Dieu! qu'ils boivent sec! Après les vêpres et souvent même avant, ils s'en vont au cabaret. A Pleurtuit, à Cancale, à Pleslin, à Trigavoux, un peu partout, on les voit autour des grandes flambées ou bien des tables alignées. Buvant des « bolées », sirotant des « micks » ils causent du dernier embarquement, ils débattent, longuement, les conditions du prochain, et, à la fin, ils apposent « leur signe » au bas d'une feuille de douze sous.

Crac ! c'est fait ; l'engagement est signé. On boit un dernier coup et il est absolument définitif.

A Saint-Malo, vous les avez déjà vus, les Terreneuvas, faire leur apparition à la Grand'Porte. La Grand'Porte est leur quartier général, quelque chose comme le Marché aux Servantes dans « *les Cloches de Corneville* ». Mais dame ! à la place de servantes plus ou moins accortes, fraîches et pimpantes, vous avez là une collection de riches gas, bronzés, tannés, barbus, larges d'épaules, fermes d'encolure et superbes de santé. Tous ceux-là, ce sont ceux qui ne sont pas encore engagés.

Or, passe-t-il un vieux loup de mer à mine de capitaine ? « Monsieur, lui disent-ils, voulez-vous un bon patron de doris ? voulez-vous un bon novice ? » Et si oui, on entre dans un des cafés avoisinants où le Terreneuvas signe son engagement avec toute l'insouciance que le marin apporte, trop souvent, aux choses les plus graves.

Hélas ! Le pauvre Terreneuvas ! quand il signe ainsi son engagement, entre deux « micks », avec son futur capitaine, il signe en même temps avec la mer et il ne sait pas celle-là, quelles sont les conditions qu'elle lui impose. Avec elle, il est obligé de signer en blanc, de confiance, les yeux fermés. Il sait bien pourtant que « la grande-bleue » n'est qu'une perfide et qu'elle n'a peut-être attendu si longtemps que pour le prendre plus sain, plus fort, plus robuste !

Aussi, souvent, en signant son contrat, le Terreneuvas, un peu ivrogne mais plein de foi, regarde, à travers les vitres du cabaret, Notre-Dame de la Grand'Porte, l'Etoile de la Mer, patronne de Saint-Malo, qui est là, dans sa niche, entourée des lumières, jour et nuit, allumées en son honneur.

Et la vue de la Vierge lui donne de la confiance et il signe, joyeux, de sa bonne grosse écriture d'enfant, — avec son capitaine, un engagement qui durera six mois, — et avec la mer, un engagement qui durera, peut-être, toujours !

25 Février 189.....

LA REVUE

A cette époque de l'année, chaque jour, dans notre bonne ville, règne une incroyable animation, un fébrile brouhaha, un curieux va-et-vient.

Mettez-vous à votre fenêtre, vous verrez défiler dans la rue, sous vos yeux, toute la jolie armée des « porte-coiffe ». Voici les coiffes plates, voici les casques, voici les coqs, voici les pignonnées, voici même les coiffes de sainte Catherine !

Celles-là, qui ressemblent à des clochetons de dentelle, ce sont les pignonnées de Saint-Suliac. Celles-là, qui affectent la forme d'une écaille d'huître en mousseline, ce sont les Cancalaises. Celles-là, nombreuses, de toutes formes, de grande dimension, veuves de dentelles, jaunies comme la cire des cierges, voilées discrètement sous un large mouchoir de soie noire, ce sont les coiffes de sainte Catherine.....

Cette armée de porte-coiffe vous représente le « Tout-Clos-Poulet ».

Oui. C'est là le « Tout-Clos-Poulet », avec ses chapelets de marmots joufflus, avec ses bonnes petites vieilles en cotillon de tiretaine, avec ses belles filles cossues, fraîches, pimpantes, accortes, en châles de soie et en coiffures de dentelle. C'est là le « Tout-Clos-Poulet » avec ses pauvres gars qui, chantant et jouant de l'accordéon, tanguent, roulent, tirent des bordées en zigzags, dans la rue trop étroite et, finalement, vont boire au cabaret la dernière bolée de l'amitié.

Nous sommes arrivés à la dernière phase, à la suprême cérémonie de l'événement final qui caractérise la vie du Terreneuvas à terre.

C'est maintenant *la Revue* : l'engagement solennel et définitif au Commissariat de la Marine, la visite chez l'armateur, la paye des avances, l'achat de l'équipement.

Toute la famille, tout le village accompagne le Terreneuvas. On rit encore, on s'amuse un brin, on se revêt de ses plus beaux habits, on court ensemble de boutique en boutique, acheter des provisions, les suroîts, les coffres, tout ce qu'il faut pour partir. Cela distrait, cela fait oublier.

Au Commissariat de la Marine, à jour arrêté d'avance, on donne lecture à l'équipage de toutes les conditions générales et particulières des engagements. A l'appel de son nom, une fois la lecture terminée, chaque Terreneuvas répond : « Présent ; j'accepte ». Alors, l'engagement est définitif, le contrat solennellement consacré et exécutoire même par la force armée représentée par les gendarmes de la Marine.

Parfois, le Commissaire de la Marine a reçu, des mains

d'un huissier, ce terrible petit papier bleu, juste effroi des Terreneuvas, cruelle sangsue de sa famille et qui se nomme une saisie-arrêt.

Sans doute, le salaire du marin est insaisissable ; mais le Commissaire de la Marine n'est pas juge de l'irrecevabilité de la saisie. Conséquence : l'argent qui lui a été remis par l'armateur, il ne peut le verser ni au Terreneuvas, ni au créancier. Que faire? On transige, sou à sou, et le bureau du Commissaire ressemble quelque peu, ces temps-ci, à un tribunal de paix, aux beaux jours des audiences de petite conciliation.

Du Commissariat de la Marine, l'équipage se rend chez son armateur. C'est chez ce dernier, en règle générale, qu'il touche ses avances. C'est chez lui qu'il fait connaissance avec ses compagnons de route, et c'est à lui, véritable chef de l'équipage, qu'il recommande sa famille. N'est-ce pas l'armateur, en effet, qui durant toute la campagne donnera des nouvelles de l'absent ? N'est-ce pas lui qui, en cas de malheur, sera chargé d'annoncer la mauvaise nouvelle ? C'est lui, vraiment, qui, durant les longs jours de l'absence, servira de trait-d'union entre le Terreneuvas et ses parents, entre le Grand-Banc là-bas, et, ici, le petit village du Clos-Poulet.

Février 189. . . . .

AU REVOIR, LES SAINT-PIERRAIS !

Très-loin, tout là-bas sur l'Atlantique, au sud de Terre-Neuve, s'estompe dans les brumes, au milieu des hautes et longues vagues de l'Océan, une petite île dont la ceinture de roches compte à peine quelques lieues de tour.

C'est Saint-Pierre.

Saint-Pierre, avec sa garnison de quarante soldats, c'est là la grande colonie du Clos-Poulet. Là, en effet, beaucoup de nos compatriotes se sont établis à perpétuelle demeure. Là, durant la saison d'été, nous avons nos gars qui peinent, qui travaillent, qui souffrent. Là, pour toujours, dans le cimetière, bien des noms de Saint-Malo sont écrits sur les croix.

Saint-Pierre-et-Miquelon ! Comme ce nom-là vient souvent sur nos lèvres ! Il est pour nous la cause de tant de projets suspendus ; il est l'évocation de tant de rêves éteints, de tant de deuils inconsolés !

Entre Saint-Pierre et Saint-Malo, il existe comme un courant de sympathie, un rapprochement d'intérêts, un va-et-vient perpétuel. Durant l'été, une partie de Saint-Malo est à Saint-Pierre ; durant l'hiver, c'est une partie de Saint-Pierre qui est à Saint-Malo.

Voulez-vous le constater ? Allez faire une promenade autour du bassin. Allez vite, par exemple ! Allez, avant qu'il ouvre ses portes à notre jolie flottille de Terre-Neuviers qui, déjà, déploie ses voiles, prête à s'envoler vers le Grand-Banc. A l'arrière de nombreux navires, vous lirez ces mots : « Saint-Pierre-et-Miquelon ».

On parle de Saint-Malo, station d'hiver. Et cela paraît un rêve, une illusion, une plaisanterie, une gasconnade. Allons donc ! Mais, depuis longtemps, pour tous ces navires qui sont là, hivernés chez nous ; pour leurs armateurs qui viennent passer chaque année, dans notre pays, les mois d'octobre à mars, qu'est-ce que nous sommes donc ? Sommes-nous exclusivement une station d'été ?

Donc, les navires de Saint-Pierre viennent passer à Saint-Malo la saison d'hiver. Ils viennent se faire réparer et surtout chercher du fret, ce fret spécial que nous appelons « les pacotilles ».

Les pacotilles, ce sont des fournitures d'épiceries, des paquets de tissus, des articles de Paris, des produits de toute sorte destinés à alimenter, chauffer, parer, amuser, rendre coquette la bonne population de Saint-Pierre.

Pour acheter les pacotilles, les Saint-Pierrais arrivent à Saint-Malo dès l'automne, pour n'en repartir que le premier mars au plus tôt. Ils arrivent avec toute leur famille, après un voyage long, pénible, dispendieux, qui varie entre 400 et 700 francs.

Les Saint-Pierrais sont donc nos hôtes de l'hiver. Or,

ces hôtes-là sont à ménager. Sans doute, leur fortune est subordonnée aux éventualités de la pêche, mais leur fortune flottante est assez élevée, et, cette fortune, ils viennent la dépenser, en partie, dans notre pays, pour les besoins de leur négoce. Ils sont, d'ailleurs, de relations agréables, d'extérieur fort avenant. Pourquoi ne pas essayer de les retenir davantage dans notre pays ! Croyez-vous que plusieurs, au lieu de vaguer avec leur famille d'hôtel en hôtel, ne loueraient pas, avec plaisir, quelques-unes des villas de Paramé. Mais, bast ! on n'y pense pas. Octobre arrive, et Paramé se métamorphose aussitôt en nécropole, en ville morte. On le croirait fou, celui-là qui, au lieu de fermer la porte de sa maison, songerait à la laisser ouverte pour nos hôtes de l'hiver. On le croirait fou ; il serait avisé.

Les Saint-Pierrais ne viennent pas seulement à Saint-Malo pour acheter des pacotilles, ils viennent aussi pour chercher des équipages.

On sait, en effet, la façon dont ils procèdent à la pêche. Ils se servent de petites goëlettes, goëlettes montées par les marins du Clos-Poulet, et qui, tous les jours, sortent en mer, un peu, comme au temps de la caravane, les bisquines de Cancale. Ces goëlettes apportent leur pêche aux navires mouillés en rade, et ceux-ci, quand ils ont un fret suffisant, partent pour Bordeaux ou pour l'Espagne, là où se tiennent les grands marchés de morues. Une fois leur cargaison vendue, ces navires font voile pour Cadix ou Port-de-Bouc, où ils prennent un chargement de sel destiné à apprêter la nouvelle morue.

Mais, il ne faut pas que je m'écarte de mon sujet. Mon

sujet, c'est le Saint-Pierrais, chez nous. Le Saint-Pierrais, chez nous ! C'est là, assurément, une des silhouettes curieuses et pittoresques de notre pays. C'est là un des côtés de notre vie originale et l'un des moins connus parmi ceux qui caractérisent nos mœurs maritimes.

Le premier mars, au matin, va sonner le départ des Saint-Pierrais.

Les Saint-Pierrais vont s'en aller emportant, dans leurs bateaux, non seulement toutes sortes de provisions, de « pacotilles », mais, ce qu'il faut encore noter, emportant aussi leurs toilettes pour la saison prochaine.

Aussi, à cette époque de l'année, vous ne pouvez guère aller chez une modiste ou une couturière de notre pays sans qu'elle vous exhibe aussitôt, d'un air triomphant, un chapeau ou une robe destinés à quelque belle Saint-Pierraise. Celle-ci, par suite de la difficulté des communications entre son lointain pays et le Tout-Paris, voire le Tout-Saint-Malo, est donc obligée de devancer les modes d'été et de printemps. En tous cas, il est curieux de noter, n'est-ce pas, que les bateaux qui vont partir ces jours-ci de notre pays emportent même les modes de la saison prochaine.

Les bateaux de Terre-Neuve, messagers de la mode !... Voilà un aspect sous lequel, assurément, ils ne sont pas souvent envisagés.

Donc, les Saint-Pierrais vont partir ! Nous leur disons au revoir ! Tout l'hiver, en effet, eux et leur famille, ils ont vécu de notre vie. Nous leur disons au revoir ! parce qu'ils sont les premiers éléments, les véritables fondateurs de la station hivernale que nous rêvons d'établir dans notre pays. Puissent-ils donc, les années prochaines, nous revenir très nombreux, et puisse le Clos-Poulet être toujours, pour eux, le pays du soleil et des hivers tempérés!

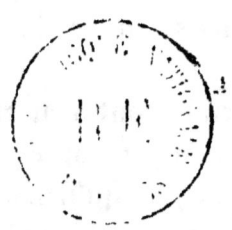

26 Mars 189. . . . .

PARTANCE

A l'heure actuelle, tous nos gars sont en route pour Terre-Neuve.

Puissent-ils avoir bon temps, belle mer, jolie brise ?

Suivant l'habitude, dès le premier mars, ce sont les Saint-Pierrais qui ont donné le branle. Nos voiliers de Saint-Malo ont suivi le mouvement. Et voilà nos bassins, hier encore, si animés, si fiévreux, si pleins de vie et de gaieté, les voilà lamentablement vides et déserts, jusqu'à l'automne prochain.

En même temps que les bassins, les villages de la côte se sont dépeuplés. La « grande bleue » a fait sa rafle annuelle, draguant tous les pauvres gas qui se tenaient bien blottis au coin du feu, bien terrés au fond des champs. Elle les a tous trouvés, tous dénichés, tous emportés.

Et ils sont partis, tous ceux-là qui, plus ou moins, par goût, par race, par misère, par raison, appartiennent à la grande famille des Terreneuvas. Au revoir à eux tous !

Au revoir, les morutiers et les homardiers ! Au revoir, les pêcheurs et les saleurs ! Au revoir, les patrons de goëlettes et les patrons de doris ! Au revoir, les graviers, les soudeurs, les ferblantiers, les tonneliers et tous les humbles parmi les humbles, les malheureux parmi les malheureux, au revoir, les pauvres pelletas !

Dire que tous se sont embarqués sans se faire tirer l'oreille serait donner une entorse à la vérité. Comme les années passées, il y en a eu que les gendarmes de la marine ont dû aller chercher au fond des cabarets. En voyant ces reculades du dernier moment, on ne peut s'empêcher, vraiment, de songer que ce doit être quelque chose de terrible, cette pêche à la morue qui sait faire peur à des hommes aussi durs, aussi braves, aussi fièrement trempés que nos mathurins du Clos-Poulet.

Ils sont partis sur deux grands steamers, « l'Olbia » et le « Charles Martel ». Ils sont partis au nombre d'environ trois mille. Ces trois mille étaient tous ceux qui étaient restés au port jusqu'à ce jour, ne faisant pas partie de l'équipage proprement dit de nos voiliers.

Suivant la coutume, à les voir partir, tout Saint-Malo se pressait aux abords des quais, et à la « Porte de Dinan », sur les remparts et sur le Môle.

Les gars, eux, s'embarquaient par fournées. Les uns, les insouciants, jouaient de l'accordéon — le biniou du Terre-neuvas ; — les autres, les prévoyants, emportaient des provisions de bouche ; certains chantaient pour s'égayer ; d'aucuns ressemblaient à des gens qui viennent de noyer, quelque peu, le chagrin au fond du verre.

Sur le rempart, dans une embrasure, une jeune femme

de seize ans pleurait à fendre l'âme. Son mari embarquait, et elle n'était mariée que depuis quelques jours. Heureusement, la délicieuse ivresse de l'attente, au moment où les feuilles jaunissent ; le bonheur profond du retour, au moment où les feuilles tombent, compensent amplement, dit-on chez nous, les angoisses du départ.

C'est pourquoi nos mères aimaient jadis cette vieille chanson si populaire à Saint-Malo, alors que tous les hommes allaient à la mer :

> Femmes, pour être heureuses,
> Epousez des marins ;
> Jamais d'humeur fâcheuse !
> Jamais de noirs chagrins !

Il y a, sur ce rythme peu savant, environ quatre-vingt-dix-neuf couplets de consolation.

* *
*

Cependant nos Terreneuvas sont tous embarqués.

L'un après l'autre, le « Charles Martel » et « l'Olbia » lèvent l'ancre. Une dernière fois leur sirène gémit. C'est l'ululement du départ.

Le temps est magnifique. Le ciel est tout bleu et la mer sans une ride.

Les gars grimpés dans les cordages ou tassés sur le pont regardent tous du côté de la terre. Tout à coup ils se découvrent et entonnent l'hymne de l'Etoile de la Mer « l'Ave Maris Stella ». L'effet est saisissant.

Rapidement, les deux navires s'éloignent et longtemps, dans le ciel clair, on distingue les gars restés debout, à l'arrière, regardant Saint-Malo, qui s'estompe, se rapetisse.

Au bout du môle, les deux navires ne nous paraissent plus bientôt que comme deux points noirs, lointains, effacés, perdus, d'où se détache, comme en signe d'adieu, une longue traîne de fumée que la brise agite vers la côte.

Puis, tout se dissipe à l'horizon.

Les deux steamers ont franchi le cercle des choses visibles. Ils sont déjà, pour nous, entrés dans le mystère des au-delà infinis.

*
* *

Au milieu des brumes épaisses, au milieu des hautes banquises, au milieu des houles et des tempêtes, Etoile de la Mer, guidez les Terreneuvas !

24 *Décembre 189* . . . . .

LA POUPÉE DE TERRE-NEUVE
(CONTE DE NOEL)

Il était patron de doris.

Par un temps chaud et bon, imprégnant tout, le sable, le ciel et la mer, d'une douce et calme lumière blanche ; par un grand soleil clair qui annonçait bien l'approche du bel été — ce bel été que, lui, il ne voyait plus jamais, à cause de son métier de Terreneuvas, — il était parti. Il était parti, avec les autres, par le steamer le *Château-Lafitte* de la maison Bordes fils.

A la cale des Beys, on les avait tous embarqués, les pauvres gars, par pleines fournées, comme des moutons, sur les bateaux du Bac. Et les bateaux du Bac, en quelques tours de roues, les avait amenés à bord du *Château-Lafitte*, qui, lui, ancré sous Dinard, leur criait bien fort de se hâter, — leur criait bien fort de se hâter de sa grosse voix de sirène qui, pourtant, ululait bien lugubrement, et pour beaucoup ululait le départ qui n'a point de retour, le départ pour la mort.

Il était parti, le plus tard possible, avec la dernière fournée. Trois fois, comme cela se fait au pays, trois bonnes fois, bien fort, sans fausse honte, devant les camarades, trois bonnes fois il avait embrassé sa femme. Puis, il avait levé sa petite fille en l'air, bien haut, dans ses grands bras robustes, et, trois fois aussi, bien fort, il l'avait embrassée. Et, brusquement, tout à coup, sentant ses yeux le piquer, il l'avait déposée sur le sable, et vite, sans retourner la tête, il s'était embarqué et il avait entendu sa petite fille qui lui criait de loin : « Papa, tu sais ! n'oublie pas ma poupée de Terre-Neuve ! »

« Papa, tu sais ! n'oublie pas ma poupée de Terre-Neuve. »

C'est qu'à sa fillette, si elle était bien sage, il avait promis une belle poupée, une poupée de Terre-Neuve, avec des yeux bleus en faïence et de longs cheveux blonds comme en portent sur le dos les petites Anglaises. Et, debout, à l'arrière du *Château-Lafitte*, il regardait toujours vers Saint-Malo. Et le *Château-Lafitte* se hâtait, se hâtait vers les lointains embrumés, et tout là-bas, dans les ors du soleil couchant, Saint-Malo n'apparaissait déjà plus que comme une toute petite tache lointaine, indécise, perdue, effacée...

Et il se disait : « Bien sûr qu'à ma petite fille, bien sûr
» que je lui achèterai une belle poupée de Terre-Neuve,
» et, pour ne pas oublier, je l'achèterai même la première
» fois que j'irai à terre. Et je la blottirai, bien soigneuse-

» ment, tout au fond de mon coffre, entre deux hardes
» de laine. Et, le soir de Noël, quand elle aura mis son
» soulier dans la cheminée, moi j'irai y déposer la belle
» poupée de Terre-Neuve qui aura des yeux bleus en
» faïence et de longs cheveux blonds, comme en portent
» sur le dos les petites Anglaises. »

*
* *

Noël ! Noël ! Noël !!!

Ils étaient tous revenus, les Terreneuvas qui devaient revenir.

Lui, il était de ceux-là qui ne devaient pas revenir. C'était pour lui, au soir du départ, que la sirène du *Château-Lafitte* avait ululé si lugubrement, avait ululé le départ qui n'a point de retour, le départ pour la mort.

Un jour, sur son doris, avec deux camarades, il s'était égaré pour jamais au milieu des brumes sans fin qui, tout vivant, l'avaient enserré dans leur suaire éternel.

Et jamais plus on ne l'avait revu.

Seulement, sa veuve avait été avisée de passer au Commissariat de la Marine. Et elle y était allée avec deux voisins. Et on lui avait remis, tout empreint de grands cachets rouges, le coffre de son pauvre défunt.

Noël ! Noël ! Noël !

Et maintenant le coffre de son pauvre défunt était là, ouvert au milieu de la chambre. Sous le couvercle, à l'intérieur, il y avait encore l'image d'un Sacré-Cœur, vêtu de rouge avec un cœur d'or qu'elle y avait collée, pour lui porter bonheur, la veille de son départ. Et, au milieu des hardes, il y avait aussi une belle poupée soigneusement blottie, une belle poupée de Terre-Neuve avec des yeux bleus en faïence et de longs cheveux blonds, comme en portent sur le dos les petites Anglaises. Lors, elle prit la poupée et elle la déposa dans un petit soulier, un soulier d'enfant, posé au coin de la cheminée. Et elle s'endormit en priant pour le pauvre disparu.

*
* *

Noël ! Noël ! Noël !

Et voilà tout à coup les cloches qui se mettent en branle. Elles carillonnent la messe de minuit, et leur carillon éveille l'enfant, qui a déposé son petit soulier au coin de la cheminée.

Et, dans son petit soulier la voilà qui découvre une grande poupée. C'est la poupée de Terre-Neuve !

— Papa ! papa ! où donc es-tu ?

Et la voilà, nu-pieds, le cherchant dans tous les coins de la chambre enténébrée. La voilà qui ouvre la porte, descend l'escalier. La voilà sur le quai, tout proche, en face les bateaux de Terreneuvas.

« Papa ! papa ! où es-tu ? Bien sûr ! tu dois être par » là, dans ton bateau. Bien sûr, c'est toi qui es venu, » en cachette, déposer dans mon soulier la belle poupée » de Terre-Neuve. Papa ! papa ! où es-tu ? »

Et la voilà tout au bord de l'eau. Et, dans l'eau, rangés sur trois rangs, voilà tous les Terreneuvas. Et tous les Terreneuvas semblent être, ce soir-là, comme une allée mystérieuse menant bien loin, jusqu'à l'église qui, là-bas, se détache dans le ciel clair, porte d'azur du beau Paradis. Et dans leurs cordages, entre lesquels brillent toutes les étoiles du firmament, frémit comme une musique céleste qu'accompagnent, à voix basse, le clapotis des vagues et le balancement des navires que l'eau berce au long des quais.

— Papa ! papa ! où es-tu donc ?

Et l'eau, où la lune jette des rayons d'argent, semble être une voix qui l'appelle.

Et elle s'approche, elle s'approche encore.

Et les cloches carillonnent, carillonnent plus fort. Noël ! Noël ! Noël !...

Et le lendemain, auprès des Terreneuvas amarrés dans le bassin, on trouva, flottant entre deux eaux, le corps d'une petite fille qui serrait entre ses bras une grande poupée, une poupée de Terre-Neuve avec des yeux bleus en faïence et de longs cheveux blonds, comme en portent sur le dos les petites Anglaises.

III

MÉTIERS DISPARUS

LES MEUNIERS DE SAINT-MALO. — L'ENFANT DU DIABLE.
LA MADELEINE ET LES CORDIERS.
LES MULETIERS DE REDON
LES FILANDIÈRES ET LES TESSIERS
TINAISES ET MONTEUSES D'EAU. — LES FANTÔMES MALOUINS.

LES MEUNIERS DE SAINT-MALO

N'en déplaise à l'orgueil de défunts nos aïeux, St-Malo, tout jadis, ressemblait tout autant à une tribu de paisibles meuniers qu'à un nid de farouches corsaires. Partout, sur les bords de la Rance comme sur ceux du Routhouan ; partout, depuis les sommets du mont St-Joseph jusqu'aux lointains rochers du cap Fréhel, les moulins coudoyaient les canons, et les meuniers barbouillés de farine les arbalétriers bardés de fer.

Les moulins les plus fameux étaient ceux du Naye, de la Cité, du Sillon, ainsi que ceux de la Hollande, appelés « les Moulins Colin. » Je ne parle pas du moulin de Saint-Cast, plus célèbre encore que tous ceux-là, et dans lequel, lors de la bataille que vous savez, habitait une charmante meunière dont les grâces valurent au duc d'Aiguillon de se couvrir de plus de farine que de gloire.

Quant au moulin de la Hoguette appelé aussi « le Moulin du Diable » celui-là est tellement fameux qu'il fera l'objet, à lui seul, du chapitre suivant.

Alors, les ânes du Clos-Poulet, exclusivement devenus les haquenées des seules laitières de Paramé, partageaient leurs services entre celles-ci et les meuniers.

Tous les matins, les garçons-meuniers, grimpés sur leurs ânes, arrivaient à la ville et faisaient leur tournée à travers les rues, frappant aux portes un nombre de coups de marteau correspondant à l'étage habité par leurs clients. Il paraît que, tout en recevant leur mesure de froment rouge ou de blé noir, ils ne se privaient pas de faire un léger brin de cour aux bobonnes qui la leur descendaient. Toujours est-il qu'ils n'ont guère laissé bonne réputation, surtout les meuniers du Naye et du Sillon, s'il faut en croire une très vieille chanson à laquelle recouraient jadis nos mamans pour nous endormir sur leurs genoux :

> Dansez, p'tite pouchée !
> Le blé perd à la mouture ;
> Dansez, p'tite pouchée !
> Le blé perd chez les meuniers.
>
> Les meuniers sont des larrons,
> Tant du Naye que du Sillon.
>
> Dansez, p'tite pouchée !
> Le blé perd à la mouture ;
> Dansez, p'tite pouchée !
> Le blé perd chez les meuniers.

D'ailleurs, comme jadis à Saint-Malo, aujourd'hui encore, sur différents points de la Bretagne, les garçons-meuniers ne jouissent pas d'une exquise réputation. Ainsi, quand ils passent sur la grand'route, huchés sur leurs vieux chevaux blancs, qui, chargés d'un grand sac de blé jeté en travers, trottinent vers le moulin en secouant leur collier tout enguirlandé de longues clochettes fêlées, les jeunes filles bien élevées doivent détourner la tête et bien se garder d'entamer le brin de causette que l'usage veut qu'on se fasse d'ordinaire entre passants.

*
* *

A Saint-Malo, jusqu'au commencement de ce siècle, tout le monde fabriquait soi-même son pain, et la grande coquetterie, quand on invitait à dîner, était d'avoir du pain plus blanc, plus frais, plus appétissant que celui des autres.

Quand, à la maison, il n'y avait pas de four, on envoyait cuire en ville. Les fours les plus suivis s'appelaient les « grands fours. »

Les « grands fours » étaient situés primitivement dans un terrain vague, près le Doyenné, en face la maison de la Chanterie. Plus tard, l'incommodité de la fumée et la proximité de l'église les firent transporter, dès 1605, au haut du cimetière, et alors ils furent « arrêtés, » c'est-à-dire exploités par les nommés Meshéon, Pépin et Gravé, moyennant 187 livres par an. [1]

Quant au four où se cuisait le pain du Chapitre, il était placé dans la cuisine du grand-chantre ; mais M. l'abbé Porée du Parc le fit abattre comme inutile, l'usage s'étant établi d'offrir le pain à MM. les chanoines, qui recevaient chacun, par jour, un pain blanc et un pain noir.

Pépin, cet humble mitron auquel, en 1609, furent

[1] Archives municipales.

arrentés les « Grands-Fours, » est aujourd'hui, n'est-ce pas, absolument inconnu ? Pourtant il aurait pu, si l'histoire n'était pas si profondément injuste, être célèbre et, malpeste ! avoir même son portrait en pied, tout comme les camarades, à la Mairie, dans la salle des « Grands Hommes. »

Oyez plutôt :

Avant d'être boulanger, Pépin fut soldat, et, plus adroit encore au maniement de l'arbalète qu'au pétrissage de la farine, il participa, pour sa bonne petite part, à la prise de Dinan. En outre, dès le lendemain de la victoire, il partit pour Paris, à cheval, bride abattue, et, tout hors d'haleine, arrivant devant le roi, il lui tint ce simple discours, prononcé dans le plus pur patois du Clos-Poulet : « Sire, j'on prins Dinan. »

« — Impossible ! » répartit un des maréchaux de cour, s'esclaffant de rire au nez de Pépin.

« — Tiens, » lui riposta Pépin, « va-t-y le sava mieux qu'mé, qui y étas ? »

Lors, ayant fait remarquer qu'il était sans doute dans la maison du bon Dieu, puisque personne ne lui offrait « ni une écuelle à boire, ni une croûte à casser, » il fut emmené à l'office, où une régalade soignée lui fut offerte.

Le lendemain, Pépin vint prendre congé du roi, qui lui demanda s'il voulait être gentilhomme ?

« — Nenni, Sire, » lui répondit Pépin ; les gentil-
« hommes, je les chassons de notre ville à coups de
« bâtons. Faites-moi seulement donner un cheval de vos
« écuries, car le mien a crevé en route, comme un porc. »

Et le roi lui ayant offert son plus beau cheval, il reprit au galop le chemin du Clos-Poulet. (1)

***

Aujourd'hui, le brave Pépin est mort, et, depuis des siècles, ses « Grands-Fours » sont éteints.

Du vieux temps d'autrefois, des pittoresques usages qui caractérisaient le métier des meuniers et celui des boulangers, leurs frères germains, il ne subsiste plus, suprême vestige, que la patriarcale « gâche beurrée. »

Or, la « gâche beurrée », gâteau doré et confortable, sorte de pain aristocratique — plus aristocratique encore que ce pain également spécial à notre pays que nous appelons « le pain au leveton » — la gâche beurrée, dis-je, c'était le mets traditionnel du réveillon.

La veille de Noël, les fariniers du Clos l'offraient, toute chaude et toute rissolante, à leurs clients, et, au réveillon, ceux-ci, comme une sorte de pain bénit, la mangeaient pieusement, à petites bouchées, délicatement trempée en minces mouillettes dans une bonne tasse de cacao fumant.

Après des siècles, la « gâche beurrée, » aujourd'hui encore, est chez nous le mets symbolique du réveillon. Quant aux meuniers de Saint-Malo, ils ont tous disparu, et, un à un, disparaissent aussi, lentement, à regret, les jolis moulins qu'ils habitaient.

Encore, déchus de leur antique origine et dévoyés de leur primitive destination, ces derniers, tout barbouillés de

---

(1) Origine et antiquités de la ville de Saint-Malo, par Dedescrts, père, 1727 (œuvre manuscrite).

peinture blanche — plus blanche que la farine d'antan — ne servent-ils plus à moudre le grain, mais à guider seulement les navires qui voguent au milieu des passes de notre rade !

Bientôt, à leur tour, ils disparaîtront. Alors les moulins de Saint-Malo n'existeront plus que sur ces vieilles estampes qu'on découvre encore, toutes jaunies, chez les très anciennes familles de notre pays, et la réputation de leurs meuniers ne subsistera plus, elle aussi, à demi-éteinte, que dans la mémoire de nos bonnes grand'mères qui, faisant danser sur leurs genoux leurs arrière-petits enfants, leur chanteront encore quelque temps, d'une voix bien cassée, la toute vieille chanson des « *Meuniers de Saint-Malo* » :

> Dansez, p'tite pouchée !
> Le blé perd à la mouture ;
> Dansez, p'tite pouchée !
> Le blé perd chez les meuniers.
>
> Les meuniers sont des larrons,
> Tant du Naye que du Sillon...

L'ENFANT DU DIABLE [1]

Donc, c'est, dans le Clos, une ère curieuse entre toutes, l'ère des moulins à vent, l'ère durant laquelle on chantait, par les rues de Saint-Malo, la chanson en vogue :

> Les meuniers sont des larrons,
> Tant du Naye que du Sillon.

Oui, c'est une ère curieuse ! et, pour la conter, il faudrait des volumes. Dans ces volumes, certes, il y aurait de bien belles histoires. Mais la plus belle de toutes serait encore, sans contestation, l'histoire de « l'Enfant du Diable ».

La connaissez-vous, l'histoire véridique de « l'Enfant du Diable ? » Non. Alors, oyez-la.

Il y avait, sur la butte de la Hoguette, un grand moulin à vent. Le meunier et la meunière qui l'habitaient n'avaient pas d'enfant. En vain, ils avaient imploré tous les saints du Paradis. En vain, ils étaient allés consulter le sorcier. En vain, ils étaient allés, nu-pieds, jusqu'à Baud,

---

[1] Cette légende de l'*Enfant du Diable* se raconte aussi dans le Morbihan pour le moulin de Châteautrault, situé au Bois de la Roche, qui faisait autrefois partie du diocèse de Saint-Malo.

en Baudois, tout au fond de la Basse-Bretagne, afin d'invoquer la célèbre Vénus de Quinipily, et, en vain, douze fois, le meunier avait trempé la meunière, jusqu'au cou, dans la piscine qu'il y a là, au fond du bois. Rien n'y avait fait.

Un soir d'hiver, le meunier et la meunière tisonnaient au coin du feu et, plus que d'habitude, ils se désolaient de n'avoir pas d'enfant, quand tout à coup, dans un accès de désespoir, la meunière s'écria : « Que ce soit le bon Dieu ou le diable qui nous le donne, peu importe ! pourvu que nous en ayons un. »

Le meunier opina de son bonnet de coton et, aussitôt, ils entendirent une chouette qui vint, d'un grand coup d'aile, frôler le bord de leur fenêtre.

⁂

Leur souhait avait été entendu. Ils eurent un enfant ; mais, mon Dieu ! quel enfant ! un vrai diable, rusé comme un chat et mauvais comme la gale. Jugez plutôt : aussitôt né, il sauta dans le lit de sa mère, lui demandant effrontément à téter, et, d'un coup de dents, il lui happa le sein, dont il ne fit qu'une bouchée.

Le meunier et la meunière, ne sachant que faire de leur enfant, le confièrent à leur domestique, vieux bonhomme qui travaillait à leur moulin depuis tantôt un siècle.

Le bonhomme emmena l'enfant dans son grenier et le coucha auprès de lui, dans un lit bien blanc, fait avec des sacs de farine. Aussitôt l'enfant se mit à ronfler comme un soufflet de forge.

— Tu dors bien, petit, lui dit le bonhomme en lui tapant sur l'épaule.

— Non, répondit l'enfant, je songe.

— A quoi, jamais? répartit le bonhomme.

— Je songe, dit l'enfant, qu'un renard a autant de nœuds dans la queue que dans le reste du corps.

Le lendemain matin, le bonhomme ayant tué un renard, s'assura que l'enfant avait dit vrai.

La nuit suivante, l'enfant encore se mit à ronfler, et, comme la fois précédente, quand il eut dit : Je ne dors pas, je songe : « A quoi, jamais ? » répartit le bonhomme.

— Je songe, dit l'enfant, qu'une pie a autant de plumes noires que de plumes blanches.

Et l'enfant avait dit vrai, et, la nuit suivante il avait encore dit vrai, quand il s'était écrié :

— Je songe que le venin de douze vipères ne déborderait pas de la coquille d'une noisette.

Lors, le bonhomme prit peur :

— Mais, pour tout savoir ainsi, tu es donc le diable? dit-il à l'enfant.

— Je le suis, répondit l'enfant, et, comme ma place n'est pas ici, tu me verras demain au coup de minuit, sous la forme d'un chat noir, m'échapper par la dune, et alors tout ce qu'il y aura dans le moulin disparaîtra.

Le bonhomme se le tint pour dit, et, s'étant fait régler ses gages, il quitta le moulin, et, du moulin, le lendemain, au dernier coup de minuit, un chat noir sortit en hurlant, et le moulin s'effondra dans un nuage de fumée.

*
* *

Du moulin maudit, il ne resta que quelques poutres noircies dont on finit, il y a bien longtemps, par se servir pour en faire les fourches patibulaires de la justice.

Ces fourches subsistèrent inusables jusqu'au commencement de ce siècle, et Chateaubriand raconte, dans ses *Mémoires d'outre-tombe*, que dans son enfance il est allé bien souvent jouer au tourniquet avec les fourches patibulaires de la Hoguette, autour desquelles il y avait toujours à tournoyer étrangement des légions de mouettes et de pingouins.

LA MADELEINE ET LES CORDIERS

Autrefois, il y avait à Saint-Malo un très grand nombre de cordiers qui étaient aussi « voiliers », c'est-à-dire fabricants de voiles pour les navires.

Comme les cloutiers, les bouchers, les juifs..... les cordiers vivaient tous dans une même rue : la vieille rue de « la Herse » qui finit par prendre leur nom, « rue des Cordiers », nom qu'elle a conservé jusqu'à ce jour. Ces cordiers vendaient surtout les cordes : ils ne les fabriquaient guère. Les cordes, ou plutôt les cordages, étaient en effet fabriqués *extra muros*, dans les terrains vagues avoisinant la ville, du côté de la vieille grève de Châles.

Là, il y en avait toute une tribu, et, de leur ceinture, entortillée de filasse, la corde naissait, s'agrandissait, s'allongeait curieusement pendant des centaines et des centaines de mètres.

Tout jadis, les cordiers étaient d'ordinaire lépreux. On sait, en effet, que le métier des cordiers était, à l'origine, le classique métier des lépreux, métier qu'ils exerçaient tous ensemble dans un village fondé par eux aux portes de la ville.

∗∗

Dans le Clos-Poulet, dans tout le pays « gallo » ainsi qu'en Basse-Bretagne, on trouve encore aujourd'hui un grand nombre de villages nommés « la Madeleine », et, par une coïncidence qui paraît fort étrange *a priori*, dans ces villages, presque toujours, il y avait autrefois des corderies, corderies qui, d'ailleurs, pour la plupart, existent encore aujourd'hui.

Ainsi, dans le Morbihan, on trouve une corderie à la Madeleine, en Theix ; à la Madeleine, en Vannes ; à la Madeleine, en Brec'h ; à la Madeleine, en St-Nolff ; à la Madeleine, en Pluvigner.

Dans le Finistère, on trouve une corderie à Lambézellec (terre des lépreux) ; à la Madeleine près Morlaix, au lieu dit : « La Croix de Saint-Ladre. »……

En Ille-et-Vilaine, existaient autrefois des corderies à la Madeleine, près Saint-Jouan-des-Guérets ; à la Madeleine, près Vitré ; à la Madeleine, près Redon ; à la Madeleine, près Dinan……

Ces corderies, et par conséquent ces villages appelés « la Madeleine », toujours situés aux portes des bourgs ou des villes, ne sont autres que d'anciennes léproseries.

Ces léproseries s'appelaient la « Madeleine » parce que sainte Madeleine et son frère saint Lazare, par contraction saint Ladre, furent tous deux les fondateurs d'un très grand nombre de léproseries ou ladreries, et, dans ces léproseries, existait toujours une corderie parce que les lépreux, en Bretagne, avaient pour métier la fabrication des cordes de navires. Ce fait paraît absolument indiscutable. Prenons quelques exemples :

Aux portes de Vannes, par exemple, existe encore aujourd'hui une très grande corderie située au lieu dit : « la Madeleine ». Or, d'après toutes les archives du pays, cette corderie était exploitée par des lépreux. « Aux portes de Vannes, dit M. Emile Souvestre, dans son ouvrage *les Derniers Bretons*, à la Madeleine, se trouve encore une grande corderie qui était autrefois exploitée par les cacoux, c'est-à-dire les lépreux. Ceux-là, vêtus d'une souquenille que timbrait la croix rouge, allaient à Vannes, assister aux offices. Comme cela se passait d'ordinaire, c'est à l'entrée de l'Eglise, c'est-à-dire sous les cloches, qu'ils devaient entendre l'office ».

On pouvait voir à Vitré, il y a quelque temps, plusieurs corderies, placées dans les faubourgs de la ville, au lieu dit : « la Madeleine ». Or, à la Madeleine en Vitré, existait autrefois une ladrerie dont le chef portait le nom de « Prieur de Saint-Ladre ». Il y avait là deux chapelles, l'une dédiée à saint Etienne, l'autre à saint Lazare et à sa sœur, sainte Madeleine [1].

Enfin, une corderie située au village de la Madeleine, en Lambézellec, mérite bien ici une mention toute spéciale, si l'on remarque que Lambézellec signifie en breton « terre des Lépreux ».

D'ailleurs, dans ces villages de la « Madeleine », si on

---

[1] Voir, dans le *Vitréen* des 3 et 10 avril 1851, une notice publiée par M. de la Borderie. — Voir, aussi, le *Nouveau Dictionnaire de Bretagne*, par Ogée, au mot : Vitré. — Voir, enfin, un aveu de 1.850 rendu par Jean d'Argentré, archidiacre de Dinan, sur les pouvoirs du « prieur de Saint-Ladre ».

trouve une corderie et dès lors une ancienne léproserie, on y rencontre aussi un très grand nombre d'habitants portant le nom de : Le Gall, Le Galoux, Le Cacous, noms éminemment caratéristiques, quand on sait que, dans nos campagnes bretonnes, les populations fortement attachées à leur sol, se perpétuent dans le même village, et quand on remarque qu'aux mots français : « malsain, galeux, lépreux », correspondent les noms bretons : « Le Gall, Le Galous, Le Cacous ».

Les individus qui se nomment « Le Gall, Le Galous, Le Cacous », ne sont vraisemblablement, en majorité, que les descendants lointains des anciens lépreux, et, après plusieurs siècles, on les retrouve habitant le même lieu et exerçant parfois le même métier que leurs malheureux ancêtres.

En Bretagne, ainsi que les bâtards, les tailleurs et les lépreux, les cordiers faisaient partie de la race maudite, non pas parce qu'ils tressaient des cordes, ce qui n'a rien d'infamant, mais parce qu'ils étaient atteints de la lèpre. Si c'était un mauvais présage de rencontrer un cordier, le matin, sur sa route, c'est vraisemblablement parce que, chez certains, le germe de la terrible maladie coïncida avec telle rencontre d'un cordier lépreux à ce moment de la journée.

Aujourd'hui encore on dit en proverbe :

> Les gars de la Madeleine.
> Ne se marient pas sans peine.

Si les jeunes gens de « la Madeleine » trouvent difficilement à se marier, c'est parce que, dans notre Bretagne où les souvenirs sont si vivaces, la tradition laisse rejaillir sur de lointains descendants, qui, du reste, comme on l'a remarqué parfois, sont très souvent malsains, débiles et scrofuleux, les restes d'un stigmate qui frappait autrefois leurs ancêtres, il y a déjà plusieurs siècles.

20 Février 189...

LES MULETIERS DE REDON

C'est maintenant la fin des marrons, le fruit symbolique de l'hiver.

A la nuit tombée, sous le toit du Marché et à l'angle des petites rues, on ne rencontre déjà plus la pittoresque bonne femme qui en faisait l'humble trafic. Jusqu'à l'année prochaine, elle s'est évanouie avec sa guérite de bois, sa rôtissoire de fer, son tabouret de bois et le vieux cotillon de tiretaine dans lequel, si savamment, elle savait entretenir à point la chaleur de sa marchandise. Elle s'est évanouie, et c'est à bien grand'peine si le friand de marrons en déniche encore, chez l'épicier du coin, quelques dernières douzaines qui l'aident de leur mieux à composer son maigre menu quadragésimal.

Tous ces gros marrons appétissants que, depuis le commencement de l'hiver, nous croquions avec tant d'appétit, tantôt grillés en dansant sur le feu vif de la rôtissoire, tantôt cuits dans les molles blancheurs de la cendre tiède, tantôt lentement bouillis dans les joyeux ronrons de l'eau qui chante; tous ces gros marrons, dis-je, en droite ligne nous venaient de Redon, leur terre classique. Ils nous venaient par chemin de fer, bourgeoisement, prosaïquement, ainsi que les commis-voyageurs et les bourgeois en redingote.

Jadis, ils nous venaient par mules et, — demandez plutôt aux vieux du Clos-Poulet — c'était là, assurément, un des commerces les plus pittoresques de notre pays.

Les muletiers de Redon étaient tout vêtus de toile blanche : braie de toile, arrêtée au genou par une jarretière, *touine* de toile serrée à la taille par une ceinture de cuir. Un bonnet de laine sur la tête ; des guêtres autour des jambes, un grand fouet à la main, complétaient le costume.

* *
*

Dès l'automne, aussitôt après la récolte, par bandes de trois ou quatre, ils partaient pour le Clos-Poulet. Chaque muletier poussait devant lui une dizaine de mules portant toutes sur le dos une grosse poche bourrée de châtaignes, et cette grosse poche, ballottant à droite et à gauche, sur les flancs de chaque bête, ressemblait assez, de loin, aux hottes que portent, en allant au marché, nos gentils ânes de Paramé.

C'était, je vous l'assure, un fort curieux spectacle, celui de ces troupeaux de mules cheminant ainsi à petites journées, au long des grandes routes, et c'était aussi un fameux brouhaha quand, le soir, ils s'arrêtaient dans un de nos villages, à Pleudihen, à la Ville-ès-Nonais, à Saint-Suliac... au moment où, après la journée finie, tous les travailleurs revenaient des champs.

« V'là les mules ! v'là les mules !!! » criaient les enfants en accourant à toutes jambes.

V'là les mules ! v'là les mules !!! Et au loin, on entendait un grand bruit de sonnailles bien connu. V'là les mules ! v'là les mules !!! et toutes les bonnes vieilles ménagères de se presser autour du troupeau et d'acheter, en marchandant ferme, les douzaines et douzaines de marrons destinés « do du cidre clairet » et « do du lait doux », à composer tous les repas du prochain hiver, — bons et succulents repas contenus tout entiers dans une « écuellée bien chaude », mais une écuellée qui s'avale délicieusement sous l'ample manteau de la grande cheminée, au coin du foyer qui flambe, au grésillement des fouées d'ajoncs qui pétillent, au chant du rouet qui tourne et au lent murmure des « bers », que les vieilles balancent sur les bancs de chêne, au bord des lits-clos, en endormant les tout petits.

LES FILANDIÈRES ET LES TESSIERS

D'ici, de là, dans les campagnes « de l'autre bord de l'eau », vous pouvez voir, assise sur le revers d'un fossé, une petite « patoure » préposée à la garde de quelques vaches qui, mélancoliquement, cherchent leur pitance au milieu des bruyères roses et des ajoncs dorés.

Cette petite patoure, c'est une filandière. D'une main, elle tient son fuseau. De l'autre main, elle tire sur sa quenouille, dont le pied est maintenu en équilibre par le filet de son jupon et parfois aussi par une « chambrière » ou petite chaînette attachée à son corsage.

Cette quenouille, vieille autant que le monde, vieille autant que la Parque classique et la fée Carabosse, cette quenouille est le lointain souvenir, le suprême et poétique symbole d'un âge depuis longtemps à jamais disparu.

Sans nous perdre dans les nues où, d'après la légende, la Vierge Marie, aux beaux jours de printemps, file sa gracieuse quenouille d'où s'échappent, impalpables, tous ces longs flocons d'une soie plus blanche que tout ce que nous connaissons, et qui flottent mollement, s'abaissent et remontent dans le ciel bleu sous le joli nom de « fils de la Vierge », regardons, de suite, les horizons reculés de notre histoire nationale. Ces horizons sont tout plantés de blanches quenouilles, quenouilles qui sont alors surtout un emblème : l'emblème de l'amour.

Lorsqu'en effet, notre séculaire aïeule, la jolie Ripuaire, aimait un esclave, elle recevait de son père, un matin, à son petit lever, une quenouille et une épée. Entre les deux, elle avait à choisir, et sûrement, en face du paternel présent, elle devait hésiter. En effet, si elle choisissait l'épée, elle restait noble, elle restait libre, après, toutefois avoir transpercé avec cette épée le cœur de l'esclave trop présomptueux qui avait osé demander sa main. Si, au contraire, elle choisissait la quenouille, elle pouvait épouser son prétendu, mais elle prenait sa condition et, comme lui, devenait esclave.

Avec l'ère de la féodalité, la quenouille — la quenouille symbolique — devient un sceptre : sceptre féminin, le sceptre de la « dame de fief ».

C'est en Bretagne, c'est au Clos-Poulet, c'est chez nous, où la loi salique n'existe pas, c'est chez nous seulement, où existe la « dame de fief », que la quenouille est un sceptre.

La quenouille est le sceptre, le blason, le symbole de la « dame de fief » qui est, entre cent, la belle Aouktierne ; la noble comtesse de Porhoët, fille d'Alain le Grand ; la bonne duchesse Anne qui, un beau matin de printemps, jette sa quenouille par dessus les moulins de Bretagne et ne peut la recouvrer qu'en donnant sa main au royal damoiseau du pays voisin, qui, plein d'adresse, la cueille à la volée.

L'étymologie du mot « quenouille » importe peu. Cependant, pour la découvrir, des milliers d'auteurs se sont arraché les cheveux ; or, parmi tous ces crânes chauves, les uns la font venir du mot latin « *conucla* » ; les autres, avec Dorchez, lui prêtent une origine germanique : *Queno*, femme, et *kolo*, roue.

Quoi qu'il en soit, la quenouille était chez nous, pays des « dames de fief », le signe sensible qui symbolisait tous les droits de la châtelaine féodale.

En effet, quand celle-ci venait à hériter d'un noble apanage, antérieurement tenu par un baron, on disait de cet apanage qu'il tombait « de lance en quenouille ». Or, quand le fief tombait ainsi « de lance en quenouille », le prêtre, à la messe qui suivait l'investiture, récitait « l'Evangile des Connoilles, en l'honneur et exaulcement des nobles dames ». Une quenouille fleurie et enrubannée était remise solennellement à la nouvelle châtelaine. Sur l'Evangile ouvert, tous ses vassaux lui juraient « la foi et l'hommage », et dès lors, comme on disait en ce temps-là, ils devaient suivre « l'Evangile des Connoilles ».

Toutefois, à l'époque féodale, la quenouille n'est pas seulement un symbole, comme sont aujourd'hui l'hermine et la fleur de lys ; elle n'est pas seulement le sceptre de la « dame de fief », elle est aussi son plus habituel délassement. C'est, en effet, en tournant son rouet tout fleuri d'élégantes ciselures, c'est en déroulant du bout de ses doigts de neige son gracile fuselet d'argent, que celle-ci parvient seulement à oublier les très longues heures de sa vie de châtelaine dont la poudre d'or d'un haut sablier posé à ses côtés égrène, grain à grain, l'éternelle et monotone lenteur.

Dans les chaumières, la quenouille est surtout un ustensile de ménage, un objet de première utilité. C'est elle qui sert à la mère de famille à vêtir ses enfants ; c'est elle qui sert à la fiancée à confectionner son trousseau ; c'est elle qui sert à la vieille patriote, affalée au fond du foyer, à filer la rançon de Monseigneur Duguesclin.

Mais, avant d'enrouler la filasse autour de la quenouille ou du rouet, quelles préparations lui fait-on subir ? Quelles sont les pittoresques métamorphoses qui la transforment ?

Interrogez à ce sujet toutes les filles de Haute et de Basse-Bretagne, interrogez spécialement toutes nos jolies filandières du Clos-Poulet ; elles vous tiendront toutes le même langage. « La filasse », vous diront-elles, on la rouit, on la breille, on la pescèle, on la sancèle, on la file, on la blanchit, on l'ourdit et on la porte au tessier.

On la « rouit » dans l'eau des clairs ruisselets, quitte à faire périr tous les frétillants poissons qui la fréquentent.

On la « breille », c'est-à-dire qu'on se réunit une douzaine de belles filles robustes pour la « cotir », pour la presser afin d'en faire sortir la paille qu'on appelle, chez nous, « les graisses ».

On la « pescèle », c'est-à-dire qu'on l'adoucit, qu'on l'égalise, qu'on la bichonne, qu'on en enlève les trop gros fils, ce qui s'appelle aussi « habiller la filasse ».

On la « sancèle », c'est-à-dire qu'on complète sa toilette en la lissant proprement avec un peigne de fer.

Alors, seulement, on charge le rouet ou la quenouille destinés à la filer.

Or, ici, se place tout naturellement une très séculaire et très originale chanson, en cent mille couplets, faisant partie de cette littérature populaire qu'on appelle chez nous « les chansons longues ». Cette chanson, à peu près oubliée et absolument inédite, ne peut être qu'un plat de régal pour tout vrai folkloriste. Aussi son extrême longueur seule m'empêche de la relater intégralement, et je ne puis, à mon grand regret, que citer ceux de ses couplets qui sont comme le récit des différentes métamorphoses, comme la genèse ou l'odyssée de la filasse. Donc, en « breillant » la filasse, en la « pescelant », en la « sancelant », les petites Bretonnes psalmodient comme suit :

> Je l'ai breillé avec ma breille,
>   Tout de rang, de rang,
>   Tout de rang dondaine ;
> Je l'ai breillé avec ma breille,
>   Tout de rang, de rang,
>   Tout de rang dondon.
>
> Je l'ai pesc'lé ô mon pesc'lé,
>   Tout de rang, de rang,
>   Tout de rang dondaine ;
> Je l'ai pesc'lé ô mon pesc'lé,
>   Tout de rang, de rang,
>   Tout de rang dondon.
>
> J'lai sanss'lé ô mon selan,
>   Tout de rang, de rang,
>   Tout de rang dondaine ;
> J'lai sanss'lé ô mon selan,
>   Tout de rang, de rang,
>   Tout de rang dondon.

J'lai chargé sur ma quenouille,
 Tout de rang, de rang,
 Tout de rang dondaine ;
J'lai chargé sur ma quenouille,
 Tout de rang, de rang,
 Tout de rang dondon.

J'lai filé, ô mon fuseau,
 Tout de rang, de rang, etc.

En le filant, le fil cassit,
 Tout de rang, de rang, etc.

L'fil cassit, not' valet l'serrit,
 Tout de rang, de rang, etc.

Alors moi j'le récompensis,
 Tout de rang, de rang, etc.

J'lui fis des chemis' de toil' fine,
 Tout de rang, de rang, etc.

Disons, sans chanter plus longtemps notre jolie « chanson longue », qu'avec ses chemises de toile fine et son beau trousseau fait au rouet de Basse-Bretagne, le valet complaisant s'en fut à Paris où il mourut bientôt dans la misère.

*
* *

On « pécèle » le chanvre aux « pécèleries » ; on le file aux « fileries ».

Quand une ménagère a du chanvre à « pécéler », elle prie les jeunes filles du village de venir l'aider : c'est là l'invitation à la « pécèlerie ».

A la « pécèlerie », les jeunes filles mouillent le chanvre, le battent, le « cotissent », lui font subir, en un mot, toutes les préparations qui permettront ensuite de le filer. Le soir venu, elles restent à souper dans la ferme. Alors les gars, toujours en quête de « pécèleries », arrivent par bandes et les jeux s'organisent.

Outre la danse, qui, d'ailleurs, est interdite pendant le Carême et les Avents, les jeux consistent en toutes sortes de farces et de brimades grossières qui sont, en quelque sorte, comme « les jeux innocents » de nos bons villageois.

Ainsi, aux « pécèleries », on joue beaucoup à « beau ménage » ou à « ménager ». « Ménager », c'est s'embrasser, mais s'embrasser suivant un rite spécial et en exécutant certaines figures qui rappellent, grossièrement, celles du « cotillon ».

Ainsi, un gars, armé d'un torchon solidement noué à l'un de ses coins, se place au centre de la réunion. Les jeunes filles tournent autour de lui. « C'est-y ma que tu veux ? » dit-il à l'une d'elles. Si elle répond : « Non ». Elle reçoit autant de coups de torchon qu'elle a refusé de gars dans la soirée. Si elle dit : « Oui » Elle « mignonne ». « Mignonner », c'est s'embrasser en recevant des coups de torchon tant que dure la « mignonnerie ».

Le jeu de « mignonner » remonte, paraît-il, jusqu'aux « mignons », qui lui ont donné leur nom. Très prospère en Basse-Bretagne, il a à peu près disparu, depuis plusieurs années, des rives du Clos-Poulet, où, toutefois, son vocable est encore connu. En effet, nos paysans ne disent-ils pas souvent à leurs petits enfants, afin de leur faire embrasser la « bourgeoise » : « Fais donc un beau « mignon à tantine » ; ce qui signifie, en langage citadin : « Mon bébé, embrasse donc cette vieille caricature ».

*
* *

Quand le chanvre est « pécelé », il faut le filer.

On le file dans les champs en gardant les bestiaux. On le file aussi aux « fileries ». Les « fileries » ont lieu, le soir, dans l'étable où, tandis que les filles tirent le fuseau, les gars boivent des pichets, fument des pipes, tressent des chapeaux et font des agaceries.

Aux agaceries qui leur sont faites, les fillettes ripostent en « bernant » les gars. « Berner » un gars, c'est, d'une façon adoucie, « le faire passer à la couverte » ; (1) c'est le prendre par les bras et les jambes, c'est le balancer suivant un certain rythme en lui chantant une chanson de circonstance, et c'est le laisser lourdement choir à terre, chaque fois que revient le refrain de cette chanson, qui est ainsi conçue :

> Balançons la cotte à Perrine,
> Balançons le p'tit cotillon,
> Bernons-le !
> Bernons-le !
> Pille à bas !

Mais, aux « pécèleries » et aux « fileries », les farces et les brimades sont trop variées pour qu'on songe à les cataloguer. Si, d'ailleurs, quelques unes sont pour ainsi dire classiques et se retrouvent partout, les autres, infini-

(1) Brimade connue autrefois au régiment.

ment plus nombreuses, n'ont d'autre origine que l'inspiration du moment. Aussi, ce qu'il importe surtout de noter ici, c'est leur genre, leur type, leur origine, dont on retrouve partout la trace, si loin qu'on essaie de remonter le cours des vieilles traditions de notre pays.

Ce qu'il importe aussi de noter, c'est le grand nombre de rivalités qu'elles ont fait naître de village à village, rivalités qui, encore aujourd'hui, se perpétuent, bien que leur cause originelle soit oubliée depuis des siècles.

Lors, les gars de Campénéac[1], tout comme leurs voisins d'Augan[2], étaient forts friands de « fileries »; mais les premiers, tous laids et disgracieux, n'avaient aucun succès. Un jour même, à une « filerie » du Bois-du-Loup, quelques filles d'Augan, s'écartant de la danse, allèrent jeter au fond d'un puits les vestes des gars de Campénéac et composèrent en rentrant chez elles, par les petits chemins creux, une chanson commémorative de leur mauvaise farce.

Cette chanson devint, pour les gars de Campénéac, un juste sujet de ressentiment. Quiconque la leur chantait ne s'en tirait pas indemne.

Un jour, des militaires firent le pari de la chanter impunément en traversant le bourg. Ils perdirent leur pari, car la population, armée de fourches, les massacra tous sans merci.

L'aventure fit beaucoup de bruit, tant de bruit que le roi, Louis XV, voulut connaître la singulière chanson qui l'avait provoquée. La voilà, telle qu'elle lui fut chantée[3] :

[1-2] Villages du Morbihan.

[3] Origine de la célèbre chanson des gars de Campénéac d'après documents inédits.

Voulez-vous ouïr chanter, chansonnette jolie
Des gars d'Campénéac, coureurs de filerie ;
Coureurs de filerie au Bois-du-Loup s'en vont,
Cherchant la filerie ont reçu cet affront :

Ils marchaient deux à deux, en cadets de noblesse, (*bis*)
Celui à la grand'barbe, qui marche le premier,
L'on voit bien à sa mine que c'est un couturier.

Ils disaient en marchant : « Garçons, prenons courage,
» Des fillettes d'Augan, j'aurons le cœur en gage ;
» Mais surtout prenons garde, car elles ne dorment pas :
» Elles font sentinelle en guise de soldats. »

Quand ils sont arrivés, ils se sont mis en danse (*bis*)
Pour prendre la cadence ont dépouillé leurs draps
Et donné à des filles qui ne les aimaient pas.

Le point du jour venu, la compagnie déloge (*bis*)
La compagnie déloge, chacun serre ses draps
Sinon ces pauvres drôles qui ne les avaient pas.

Ils s'entre regardaient d'une mine piteuse (*bis*)
D'une mine piteuse : mon Dieu ! que ferons nous !
Je les ons empruntés, comment les rendrons-nous ?

Les fillettes d'Augan, rendez nos galicelles (*bis*)
Rendez nos galicelles, rendez-les hardiment ;
Si elles sont reconnues, vous coûteront de l'argent.

Nous les ferons bannir au prône de grand'messe (*bis*)
Dieu ! qu'elles auront grand'honte quand le curé dira :
Rendez les galicelles au gas de Campénéac.

Comme on le voit par cette chanson qui caractérise très fidèlement le genre des « fileries » et des « pécèleries », les amusements auxquels on s'y adonne ne sont pas sans mériter certains reproches. Aussi, tout comme la danse, les spectacles et la lecture des mauvais livres, les « fileries » et « pécèleries » sont cotées, partout où elles subsistent, comme divertissement dangereux. Dans tout le Morbihan et le Finistère, elles fournissent encore à M. le Recteur un thème très fréquent à ses sermons, et même à chaque quarantaine de carême, le sermon sur les « fileries » et « pécèleries » est encore absolument classique.

Quand le chanvre est filé, on le porte chez le tisserand qui, chez nous, se nomme le « tessier ».

Le « tessier », c'est un vieux bonhomme qui, jusqu'aux années dernières, a existé dans tous les villages du Clos-Poulet, et existe encore dans tous ceux de Basse-Bretagne. Vieux comme notre vieille province, le tessier a même donné son nom à beaucoup de familles et, vraisemblablement, tous les « Letessier » qui existent aujourd'hui par ici, descendent en droite ligne, à peu d'exceptions près, d'un honorable tisserand du pays gallo.

En tout cas, c'est lui, le tessier, que vous rencontrez encore, de ci, de là, au fond de quelque bourg perdu, se penchant sur un rustique métier de bois, tout tapissé d'une infinité de très longs fils blancs, tendus côte à côte, un peu comme les cordes d'une étrange guitare aux formes disparues.

C'est lui, le tessier, qui, du temps de la forêt de Scissy, façonnait la robe de nos druides avec ce tissu sacré que nous appelons aujourd'hui, tout simplement, « la grosse toile ».

C'est lui aussi qui tissait jadis les cotillons et les

culottes de nos ancêtres ; c'est lui qui tissait toutes ces belles grandes nappes, tous ces longs et rudes draps d'éternelle durée, juste orgueil de nos grand'mères, confortable ornement des curieuses armoires bretonnes toutes fleuries de naïves sculptures et embaumées aussi d'une saine et franche odeur de lessive mélangée de verveine, de sainfoin, de lavande, voire de vetyver, le grand parfum fin-de-siècle du Clos-Poulet d'il y a cent ans.

Il ne faut pas le confondre, ce « tessier » de pure race bretonne, chez lequel nos aïeules allaient porter leurs quenouilles, tout comme elles allaient au moulin porter leur mesure de farine, avec le tisserand d'Uzel, de Loudéac, de Quintin, de Tréguier, de Fougères, de Dinan... Ce tisserand-là, le seul un peu connu, n'a même pas la même origine que le « tessier » breton. Il est d'origine flamande. Chassé de son pays, il est venu chercher asile chez nous, vers 1657. Aujourd'hui, d'ailleurs, il disparait, lui aussi, et avec lui disparaissent, par contre-coup, les pittoresques messagères qu'il envoyait dans nos villes nous proposer sa marchandise. Je parle de ces jolies marchandes des Côtes-du-Nord qui, tous les ans, au printemps, en même temps que les hirondelles, venaient, deux à deux, frapper à nos portes, apportant sur leurs coquettes coiffes la fine toile tissée au métier, qu'elles nous vendaient à l'aune, avec un petit coupon et un gentil sourire par-dessus le marché.

Dans le Clos-Poulet, la quenouille est, selon toute

vraisemblance, arrivée à sa dernière évolution, et, détail piquant, ses derniers jours, elle les consacre au service de Dieu.

En effet, dans un très grand nombre de chapelles de notre pays, la distribution du pain bénit, qui doit se faire au moment de l'Evangile, est remplacée par la très poétique et très pittoresque distribution de quenouilles, ce qui est, sans doute, une lointaine remembrance de la vieille coutume féodale, « l'Évangile des quenouilles pour l'honneur et exaulcement des dames de fief ». Mais quel est le rite de la cérémonie ?

Le bedeau, tout gonflé de sa délicate mission, sort de la sacristie, portant une brassée de quenouilles enrubannées et fleuries. Il les offre aux jeunes châtelaines et aux jolies paysannes, toutes rougissantes. Celles-ci, alors, suivant leurs ressources, font une offrande qui est soit le petit profit de messire le bedeau, soit le bénéfice de la fabrique.

Les jeunes filles qui ont reçu des quenouilles rentrent des champs, le samedi suivant, avec des gerbes de fleurs. Elles passent la soirée à façonner les quenouilles les plus gracieuses. C'est, en effet, un grand honneur de pouvoir rendre à M. le bedeau la plus belle quenouille du village, et c'est une grande honte de n'avoir à lui offrir qu'une quenouille au faîte tremblant et à l'aspect minable. C'est, par exemple, une bien jolie niche de lui présenter candidement une superbe quenouille cachant un beau grand souci jaune, au milieu des pâquerettes blanches, des boutons d'or et des amourettes tremblantes.

En Basse-Bretagne, la terre des dons en nature en l'honneur de l'Église, les jeunes filles déposent simplement sur l'autel de la Vierge des quenouilles chargées de fil, fil qui est ensuite vendu aux enchères, au profit de la Fabrique.

L'autel de la Vierge ! voilà donc, après tant d'évolutions, le suprême et saint refuge qu'a choisi, avant de disparaître, la quenouille tant de fois centenaire.

Ah ! si, avant de disparaître à jamais, la vieille quenouille amoureuse, si elle pouvait nous conter tous les propos galants que les belles Ripuaires, nos aïeules, tenaient aux beaux esclaves romains !...

Si elle pouvait, la noble quenouille féodale, si elle pouvait nous redire les sônes des pieux Kloareks, les guerz des gentils pages, les ballades des gais troubadours, qu'elle a tant de fois entendus sous les arceaux des beaux manoirs, lorsqu'elle tournait discrètement entre les doigts de neige de la reine Berthe et sous les yeux demi-clos des grands lévriers nonchalants...

Si elle pouvait, la rustique quenouille des chaumières, si elle pouvait nous rappeler tous les récits des veillées, toutes les naïves « chansons longues » que répétaient nos grand'mères en filant la rançon de Duguesclin.....

Si elle pouvait !...

Mais elle ne le peut pas, et elle va mourir. Elle va mourir en emportant avec elle tous les trésors du passé : traditions, légendes, coutumes et chansons,

Elle va mourir ! Elle est morte déjà, et ses dernières amies, les petites Bretonnes du Clos-Poulet, l'ont parée, la pauvre chère morte, de rubans et de fleurs et l'ont déposée là, pieusement, dans son linceul, la nappe blanche de l'autel.

« TINAISES » ET MONTEUSES D'EAU

Dites-moi ? vous les rappelez-vous, nos belles « tinaises » d'antan ? Vous rappelez-vous leur rondeur majestueuse, leur respectable capacité ? Ce sont elles qu'on n'aurait pas pu, vulgairement, porter sur le haut de sa tête, comme de simples amphores antiques, suivant la mode des belles porteuses d'eau des temps bibliques. Elles, elles étaient d'attache. Elles étaient immeubles par destination (je ne dis pas cela au sens juridique du mot); elles étaient inhérentes à la cuisine, tout comme les luisantes rangées de casseroles, dont les miroitements de cuivre leur servaient d'éternelle auréole.

Si j'ai bonne souvenance, un large couvercle de bois les recouvrait à perpétuelle demeure et, sur ce couvercle, se trouvait un immense pot-de-fer, aux formes archaïques, pot-de-fer, d'ailleurs, toujours percé et qu'il fallait porter chez le ferblantier plus souvent qu'à son tour.

Aujourd'hui « tinaise » et pot-de-fer ont également disparu avec le progrès des âges. Leur disparition a entraîné aussi celle de nos vieilles « monteuses d'eau ».

Or, nos « monteuses d'eau » avaient bien leur cachet. J'ai entendu dire, il est vrai, à de mauvaises langues, que souvent à leur métier de « monteuses d'eau », elles en joignaient un autre, moins appétissant, et que si, le jour, elles emplissaient nos « tinaises », le soir, elles vidaient... le meuble qui fleurissait, alors sans rival, dans tous nos greniers les plus cossus [1]. En tout cas, je ne les envisage ici que sous leur aspect diurne, que comme « monteuses d'eau ».

Ailleurs, on dit porteuses d'eau. A Saint-Malo, on disait « monteuses d'eau », parce que leur besogne consistait à monter, dans leur petit baril de bois, la provision d'eau, moyennant un salaire qui variait suivant le nombre des étages qu'il leur fallait grimper.

Arrivée au pied de sa « tinaise », la « monteuse d'eau » déposait religieusement son petit baril, et, sur l'orifice de ladite « tinaise », elle étendait un beau torchon bien propre. Ce torchon était destiné à servir de filtre. Alors le petit baril était allongé sur les bords de la « tinaise » et, tandis qu'il se vidait, tout doucement, la « monteuse d'eau », d'humeur joviale, contait les petits potins recueillis à la pompe publique.

Je me souviens d'une très vieille « monteuse d'eau » qui, tandis que son petit baril dégurgitait ainsi, tout doucement, chantonnait une étrange cantilène dont je ne me rappelle que le bizarre refrain :

<pre>
           Pigeon !
   Talala ! Talala ! Talala !
           Pigeon !
           Pigeon !
           Pigeon !
</pre>

(1) C'est ce meuble qui symbolise les W.C. de Saint-Malo.

Assurément, beaucoup de vieux Malouins doivent se souvenir de la chanson à laquelle je fais allusion ici, car elle était très courue, la vieille « porteuse d'eau » dont je parle.

Reste à savoir, par exemple, quel était bien le sens de sa mélopée, qu'il serait fort curieux de connaître entièrement, afin de la cataloguer parmi les vieilles chansons du Clos-Poulet. Reste à savoir aussi si la douce appellation de « pigeon, » trois fois réitérée, s'adressait au petit baril tandis que l'eau, en chantant, sortait de ses flancs avec de gros bouillonnements.

Disons, en terminant, que les trois sources auxquelles allaient puiser nos « monteuses d'eau » étaient, sans parler des citernes des maisons particulières : 1° la Fontaine de la Croix-du-Fief ; 2° la pompe de la Cathédrale, ouverte seulement dans les jours de grande sécheresse ; 3° la pompe de la Grand'Porte, située en face la rue du Puits-Aubray, ainsi dénommée parce que c'était là, jadis, que se trouvait le Puits-aux-Braies, le puits, en d'autres termes, où les vieilles Malouines allaient laver les culottes de leurs maris et de leurs enfants.

LES FANTOMES MALOUINS [1]

Mes essais folkloriques sur les anciens métiers de Saint-Malo seraient fort incomplets si je ne disais ici un mot d'un métier local à la veille de mourir — métier unique, étrange, invraisemblable.

Ce métier n'a pas de nom ; mais, quand les vieilles balayeuses de rues allaient jadis accomplir la mission de confiance qui le symbolise, elles disaient simplement « qu'elles allaient à la corvée. »

Narrons donc ce que c'était, ce que c'est encore « qu'aller à la corvée ; » mais, vu la délicatesse du sujet, narrons-le dans la langue des dieux, c'est-à-dire en bouts-rimés :

> Donc, honni soit qui mal y pense !
> Je prélude à mes humbles chants...
> J'ai toussé, craché, je commence,
> Ne bougez plus, petits enfants.

> Quand l'automne à maussade mine
> Prend sa pelisse et son manchon,
> Eternue à pleine narine,
> Sur parapluie et capuchon.

[1] Les fantômes malouins, ce sont les vidangeurs du crû. Leur fonction consiste à aller déverser dans la mer les « canots » ou W. C. portatifs, les seuls connus à Saint-Malo, jusqu'aux années dernières.

Et quand la vague, âme plaintive,
Roucoulant au « norouâ » le soir,
Lui chuchote au bord de la rive
L'amour, le mystère et l'espoir ;
Dans les reflets du clair de lune,
Passant attardé, tu peux voir
Deux fantômes dans la nuit brune
Se dresser tous vêtus de noir.

Ils portent sur une civière,
A la force de leurs longs bras,
Une large, une triste bière
Qu'enlinceule un amas de draps.
O terreur ! ô sombre mystère !
Fantômes, dites vos desseins ?
Qu'emportez-vous, plein ce cratère ?
Sont-ce des damnés ou des saints ?
Etes-vous Parques ou Sorcières,
Les Euménides de la mort,
Les Korrigans, les Lavandières
Qui nous jetez le mauvais sort ;
Corps de fée ou corps de gorgone,
Sylphes, druidesses d'autrefois
Allant sur l'onde qui bouillonne
Célébrer vos étranges lois ?

Tout-à-coup, le couple s'arrête
Au lieu fameux des Champs-Vauverts...
Le courlis, perché sur la crête
Du roc, lance des cris amers.
Alors, une plainte étouffée
Siffle et passe à travers les airs,
Et le pesant et noir trophée
Bondit et roule au sein des mers.
Une teinte mystérieuse
Colore la nappe des flots,
Et la sirène harmonieuse
Va se blottir au fond des eaux.

. . . .

Passant, et vous, belle rêveuse,
Qui soupirez au ras de l'eau,
Epanchant votre âme amoureuse
Dans l'âme d'un doux Roméo ;
Ah ! sans pénétrer ce mystère,
De ce lieu détournez vos pas ;
Prenez votre course légère :
Fuyez, fuyez ; n'approchez pas !

IV

TEMPS PASCAL

28 Mars 1893.

TEMPS PASCAL

Le dimanche des Pâques fleuries, bien digne, cette année de son joli nom, nous est venu en même temps que le joyeux printemps et le beau soleil, et, suivant sa poétique tradition, il a suspendu au chevet de tous les lits-clos de Bretagne sa branchette de laurier vert et de buis bénit.

Le Vendredi-Saint, les cloches sont parties pour Rome d'où, le samedi, au soir, elles sont revenues, secouant leurs longues robes d'airain toutes pleines de joyeux « alleluia » et de jolis œufs de Pâques.

Les jolis œufs de Pâques, semés par elles dans les prairies et dans les champs, sont cueillis par les petits paysans. Les petits paysans les cueillent au bord des fossés, au fond des buissons, au pied des arbres en fleurs. Les jolis œufs de Pâques sont rouges, verts ou jaunes. On sait comment on les prépare. Les œufs de Pâques rouges sont cuits dans l'eau claire avec des oignons ; les œufs de Pâques jaunes sont cuits avec des fleurs de genêts, et les œufs de Pâques verts avec des feuilles d'oseille.

Il n'existe pas, en Basse-Bretagne, une seule ménagère, qui ne passe son après-midi du Samedi-Saint à préparer les œufs de Pâques qu'elle destine à sa petite famille. Parfois, sur les œufs de Pâques, elle attache même des fleurettes, et ainsi, lorsqu'ils sont cuits, les œufs de Pâques qu'elle donne à ses enfants apparaissent tout enguirlandés de primevères et de violettes.

La veille de Pâques, en Basse-Bretagne, des groupes de jeunes gens parcourent la campagne afin de chanter « les œufs de Pâques. »

A coups de bâtons, ils frappent à la porte de chaque ferme. Ils frappent, en chantant :

> Chrétiens qui sommeillez,
> Si vous voulez ouïr chanter,
> Eveillez-vous pour écouter.

Alors on leur ouvre la porte, et tous en cœur disent :

> Faut-y chanter ?

Sur la réponse affirmative qui leur est faite : J'allons, disent-ils, chanter les œufs de Pâques.

La veille des Rameaux, ils procèdent de la même façon ; mais au lieu de dire : J'allons chanter les œufs de Pâques, » ils disent : « J'allons chanter la Passion de Notre-Seigneur et ses compagnons. »

Voici comment débute la chanson des œufs de Pâques, la plus répandue dans notre pays :

> Bonsoir le maître et la maîtresse,
> Pourriez-vous bien nous donner ?
> Pourriez-vous bien nous donner
> De ces bons œufs du mois de mai ?

Refrain

> J'ai un p'tit coq dans mon panier
> Qui n'a pas encore chanté.
>   Donnez-lui, va !
>   Il chantera
>   Alleluia !

> Alleluia ! sur quatre bâtons,
> Les cordonniers sont des fripons !
>   Les avocats
>   Sont des lèch'-plats,
>   Alleluia !

Et la chanson se termine ainsi :

> C'est en vous remerciant.
> Le maître et la maîtresse,
> De nous avoir donné
> D' ces bons œufs du mois d' mai.

Ou bien encore :

> C'est en vous remerciant,
> Le maître et la maîtresse.
> Maint'nant allez vous coucher,
> Mettez-vous bien à votre aise.

Refrain

Jusqu'à cinq heures du main, les bandes de gars courent la campagne, en chantant ainsi de ferme en ferme, « la chanson des œufs, » et dans chaque ferme ils boivent du cidre, dans chaque ferme, ils reçoivent des sous et recueillent des œufs.

Quand arrive le matin, les bandes se réunissent, et avec les œufs, qui se métamorphosent en omelettes, avec les sous qui se convertissent en saucisses, elles célèbrent « le réveillon des œufs. »

Parfois les bandes de gars, échauffés par les libations de la nuit, se rencontrent en titubant, à la porte de quelque ferme. Alors les batailles s'engagent : les œufs volent, éclaboussent les figures et s'aplatissent sur la grand'route, et cela sous le plus futile prétexte, parce qu'une bande prétend mieux chanter que l'autre, parce que l'une a recueilli plus de sous, parce que l'autre a, dans son panier, un plus grand nombre d'œufs.....

« La chanson des œufs, » encore très florissante aujourd'hui dans toute la Basse-Bretagne, tend à disparaître du Clos-Poulet, qui, par contre, a conservé très fidèlement la vieille coutume des *Chansons de la Passion*, qu'on appelle aussi les *Pastorales* et qu'il importe de ne pas confondre avec les « *Pastorales* » de Noël qui racontent, celles-là, la naissance du Sauveur.

*
* *

La très vieille institution des œufs de Pâques tire son origine de la prohibition qui existait autrefois de manger des œufs durant toute la période de carême : prohibition fort rigoureusement observée et à laquelle on ne parvenait à se soustraire que pour les plus graves motifs.

Ainsi, on lit dans l'histoire de Charles V, roi de France, que ce monarque voulant, pour raison de santé, obtenir l'autorisation de manger des œufs durant un carême, dut s'adresser au pape Grégoire XI, qui n'accorda la permission demandée que sur le certificat du médecin et du confesseur, et à charge de nombreuses prières et mortifications.

On comprend, n'est-ce pas, avec quel entrain nos vertueux et austères aïeux, privés d'œufs pendant quarante jours, devaient faire sauter dans la poêle l'omelette de la Pâque ? Cette omelette était autrefois faite avec des œufs bénits. D'après une ancienne coutume qui s'est perpétuée très tard en Basse-Bretagne, les ménagères apportaient à l'office du Vendredi-Saint, des paniers d'œufs brillamment bariolés et ornés de coquets dessins. Le pasteur bénissait ces œufs, tout comme aujourd'hui il bénit encore le pain à la grand'messe, les lauriers de la fête des Rameaux, le feu de la Saint-Jean ; c'est avec ces œufs qu'on faisait l'omelette du Réveillon.

Quand, en effet, l'abstinence des aliments gras se prolongeait, sans discontinuité, pendant toute la quarantaine du carême, ainsi qu'à Noël, on réveillonnait à minuit, le jour de Pâques ; on réveillonnait avec des œufs et surtout avec de la saucisse et du boudin, ce qui, en dépit des robustes appétits d'alors, ne manquait pas de provoquer bon nombre d'indigestions. Indigestions bien excusables, il faut le reconnaître, car les estomacs, lorsque les cloches carillonnaient l'*Alleluia*, devaient se trouver bien déshabitués de toute espèce d'aliments gras !

Le symbole de la Pâque, c'est, sur la table, l'agneau pascal et l'œuf peint en vives couleurs.

Dans les champs, le symbole de la Pâque, c'est la fraîche et gracile pâquerette, dont on raconte ainsi la jolie légende :

C'était le jour de la naissance du Sauveur, les rois mages, venus de l'Orient, étaient agenouillés aux pieds de l'Enfant divin et lui offraient de riches présents ; ils lui offraient, dans des vases précieux, de l'or, de l'encens, de la myrrhe.

Aux pieds de l'Enfant divin, étaient aussi agenouillés tous les bergers d'alentour, mais, eux, ils ne lui offraient que d'humbles présents : ils lui offraient du lait, des agneaux et des fleurs.

Et les bergers regardaient, les yeux pleins de larmes, leurs offrandes, les trouvant bien modestes à côté de celles apportées par les rois.

Lors, l'Enfant Jésus, devinant leur pensée, étendit sa petite main, et, prenant une pâquerette parmi les fleurs que lui avaient apportées les bergers, il la porta à ses lèvres, puis la laissa, en souriant, retomber sur la paille de sa crèche.

Alors, ô miracle ! la pâquerette, qui alors était toute blanche, se transforma sous le baiser du Sauveur. Son étamine s'illumina d'un rayon d'or, et le bout de ses feuilles, conservant l'empreinte des lèvres de l'Enfant divin, se colora, au bout des pétales, d'une teinte purpurine.

Et, depuis lors, ajoute la légende, la pâquerette, fleur des Bergers, ne quitta plus jamais les champs, et aujourd'hui encore, de Noël à Pâques, lorsque les frimas de l'hiver et lors aussi le retour du printemps, elle y demeure toujours fleurie.

Elle y demeure toujours fleurie ; mais à Pâques, à Pâques surtout, elle se répand partout.

Elle se répand partout, partout sur les fossés, partout sur les landes, partout dans les prairies, partout dans la nature.

Partout elle fleurit, symbole de résurrection : résurrection du Seigneur-Dieu, résurrection aussi du joyeux soleil, des arbres qui verdoient, des nids qui se peuplent et gazouillent, des amours qui naissent et sourient.

O pâquerette, fleur de Noël, fleur qui portes sur tes pétales l'empreinte rosée des petites lèvres du Jésus de la crèche ; ô pâquerette, oracle des naïves « pâtoures » et des cœurs innocents, c'est toi la plus divine, la plus merveilleuse, la plus poétique fleur de toute la flore qui pare la nature ! C'est toi, en effet, la fleur du renouveau, la fleur de l'espérance, la fleur de l'amour ! ô pâquerette, fleur de Pâques !

V

FOLK-LORE DE MAI

Mai 189....

FOLK-LORE DE MAI

Lorsque le soleil a enfin dissipé la dernière giboulée d'avril, la Sainte Vierge Marie, raconte-t-on en Basse-Bretagne, daigne prendre entre ses doigts fuselés, plus blancs que le lis sans tache, les essaims de graciles papillons qu'elle tient enfermés tout l'hiver dans les cages d'or qui égaient son beau Paradis.

Et les essaims de graciles papillons prennent leur volée à travers le ciel bleu : brillants symboles du mois de mai consacré à la Reine des Fleurs.

Et ils s'épandent par la lande.

Et, tout joyeux, les petits Bretons, les voyant passer dans l'azur, battent des mains et s'écrient :

> Papillons blancs !
> Papillons blancs !
> Prends ta quenouille et va aux champs !

Lors, la petite bergère bien contente d'abandonner les tisons qu'elle allumait, l'hiver, à grand' peine, à l'abri des fossés, pour réchauffer ses doigts engourdis par l'onglée, reprend et sa jolie quenouille et ses monotones chansons.

Elle reprend aussi ses longues courses à travers la campagne.

Or, tout jadis, à l'époque lointaine où les loups affamés vaguaient encore par les landes de notre pays, la petite bergère — souvent une faible d'esprit — apprenait comme seul enseignement l'oraison suivante, qu'elle devait s'empresser de réciter, à deux genoux, aussitôt l'approche du danger :

> Va-t-en par Saint-Hervé !
> Si tu es loup des champs.
> Va-t-en par le vrai Dieu !
> Si tu es Satan.

De nos jours, les loups ont à peu près disparu de la lande. Aussi la petite bergère bien tranquille, n'a plus guère d'autre occupation, en gardant ses troupeaux, que celle qui consiste, quand vient le printemps, soit à tresser des chapeaux de paille, soit à filer, soit à façonner des croix d'ajoncs et de genêts : croix naïves qu'elle délaisse d'ailleurs bien vite sur le sol de la lande, mais qui, à la fin de la journée, marquent gracieusement chacun des endroits où elle s'est arrêtée.

Le jeune berger, lui, avec quelques camarades de champs, charme ses longs loisirs en consultant l'oracle des fleurs.

Au Clos Poulet, le principal oracle des fleurs n'est pas la classique pâquerette : c'est le pissenlit. On souffle, à pleines joues, sur sa graine éphémère, graine légère comme une poudre grise. Si, d'un coup, toute la graine s'envole, le berger se mariera dans l'année. S'il est obligé de souffler à plusieurs reprises, c'est autant de printemps qu'il sera obligé d'attendre.

Quant aux jeunes filles, elles s'assurent qu'elles auront une robe neuve pour la Fête-Dieu si elles font tomber toute la graine du pissenlit en soufflant dessus une seule fois.

Un joli amusement consiste aussi à capturer les petites « bêtes à Bon Dieu, » à les faire grimper jusqu'au bout du doigt et à les laisser s'envoler en leur chantant :

> Pèrevole !
> Pèrevole !
> Monte au ciel

Et la bête à Bon Dieu s'envole, allant en Paradis garder une bonne place au petit enfant qui lui a rendu la liberté.

Quant aux hannetons, « aux brumens » ceux-là sont les vrais souffre-douleurs de l'enfance, et leur principale torture consiste à voler au long d'un fil qui les retient, en entendant chanter cette étrange formulette, bien connue dans tout le Clos-Poulet :

> Vole, vole,
> Manicole !
> Ton grand-père est à l'école
> Va lui dire que si tu ne voles pas bien,
> Je te coup'rai le cou avec un grand couteau de Saint-Jean.

Connaissez-vous l'usage des « mais ». Dans la nuit du trente avril, on va déposer des bouquets d'épine blanche à la fenêtre de toutes les jolies filles de la paroisse. Aux personnes qui ne sont pas sympathiques, à celles qui ont démérité, à celles auxquelles on veut faire une bonne niche, on n'offre que des bouquets d'orties, d'épine sèche, de soucis jaunes, ornementés de bêtes crevées ou de toutes sortes d'objets dérisoires.

Cet usage des mais, qui ne consiste plus aujourd'hui que dans le mystérieux dépôt d'un bouquet au bord d'une fenêtre, est le dernier souvenir d'un lointain usage qui remonte, paraît-il, jusqu'au XIIIe siècle. En tout cas, on plantait jusqu'aux temps derniers, dans toute la Basse-Bretagne, des arbres entiers devant la maison des notables, à la porte du maire, des châtelains, du bedeau... Le recteur bénissait solennellement les mais, comme à la St-Jean il bénissait solennellement le feu, et souvent même il offrait une couronne de mai blanc à la jeune fille la plus méritante du village.

Un autre usage de mai, usage celui-là fort peu digne d'encouragement : c'est la cueillette des nids. Dans beaucoup de communes, les petits paysans jeûnent même le Vendredi-Saint, afin, spécialement de trouver beaucoup de nids pendant la saison. Dans tout le Morbihan, cette observance est très enracinée.

Avec les œufs, qu'on a bien soin de « supper » préalablement, on fait de beaux chapelets qu'on passe au cou de la Sainte Vierge. A mon humble et profane avis, je crois que la Sainte Vierge préfère qu'on orne ses statues avec les fleurs qui consacrent son mois, plutôt qu'avec les pauvres petits œufs que nos jeunes paysans vont cueillir, sans pitié, dans les nids blottis au haut des branches.

Quand une saison arrive à sa fin, la croyance générale se plait à raconter qu'elle va encore se prolonger durant quelque temps, et, en réalité, la saison déjà morte renait, un beau matin, au moins... dans notre imagination.

C'est ainsi que l'été proprement dit est toujours suivi, dans le calendrier populaire de deux petits étés posthumes, appelés, l'un « l'été de la Saint-Michel, » et l'autre « le petit été de la Saint-Martin. »

C'est ainsi encore qu'en haute et Basse-Bretagne, l'hiver déjà trépassé renait tout à coup de ses cendres froides et recommence durant une semaine, vers la fin d'avril ou le commencement de mai, sous le vocable « hiver du coucou. »

Au dire du Breton qui croit à la métempsycose, le coucou est un vieux garçon bohême qui n'a jamais voulu se marier.

Maintenant, sous forme d'oiseau, le coucou vague de pays en pays, en quête de rayons de soleil et de petits nids emplis de jolis œufs au milieu desquels il va pondre sournoisement.

Chez nous, sitôt les premiers jours de printemps, il fait son apparition, et à notre première promenade dans les bois, nous entendons dans le lointain son étrange chant monotone.

« Coucou ! Coucou ! »

— Tiens, dit-on, le coucou est arrivé : et tout de suite on tâte son porte-monnaie, car s'il renferme au moins cinq sous, on a la certitude de ne jamais posséder une somme moindre, durant toute l'année.

Lors, assuré et de la richesse relative et de l'annonce du soleil que donne le coucou, on continue tout heureux, sa promenade. Et un beau grain vous arrive bientôt sur le dos.

C'est qu'en effet le chant du coucou attire la pluie. Or, cette pluie qui, durant huit jours, tombe fatalement après l'arrivée des premiers beaux jours, c'est, vous le savez peut-être, « l'hiver du coucou. »

Et voilà pourquoi les bonnes gens de la campagne qui savent bien que le coucou, aussitôt après sa venue, chasse le beau temps qui l'a précédé, écrivent avec raison, dans leur almanach chantant, le vieux dicton tout empli de la plus pure sagesse des nations :

En Avril,
Ne quittez pas un fil !

Quand, enfin, l'hiver du coucou a pris fin, commence chez nous le joli usage d'aller « boire le lait. »

Boire le lait, le frais et bon lait de mai, tout embaumé des parfums de la lande, est non-seulement une coutume hygiénique, c'est aussi une coutume éminemment pittoresque.

Par bandes joyeuses, on s'en va jusqu'à une ferme bien perdue dans la campagne. Et sur la route, en devisant, on fait un gros bouquet avec toute la flore des bois et des champs. Or, la flore des bois et des champs, si variée à cette époque de l'année, c'est la pâquerette symbolique, « la fleur de Pâques » ; c'est la primevère ou « fleur de lait » c'est la vieille herbe à grand'mère ; c'est la jolie et gracile clochette à la Vierge ; c'est la pentecôte violette et le bouton d'or ; c'est la gentille jeannette immaculée ; c'est le coucou ambré ; c'est le toquet qui claque, la violette qui embaume, l'amourette qui tremble, la touffe de bonshommes jaunes qui se redresse comme une bande de vieux beaux.

C'est la séculaire ravenelle, « le ramoneur, » qui grimpe jusqu'au faîte des vieux murs et des hautes cheminées croulantes ; c'est, sur nos côtes, les jolies fleurs roses, les joncs marins qui, de loin, émaillent si gaiement nos pittoresques falaises...

En cueillant la flore champêtre, aux curieux noms tant aimés du folk-loriste, on s'arrête aussi parfois à regarder un écureuil, « un chat de bois » qui court de branche en branche, ou bien un petit rouge-gorge, une « Jeanne Bourlotte » qui sautille, de ses pattes menues, sur la poussière de la route ; ou bien encore, on écoute chanter le joli sansonnet, et, pour qu'il dise son plus beau répertoire, on lui crie joyeusement :

> Sansonnet mignon,
> Dis-moi ta chanson ?

Cueillettes au fond des bois et au long des fossés fleuris ! Joli usage du lait de mai ! Antique coutume de la reine champêtre qu'on décore d'épine blanche ! Bouquets emblématiques déposés au bord de la fenêtre préférée ? Charmantes et lointaines traditions qui mourez lentement, à regret, une à une, vous effeuillant comme les frêles pétales des fleurs qui vous consacrent, c'est bien vous qui symbolisez le plus beau mois de l'année et faisiez, avec raison, chanter à nos grand'mères qui vous aimaient tant, la vieille romance, jadis si populaire :

> Joli mois de mai, quand reviendras-tu ?

VI

LA COTE D'ÉMERAUDE

SUR LA PLAGE.
LES DRAMES DE LA PLAGE. — PREMIÈRES SILHOUETTES.
LES CHÈVRES AUX BAINS DE MER.
DE LA MERVEILLEUSE ORIGINE DES BALS AU CASINO DE PARAMÉ.
POURQUOI CHEZ NOUS FAIT-ON LE SIGNE DE LA CROIX
EN ENTRANT DANS L'EAU ?
SAINT-MALO-LES-FLEURS. — BRANLE-BAS.
LE GROS-MALO.
BATEAUX ANGLAIS. — LE TRAIN DE PLAISIR.
LA VIERGE DE SAINT-CAST. — L'OR DE CHAT.
AU BAS DE L'EAU.
NOS BAINS DE MER AU TEMPS PASSÉ.

SUR LA PLAGE

Notre belle plage, la « Grand'Grève », possède, comme chaque parcelle de la Bretagne, comme chaque pierre du vieux rocher d'Aaron, une longue, une étrange, une émouvante histoire !

Jadis, la Grand'Grève fut la forêt de Scissy. Et aujourd'hui, la mystérieuse et druidique forêt est une riante et joyeuse plage sur laquelle nos bébés s'ébattent avec des éclats de rire, en jouant parmi les sables d'or. Aujourd'hui, plus de chênes sacrés, mais des cabines roulantes ! Plus de sauvages druidesses, mais de coquettes baigneuses ! Plus de menhirs, mais des jeux de croquet et de foot-ball ! Plus de verveine, mais des ombrelles rouges !

Au-dessus des grands flots verts que roule la marée, au-dessus des brise-lames tordus, squelettes de chênes, qui se crispent dans l'écume, s'élève à l'entrée du Sillon, en face le Casino, une belle croix de granit.

Or, sur la grève, au pied de cette croix, s'est passé, il y a cent ans, le drame le plus émouvant de notre pays et, déjà ce drame est effacé de tous les souvenirs.

Après un combat livré à Dol, pendant la chouannerie,

soixante-huit royalistes, faits prisonniers, furent amenés à Saint-Malo. Parmi ces prisonniers se trouvaient des femmes et des enfants qui furent internés au Talard ; quant aux hommes, ils furent emprisonnés à Saint-Malo même, dans l'Eglise Saint-Sauveur.

Ceux-ci, arrivés en ville à trois heures de l'après-midi, furent conduits dès le lendemain, vers dix heures du matin, sur la Grand'Grève, où déjà se trouvaient réunis les femmes et les enfants qui avaient été enfermés au Sillon.

On fit à tous tourner le dos au rivage. Le peloton d'exécution arma ses fusils. Alors on raconte qu'un coup de vent enleva le chapeau de paille de l'un des Vendéens et l'envoya rouler à la mer. Ce malheureux courut aussitôt le chercher, se mouillant jusqu'aux genoux. Après quoi, il vint reprendre sa place dans le rang des victimes.

Il paraît que cet incident divertit fort l'assistance. Quand le chapeau fut repêché, la tuerie commença. Elle dura vingt minutes. Plusieurs tombeaux réquisitionnés attendaient les corps des suppliciés. On les y enfourna pêle-mêle, aussitôt l'exécution terminée, et une grande traînée de sang marqua leur passage, depuis la Grand'Grève jusqu'au cimetière actuel, lorsqu'on les emporta vers la fosse commune.

Une grande croix en bois vermoulu, dont peut-être se souviennent quelques vieux Malouins, marqua jusqu'en 1815 l'endroit où reposaient les victimes. Ils reposaient, d'après l'indication que je trouve dans de curieux documents qui sont en ma possession, « vers le milieu du carré à droite, en entrant par l'ancienne porte du cimetière, c'est-à-dire aux abords de la croix autour de laquelle on enterrait jadis les ecclésiastiques[1] ».

Actuellement, et depuis bien des années déjà, la grande croix de bois vermoulu n'existe plus. Depuis 1815, époque à laquelle fut célébrée, en la cathédrale, la dernière messe commémorative, à la mémoire des fusillés de la Grand'-Grève, personne ne paraît plus se souvenir du drame émouvant dont elle a été le théâtre.

Le flot, depuis si longtemps, a lavé le sang qui rougit alors nos fins sables d'or !

Le vent depuis si longtemps, bien loin, par-delà les mers a emporté les gémissements, les cris d'agonie qui remplirent alors notre belle grève !

Pourtant, si la légende dit vrai, si la plainte du flot n'est autre que la plainte de tous ceux qui sont morts sur les rivages, c'est la plainte des soixante-huit fusillés de la Grand'Grève qui vient gémir, la nuit, dans l'écume blanche, au milieu des remous qui encerclent les hauts brise-lames tordus. C'est leur plainte qui se traîne, comme une lente litanie, dans l'éternel et monotone mouvement de la marée, et parfois, tout à coup, avec la vague qui déferle, s'élève comme une prière au milieu des embruns, vers la croix du Sillon.

---

[1] *Vieux Souvenirs de Saint-Malo.* Œuvre manuscrite de M. Toury, curé au diocèse de Meaux, ancien diacre à la cathédrale de Saint-Malo.

25 Mai 1893.

LES DRAMES DE LA PLAGE

Pendant toute la semaine passée, la Grand'Grève s'est trouvée, tout à coup, métamorphosée en une étrange et mystérieuse nécropole.

Pauvres noyés !

N'est-ce pas, vous les avez vus ? Moi je les vois encore. Moi, dans mes rêves qu'ils hanteront souvent de leurs lugubres agonies, je les verrai longtemps, toujours...

Ils étaient tous là, étendus sur le dos, et leurs bons gros yeux tristes, déjà immobilisés par la mort, fixaient leur suprême regard sur l'azur transparent du ciel.

C'était le soir, le soir clair et empourpré. Tel, une lunèbre torche de mort, le soleil scintillait au milieu des blancheurs tristes de l'horizon.

Et l'horizon traînait des nuages de sang. Et, au loin, entre Fréhel et La Varde, des phares, cyclopes fantastiques, clignotaient leurs grands yeux verdâtres.

Et, tout à coup, le soleil s'éteignit.

Lors, la grève vibra d'une troublante symphonie faite

de leurs râles suprêmes, des sanglots de la vague et des frissons du vent.

Lors aussi, de chaque grain de sable, surgit une nuée de fossoyeurs : fossoyeurs aux vêtements blafards, d'une couleur de drap mortuaire.

Et la nuée de fossoyeurs, grouillante comme une armée de criquets, s'attela aux cadavres encore chauds.

Et ce fut partout, sur la grève, une infinité de convois funèbres dont les lentes théories s'effacèrent subitement, dans les ors des sables et les reflets de la rive.

Et je pensais à une fantastique évocation d'un monde disparu.

Et je croyais assister à l'apparition des âmes de ceux-là qui, lors de l'engloutissement de l'antique Scissy, disparurent, jadis, à jamais, dans les flots de la marée vengeresse de leurs crimes.

*
* *

Et grande était mon erreur, erreur engendrée seulement par mon ignorance de beaucoup des phénomènes de notre mystérieux pays.

En effet, le phénomène qui m'avait tant frappé se reproduit tous les ans, sur nos plages, à cette époque de la saison. Pauvres noyés !... Pauvres hannetons !!

Quand le printemps s'effeuille, pétale par pétale, sous les chauds rayons du soleil d'été ; quand l'aubépine, leur poétique et immaculé berceau, sème sur le gazon toutes ses fleurettes blanches, le hanneton, né avec le printemps, se prépare à mourir avec lui.

Pour perpétuer ses candides amours, il va déposer dans le sol les œufs qui les symbolisent. Puis, épuisé, se privant de toute nourriture pour hâter encore son trépas, il attend la mort en profond philosophe.

Le hanneton, en effet, être fatidique, professant pour la douleur une profonde indifférence, est, on le sait, dans la nature, l'arché-type de la philosophie stoïcienne.

Sous le nom de Melolonthe, il a été comme tel, il y a des siècles, célébré par Aristophane, dans sa comédie *les Nuées*.

Comme tel, plus tard, il a été chanté par l'aimable Toppfer dans ses *Nouvelles Genevoises*. Le hanneton ! Le hanneton ! quelle allure calme ! quel excellent caractère ! Comme ses bons yeux globuleux peignent bien la paisible tranquillité de son âme ! Comme son gros corselet lourd, à la couleur monastique, démontre bien son dédain de toute vaine coquetterie !

Pauvres hannetons ! souffre-douleur de l'enfance ! Vous souvient-il qu'autrefois, sitôt leur apparition, pour un sou la douzaine, on les vendait dans les rues de St-Malo.

— V'là d'shannetons ! V'là d'shannetons pour un sou ! criait le petit marchand.

Et le petit marchand était entouré, et le hanneton, sitôt acheté, était transpercé d'une aiguille.

Et mélancoliquement, au bout d'un fil, il volait, volait, volait jusqu'à mourir, au chant de cette étrange formulette que je vous ai déjà rappelée :

> Vole ! vole !
> Manicole !
> Ton grand-père est à l'école.
> Va lui dire que si tu ne voles pas bien
> Je te coup'rai le cou avec un grand couteau de St-Jean.

Dans le Clos-Poulet, on ne vend plus le hanneton.

Le hanneton, toutefois, a droit ici à une place spéciale.

Au mois de mai, en effet, par milliers, on le trouve expirant sur le bord de la grève.

Et, à l'époque où il vient ainsi, soit volontairement, soit poussé par le vent, chercher la mort dans les vagues, toute la nuée des « puces de mer » apparaît, grouille sur le sable, se repaissant des cadavres des pauvres hannetons qui, ainsi, ne peuvent même pas avoir le trépas qu'ils ont rêvé.

*
* *

Or, c'est à la noyade annuelle du hanneton ; c'est aux funérailles de toute sa race, présidée par la légion des puces de mer, toutes sorties pour la circonstance de leurs sablonneuses retraites, que j'ai, l'autre soir, assisté sur notre Grande Grève.

Donc, pour un an encore, jusqu'au prochain printemps, voilà le hanneton qui est mort !

Dans les arbustes où il se cachait bourdonnent maintenant « les mères dorées » si aimées, elles aussi, de nos petits paysans.

Dans tout le Clos-Poulet, le hanneton est mort ! Il repose dans les flots verts !

Requiescat !

2 Juin 1893.

PREMIÈRES SILHOUETTES

Hi han ! hi han ! hîîi-hââân !!

Voilà les mignons bourriquets de Paramé qui, secouant leurs joyeux pompons rouges et leurs grandes hottes d'osier, arrivent, en trottinant, sur la plage.

Ils arrivent. Aussitôt, comme un flot, s'écoule le long de l'éventail et vient s'aligner, pittoresquement, au pied des brise-lames, le grand bataillon des plantureuses nourrices, des fraîches bobones et des turbulents marmots.

Et c'est comme un bouquet de fleurs !

Hi-han ! hi-hân ! hîîi-hââân !

La saison est ouverte ! Les bourriquets, hirondelles des bains de mer, l'ont solennellement annoncée dans leur strident appel de trompette. Maintenant, dans une grave immobilité de sphynx égyptiens, dans une longue et mélancolique somnolence, dans une très douce rêverie durant laquelle, sans aucun doute, ils entrevoient des pleines hottées de bébés qui sautillent sur leur dos, ils attendent, les bourriquets, ils attendent auprès, toujours, du même radeau, ils attendent leur petite clientèle.

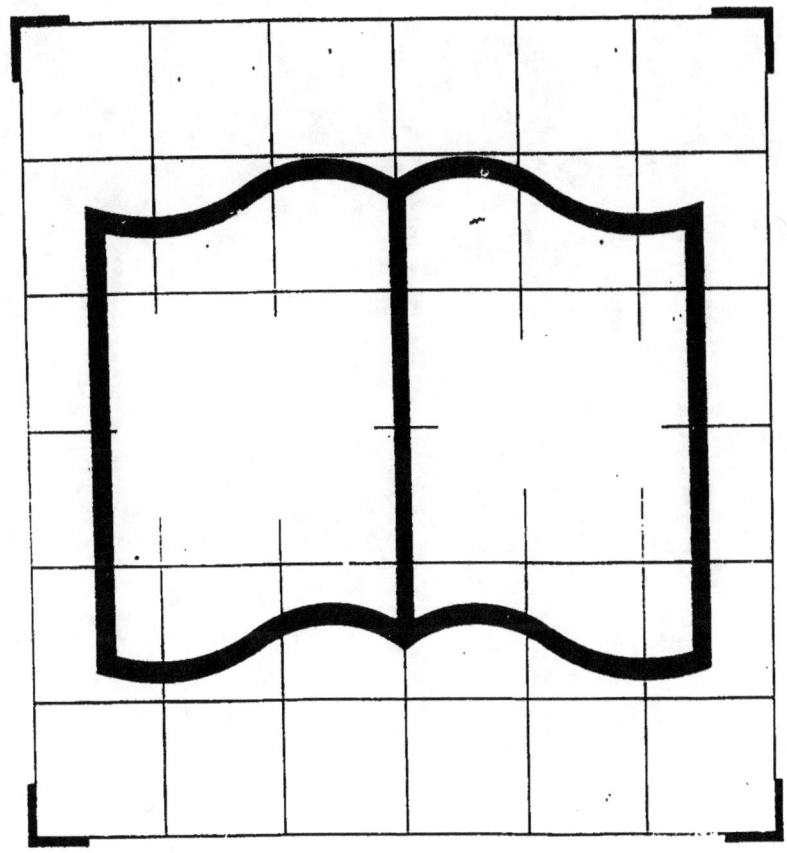

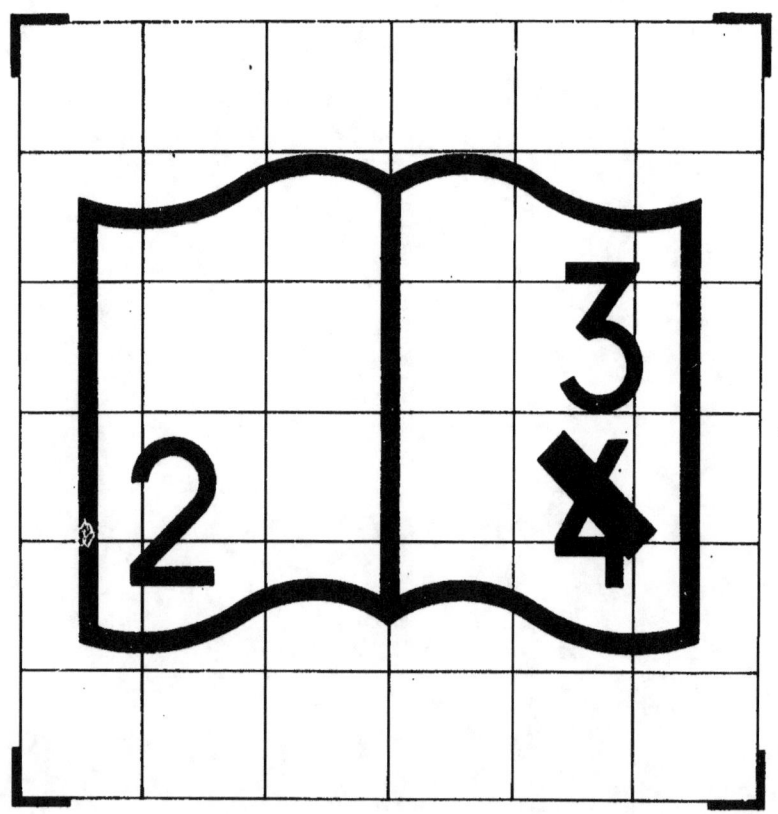

semaine, tient ses assises fleuries sur la petite place Brevet. Allez le voir, la veille d'une grande fête, la veille de la Saint-Jean, de la Saint-Louis, de la Saint-Pierre, la veille surtout de l'Assomption, fête de toutes les nombreuses « Marie » du Clos-Poulet.

Allez le voir, un de ces jours-là, parce qu'à Saint-Malo, le jour de la fête patronale, il est d'usage d'offrir aussi bien des « potées » que des bouquets, d'où, la veille de toutes ces grandes fêtes, le Marché aux Fleurs est particulièrement brillant.

Sur chaque pavé pointu de la petite place, fleurit et verdoie une belle plante. Au fond, au dernier plan, ce sont les plantes vertes, classique ornement de tous les salons : phénix, latanias et palmiers communs ; aspidistras aux larges feuilles, dracénas, belles fougères avec leurs infinies variétés. Aux premiers rangs, ce sont les capillaires aux branchettes tremblantes, et toutes les variétés, toutes les tailles de « potées » : « potées » de réséda, de bégonia, géranium, cactus, verveine..., bref, toute la plus séduisante flore des fameux horticulteurs de Paramé.

Or, ce sont ces fleurs-là qui forment les jardins suspendus du Tout-Saint-Malo, et qui, l'hiver, soigneusement blotties au fond des appartements, s'épanouissent, dès que l'été arrive, aux fenêtres des bons bourgeois.

Cependant, ce qu'il y a encore de plus curieux, de plus charmant, dans le Marché aux Fleurs, c'est le quart-d'heure du départ. Chaque marchand emballe précieusement dans sa petite charrette toutes les « potées » qu'il n'a pu vendre. Puis fouette cocher ! Traînées par de gentils bourriquets, toutes les petites charrettes s'ébranlent, et, à les voir, on dirait quasiment de gros bouquets qui marchent, qui sautent, qui trottinent. Et les promeneurs s'arrêtent :

— Tiens ! disent-ils, voilà le Marché aux Fleurs qui s'en retourne !

Et le Marché aux Fleurs, en signe d'au revoir, le Marché aux Fleurs, qui trotte vers Paramé, leur jette au passage son effluve le plus parfumé.

Août 189...

BRANLE-BAS

Il est signalé de sémaphore en sémaphore, et on court l'attendre, au bout du Môle, bien longtemps même avant qu'il soit en vue.

Tout là-bas, enfin le voilà qui se profile dans le ciel gris, *le Bougainville*, que nous aimons tant voir venir chez nous, chaque été, avec sa coquette cargaison de gentils élèves.

Les petits élèves du *Bougainville* ne nous apportent-ils pas comme un rayon de leur gaité, comme un éclat de leur pétillante et heureuse jeunesse ?

Rapidement, il grandit. Il passe entre Cézembre et le Bey, double le Môle, escorté par la foule qui le suit, de la terre, comme une garde d'honneur, et il va s'amarrer à quai, dans le bassin, à la meilleure place, qu'on lui a réservée.

Il reste là quelques jours, et curieusement, en détail, on va le visiter afin de se pénétrer, de tout ce qu'il renferme, de tout ce qu'il fait, de tout ce qu'il apprend.

Ce qu'il apprend à ses petits élèves est écrit en lettres d'or sur la dunette, en une devise qui résume tout son enseignement : *Honneur et patrie !* et chaque soir, quand tombe la nuit, à l'heure où l'esprit se berce, naturellement, dans les visions des choses absentes, pour s'unir à eux, pour causer avec eux de la famille, comme dans la famille, il leur fait dire, à tous ensemble, la prière du soir.

C'est le branle-bas.

L'aumônier et l'officier de quart vont se placer sur la dunette.

L'officier de quart commande : *Branle-bas*.

Les clairons et les tambours, sur l'arrière du rouf de la machine, sonnent et battent au branle-bas.

Alors, les élèves s'alignent sur deux rangs, chacun de son bord. L'équipage se place sur l'avant. Après le roulement de : *Garde à vous !* et le coup de sifflet du silence, l'officier commande *La prière !*

Tout le monde se découvre, et, debout sur la dunette où brille, allumée par le soleil qui se couche, la devise d'or : *Honneur et patrie*, l'aumônier récite un *Pater* et un *Ave*.

La prière dite, l'officier règle le service, puis commande : *Face au bastingage*. Alors les gabiers montent sur le bastingage, découvrent les toiles qui le recouvrent, et l'officier commande encore : *Les hamacs*.

Et, pendant ce temps, le soleil achève de se coucher. Alors voilà la garde qui monte sur le pont, se range sur la dunette, face à l'arrière, avec tambours et clairons, et l'officier commande : *Attention pour les couleurs*.

Le dernier rayon du soleil disparaît dans la mer. Un commandement : *A rentrer les couleurs !* se fait entendre ; tout le monde se découvre. La garde présente les armes ; tambours et clairons battent et sonnent au pavillon, les factionnaires font feu : c'est le pavillon qui, lentement, descend de la corne de brigantine.

Tout alors, peu à peu, entre dans le repos, et le vieux *Bougainville* s'endort avec sa coquette cargaison de gentils élèves.

Le lendemain matin, on va sur le quai, de bonne heure, pour le voir encore une fois.

Il est déjà parti, mais dans un an il reviendra encore avec ses petits élèves toujours aussi jeunes, aussi brillants, aussi heureux.

Ses petits élèves, en effet, ne vieillissent pas, et, quand ils quittent leur *Bougainville*, d'autres prennent leur place pour nous apporter chaque année, à la belle saison, comme l'image d'une jeunesse qui ne passe pas.

Cette jeunesse qui ne passe pas, c'est la jeunesse de notre marine, c'est la jeunesse de la France.

Et c'est pourquoi, nous autres qui vieillissons, nous aimons tant la voir venir, la cargaison du vieux *Bougainville*.

LE GROS-MALO

Il s'élève triomphal, au milieu de la grève de « Malo », située entre le Grand-Bey et le Fort-à-la-Reine. La grève de « Malo », disons-le tout de suite, n'a aucune prétention à la plage « fin de siècle ». C'est une plage qui n'est jamais sortie de « l'âge de pierre » et dont « l'homme primitif » parcourt encore, seul, les rivages. Il les parcourt, à la bonne franquette, vêtu d'un simple caleçon ornementé de symboliques dessins. Sur cette plage, la mare aux tons bleus, qu'échauffe à petit feu la grande chaudière du soleil, est l'unique bain de pieds qui soit offert au baigneur, lorsqu'il a accompli sa lustration. Sur cette plage, la concurrence, âme du commerce, n'a jamais planté ses tentes bariolées ou promené ses cabines roulantes. Les cabines de « Malo », durables comme le roc et sorties, toutes, de fabriques bretonnes, sont faites, en effet, de l'inusable tissu qui se nomme « le granit ». En outre, au lieu de porter de simples numéros matricules, comme sur les plages voisines, elles portent, elles, des noms immortels dans les annales du Clos-Poulet. Entre cent, elles se nomment : le rocher Pouilloux, la Poudrière, Goëmonoux, Quéret, le Petit-Malo, le Gros-Malo...

Le Gros-Malo !... Saluez !

Le Gros-Malo, en effet, c'est le *Palladium* de Saint-Malo, c'est l'éventreur de la machine infernale, c'est le capitole du Clos-Poulet !

Saluez !!...

Lors, l'Anglais ne se contentait pas, comme aujourd'hui, de jouer chez nous au law-tennis et au foot-ball. D'humeur belliqueuse, il s'amusait à nous canarder avec des bombes et des boulets.

Un jour même, afin de nous anéantir d'un seul coup, son esprit inventif imagina la « machine infernale ».

La « machine infernale », on le sait, était une nef aux voiles noires, gorgée de poudre et de mitraille, destinée à nous faire tous sauter en l'air comme une simple balle de « cricket ».

Mais, patatras ! grâce au gros temps, la nef noire alla s'éventrer sur le Gros-Malo. La poudre mouillée fit long feu. Tous les Anglais furent changés en bouillie, et, du côté des Malouins, raconte l'abbé Manet, « on ne trouva parmi les morts qu'un chat de gouttière ».

L'évènement se passa le dimanche 25 novembre 1693, vers cinq heures du matin, quand tout dormait encore à Saint-Malo, sauf quelques bonnes vieilles dévotes qui, pieusement, récitaient leurs litanies :

A furore Anglorum
Libera nos, Domine.

Depuis cette époque lointaine, le Gros-Malo est devenu un lieu de pèlerinage très fréquenté du vrai Malouin, durant la saison balnéaire, et, aujourd'hui encore, ce dernier ne se baigne jamais sans faire ce qu'il appelle « le tour du Gros-Malo ». Or, le tour du Gros-Malo est une cérémonie commémorative. Donc, vêtu d'un simple caleçon qui, par sa simplicité, laisse bien loin en arrière la corde et la chemise de la classique amende honorable, il s'en va à la nage, le vrai Malouin, décrivant avec les bras une courbe symbolique et tournant autour du rocher sauveur.

En longues théories, tous les nageurs le suivent. Puis, à tour de rôle, chacun grimpe au faîte du rocher, tel un cormoran pensif, au-dessus de l'immensité, et « pique une tête » en décrivant dans l'air une courbe savante qui semble la trajectoire de la bombe qui s'abat. Et ainsi sera le vrai Malouin tant que vivra Saint-Malo !

*
* *

Mais Saint-Malo ne vivra pas toujours.

Jadis, nos grand'mères racontaient, en effet, que Saint-Malo périrait par les flots, ainsi que la ville d'Is, ainsi que la forêt de Scissy. Elles racontaient qu'un beau jour, une grande marée d'équinoxe qui, celle-là, sans mentir, sera bien la plus grande marée du siècle, l'engloutira tout entier, notre cher rocher, tout entier, sauf la pointe de son clocher à jour.

C'est pourquoi nos aïeux, pour que le Gros-Malo, même alors, ne périsse pas, ont inscrit son nom, en lettres ineffaçables, sur la robe d'airain de leur cloche la plus élevée.

Et cette voix grave, sonore, pleine, mélodieuse, qui

chante au haut de notre clocher, c'est aussi le « Gros-Malo ». Et que la légende s'accomplisse, que tout, jusqu'à la pointe du clocher, disparaisse dans les flots, qu'importe, le Gros-Malo sonnera encore !

Hymne suprême de reconnaissance ! il sonnera, le Gros-Malo, il sonnera, dans le bercement des brises, il sonnera chantant aux vagues et aux courlis de mer l'histoire glorieuse du petit rocher dont il est destiné à éterniser le nom, après même l'éternel engloutissement de la cité-corsaire qu'il sauva, jadis, au temps des Anglais.

BATEAUX ANGLAIS

Un des aspects les plus récréatifs, une des attractions les plus pittoresques de notre pays, durant la saison balnéaire, c'est l'arrivée des bateaux anglais qui, plusieurs fois par semaine, accourent à toute vapeur de Southampton et de Jersey débarquant chez nous une pleine cargaison de voyageurs. Or, cette pleine cargaison de voyageurs, au moment précis où elle s'épand sur nos quais, forme, un des « instantanés » les plus joyeusement attrayants que puisse rêver l'œil du touriste le plus blasé.

*
* *

On est sur la plage.

Très loin, au milieu des bleus indécis du large, apparaît un tout petit point noir. Ce tout petit point noir grossit, s'allonge : on dirait comme un mince crêpe impalpable dont la trame à peine estompée s'émiette, à vue d'œil, dans les brumes de l'horizon.

Ce tout petit point noir, c'est la fumée d'un vapeur, et le vapeur qu'elle présage se profile bientôt, très-nettement, dans la blanche transparence du ciel.

Le voilà qui passe tout là-bas, en pleine mer, dans le

prolongement indéfini du fort Royal. Maintenant, il est déjà à la hauteur de Césembre, filant comme un éclair derrière le Grand-Bey, pour se montrer presque immédiatement tout proche le Môle des Noires qu'il contourne, en lançant des profondes entrailles de sa cheminée ocre-jaune un long sifflement qui est comme le bonjour amical, lancé à toute volée, de sa bonne grosse voix tant connue, à son vieil ami le Clos-Poulet.

Lors, sur son passage, l'onde pacifique de l'avant-port s'écarte courtoisement, et, bossant du dos, elle s'en va bercer avec tout un remue-ménage de jolies vagues vertes, la coquette escadrille des petits bateaux de plaisance paresseusement endormis sur leurs amarres.

Lors, le pont-roulant, trait d'union entre les deux villes, suspend son éternel va-et-vient.

Lors, aussi, une troupe bigarrée de « Miss », piquée près la Bourse, au bout extrême du quai, agite, à bout de bras, ombrelles et mouchoirs, en signe de joyeuse venue, et le navire, très sentimental, répond en leur lançant, de son flanc qui ronfle, un long jet de vapeur.

Cependant, le steamer tourne le coin du quai, et, en un clin d'œil, il va s'amarrer en face du grand hall de la South-Western.

Autour des barrières se presse une foule bruyante : il y a là les curieux, les oisifs, les étrangers, forcenés amateurs de bateaux, qui ont quitté la plage, en courant, pour voir « Jersey qui arrive. » Il y a là tous les humbles agents de location, toute la lyre des commissionnaires plaqués ou non plaqués, toute la tribu des garçons d'hôtel, tout le ban et l'arrière-ban des fiacres, rangés au deuxième plan, à la file indienne, et dont les automédons, le fouet à la main, graves sur leur siège, attendent, eux autres, dans une immuable impassibilité, le moment psychologique.

*
* *

Le moment psychologique est venu.

Des hommes de peine ont enfin abattu la passerelle qui relie le navire à la terre ferme, et aussitôt a vibré dans l'air un sourd bourdonnement bizarre, étrange, gouailleur, guttural, suppliant ; bourdonnement dans lequel se croisent les noms de tous les hôtels et de tous les restaurants ; bourdonnement dans lequel, formant la plus criarde des cacophonies, toutes les enseignes du Clos, criées à tue-tête, entrechoquent leurs syllabes ; bourdonnement dont la gamme très variée en apparence, n'est, après tout, qu'une note d'appel, toujours la même : la note d'appel du « struggle for life ».

Et le défilé commence. Voilà, très pressé, le Français qui, depuis deux jours à Jersey, revient la tête coiffée d'une casquette anglaise et les bras emplis de classiques « troncs de choux ». Voilà le gentleman grave et long qui se termine en haut par le chapeau de feutre à bords étroits et, en bas, par le large soulier couronné du gros bas de laine. Voilà l'anglaise sur le retour, qui maigrit en vieillissant, et porte avec une suprême indifférence un étrange chapeau de paille qui se plaque pudibondement sur son front tout encadré de papillottes en tire-bouchons. Voilà la gentille miss, d'autant plus jolie qu'elle est plus jeune, vêtue d'une chemisette flottante, d'une longue jupe droite, bien ajustée sur la hanche, la main armée d'un stick qui va donner tout à l'heure à sa démarche un air très-drôlement décidé... Et le défilé continue entre deux haies de douaniers paternes qui entr'ouvrent, au passage, les valises et les sacs de nuit.

*
* *

Et le défilé est terminé.

Il ne reste plus près ces barrières que deux pauvres bretonnes de Pont-Aven. L'une porte dans ses bras un gros marmot, plein de santé, qui dort sur l'épaule de sa mère, bercé par le bruit de la foule qui ronronne à ses oreilles.

Sans doute, les deux pauvres bretonnes attendent quelqu'un : quelqu'un qui est parti du pays, au printemps dernier, à l'époque des pommes de terre, croyant récolter à Jersey de merveilleuses économies. Elles attendent quelqu'un qui ne revient pas. Elles attendent, silencieuses. « Il n'y est pas », dit enfin l'une d'elles.

Lors, toutes deux gardant au fond de leur cœur les tristes impressions qu'elles ne savent traduire, s'éloignent lentement, tandis que la foule, plus remuante et plus affairée, bourdonne maintenant comme une vraie ruche autour de la douane, dans laquelle se sont engouffrés tous les bagages.

Août 189...

LE « TRAIN DE PLAISIR »

La vogue que cette fin de siècle a donnée aux bains de mer des côtes bretonnes a eu comme conséquence la plus folâtre, la plus drôlatique, la plus désopilante, la plus pittoresque de toutes les institutions : l'institution du « train de plaisir ».

Le « train de plaisir », comme je l'entends, n'est pas seulement la bruyante enfilade de wagons qu'on voit, lors des grandes fêtes de l'été, courir à la queue leu-leu, derrière une locomotive, sur une monotone voie ferrée, bien plantée de deux haies de tamarins. Le train de plaisir, l'unique, le vrai, le seul digne d'être célébré, ici, c'est un être en chair et en os, un être vivant, mortel et sublunaire comme vous et moi.

Cet être, naissant en même temps que le cantaloup et le haricot vert, apparaît chez nous durant cette saison, un beau matin de quatorze juillet, de Courses ou de Régates. Il apparaît dru comme une poussée de champignons, abondant comme la blanche manne d'antan. Et c'est partout, dans nos rues, comme une vraie génération spontanée de baigneurs étrangers ! Génération, par exemple, à peine née et déjà morte ! Le train de plaisir, en effet, ne se résigne que pour quelques heures à quitter son courtil, son comptoir ou son rond de cuir. Il n'est qu'un baigneur d'un jour dont la villégiature, éphémère comme la rose, ne vit guère plus que l'espace d'un matin.

Moi, contrairement à beaucoup, j'aime le train de plaisir ! J'aime le voir errer sur la plage, autour de l'Eventail, les bras ballants ainsi que les ailes inférieures d'un moulin à vent, l'œil tout esbaudi devant les larges parasols bariolés, pittoresques ombrages de notre plage ensoleillée. J'aime le voir, bien cossu dans son ample lévite noire, avec son grand chapeau mou à larges bords, sa bonne grosse chemise en toile écrue qu'attache, autour du col, une mince « anguille » de soie verte, souvenir de la dernière assemblée. J'aime le voir entouré de sa réjouissante nichée et flanqué au bras de sa pompeuse bourgeoise ; bourgeoise bien rondelette sous son tablier qui reluit au soleil autant que les tons violets du sable mouillé ; bourgeoise bien réjouie dans sa coiffe originale, que sa coiffe soit l'embryonnaire « catiole », la « plate » du bourg de Paramé, le « coq » droit et frétillant, la « pigeonnée » pointue comme un clocheton d'église ou la « cancalaise » frémissante dont la blanche aile de mousseline, conte la légende, frissonne toujours d'aise au grand air du large.

Le train de plaisir n'a d'autre bagage que son parapluie. Il ne descend jamais à l'hôtel. Il mange au restaurant, et, assurément, un des curieux spectacles de Saint-Malo, à cette époque de l'année, c'est l'heure du dîner dans les restaurants qui contournent la Poissonnerie. Si, en effet, ces temps-ci la place Châteaubriand disparaît très pittoresquement sous les tables de café, la place de la Poissonnerie, elle, plus pittoresquement encore, disparaît sous les blanches petites tables de restaurant autour desquelles mangent et rient les trains de plaisir.

Je parle uniquement des trains de plaisir de la ville, trains de plaisir venus de Pontorson, Antrain, Dol ou Combourg, car les trains de plaisir, originaires de la campagne, ne mangent, eux autres, jamais au restaurant. Ils mangent en plein air, sur les bancs du quai Saint-Louis, sur les rochers du fort Royal ou sur le haut du Grand-Bey.

Cette habitude de manger en plein air oblige même ces derniers à un supplément de bagage. Ce supplément c'est le cabas, cabas qui est comme le symbole, le signe sensible, le compagnon de route, le *fidus Achates* en même temps que le garde-manger ambulatoire du classique train de plaisir.

Le train de plaisir durant sa courte villégiature veut goûter à toutes les distractions du pays, tout en écornant le moins possible ses petites économies. Obéissant à cet ordre d'idées, une brave femme qui, le jour des Courses, s'était hasardée dans le tramway, disait à sa voisine : « Pas vrai ! mamzelle, assis ou debout, c'est toujours le même prix ».

Le train de plaisir va parfois jusqu'à prendre un bain. Lors, on le voit s'avancer dans l'eau, donnant gentiment la main à sa grosse bourgeoise, vêtue suivant une cocasse mode inconnue. Tous les deux, ils poussent de petits cris effarés. Le froid de la mer les surprend d'ailleurs désagréablement, et il suffit que quelque vague imprévue vienne tout à coup les mouiller un peu haut, plus vite qu'ils ne pensaient, pour achever aussitôt de les désorienter, « Bobonne », disait l'autre jour un d'eux qu'une lame avait ainsi mouillé sans lui crier gare : « Je crois que nous sommes volés », et majestueusement, donnant toujours la main à bobonne, il reprenait, au grand amusement de tous, le chemin de sa cabine.

Quand arrive le soir, le train de plaisir s'offre un joli souvenir de Saint-Malo, par exemple une boite de coquillages qu'il placera sur sa commode entre deux coloquintes ou deux boules de verre; après quoi il regagne pédestrement le chemin de la gare.

A peine monté en wagon, il laisse pencher sa tête par saccade sur l'épaule de sa voisine qu'il se décide enfin, avec un sonore ronflement, à prendre définitivement pour oreiller.

*
* *

Et le train file rapidement.

Vous, mélancolique, vous faites le tour des remparts.

En passant devant les vieilles guérites, vous percevez comme une odeur âcre qui vous monte au nez. En descendant les escaliers, vous entendez tout à coup sous vos pieds comme un étrange clapotement. Excusez le train de plaisir ! Si « gorleillant et dret en goût » était le cidre de Pleudihen, qu'il a lampé toute la journée à plaisir de débordantes bolées !

Excusez le train de plaisir ! Si appétissant et doux de digestion était le gros morceau de lard mangé en plein air, autour du cabas, *fidus Achates*.

LA VIERGE DE SAINT-CAST

(CONTE DE MI-AOUT)

Un coquet vapeur, bien connu de vous, allait à Saint-Cast, en excursion.

Le ciel était tout bleu, la mer plus bleue encore. Au loin, entre le bleu des flots et le bleu du ciel, la blanche « colonne commémorative, (1) » dorée par le soleil, irradiait comme une mystérieuse apparition.

Un vieux prêtre était assis sur la passerelle du coquet vapeur. (2)

Il contait une belle légende.

*
* *

Or, disait-il, dans toutes les paroisses du Clos-Poulet les clochers sonnaient à pleine volée. Ils sonnaient le tocsin et, comme de grands frissons, les voix du tocsin couraient sur la mer.

Les voix du tocsin allaient frapper aux portes des chau-

---

(1) Colonne édifiée en souvenir de la bataille de Saint-Cast.
(2) Légende contée par M. l'abbé Lecor, bien connu il y a quelques années sur les bateaux du Bac de Dinard.

mières et les vieilles rouillasses, chaudement endormies au-dessus de la cheminée, s'éveillaient à la hâte et, sur les épaules des braves paysans, elles couraient sur le rivage.

Et, sur le rivage, les bataillons réguliers se trouvaient déjà alignés. Et, déjà, la poudre anglaise parlait très-haut.

∴

La poudre anglaise parlait très-haut.

Alors, lentement, une belle dame blanche s'éleva dans l'air, sortant du vieux puits de St-Cast. Ce vieux puits, vous le connaissez-bien ? Lorsque, quittant la jetée où débarque le vapeur d'excursion, vous montez au village, il est là, à votre gauche, en montant, tout au bord de la falaise, en face des premières maisons.

La belle dame blanche, c'était la Sainte Vierge Marie. C'était la Sainte Vierge Marie, qui, jusqu'alors, dans une éternelle immobilité, sous la forme d'une petite statue, avait vécu dans la niche étroite creusée dans la pierre du vieux puits. Et la Sainte Vierge Marie, telle une des mouettes de la côte, s'envolait vers la mer. Elle s'envolait, emportant toutes les fleurs dont l'avaient décorée les jeunes filles du village, durant son beau mois d'août qui venait de finir : bouquets de genêts d'or, couronnes de pâquerettes blanches, guirlandes de bruyères roses..... Elle volait si vite, si vite, allant et venant au bord du rivage, qu'on eût dit un long voile de mousseline qui se déroulait sans fin, une étrange traînée de brouillard planant au ras du flot, mystérieuse, indécise, impalpable.

Et, à distance, ce long voile de mousseline, cette étrange traînée de brouillard semblait être la crête des dunes. Voilà pourquoi, ainsi qu'on le sait bien, tous les canons anglais tirèrent trop haut, durant la bataille de St-Cast. Voilà pourquoi l'ennemi dut se décider à débarquer. Or, le débarquement, ce fut, pour lui, la défaite.

⁂

Aujourd'hui, autour de St-Cast, sur l'azur limpide de la mer, vous voyez de longues traînées blanches, qui se croisent, s'enlacent, se déroulent.

Comme les laines échevelées d'un gigantesque fuseau, elles flottent partout, au long de l'île Ago, au long des Ebihens, sur la mer qui baigne St-Cast, sur la mer qui s'étend tout là-bas, jusqu'aux rochers du cap Fréhel.

Ces longues traînées blanches qui semblent le reflet de la céleste voix lactée, ce sont les courants, disent les marins. C'est, dit la légende, l'ineffaçable sillage qu'a laissé sur l'azur du flot la robe miraculeuse de la Sainte Vierge Marie, lorsqu'elle glissait comme une céleste apparition au long des vaisseaux anglais, pour leur voiler nos gars embusqués dans les dunes.

⁂

Cependant, quand la bataille fut gagnée, la Sainte Vierge Marie reprit, au fond du vieux puits de St-Cast, son humble forme de petite statue.

Et cette statue, je l'ai vue encore, il y a peu de temps, entourée de fleurs et de lumières, dans la cabane qui s'élève tout auprès du vieux puits.

Allez donc la voir, allez la prier, lorsque le coquet vapeur bien connu de vous, ira à St-Cast en excursion.

Durant le voyage, si le ciel est bleu et la mer plus bleue encore, au loin, entre le bleu des flots et le bleu du ciel, vous admirerez la blanche « colonne commémorative, » dorée par le soleil et irradiant ainsi qu'une blanche apparition.

En outre, si, sur la passerelle du coquet vapeur, vous voyez un vieux prêtre, celui dont je vous parlais en débutant, peut-être, telle qu'il la connait, voudra-t-il bien vous conter la belle légende de la Vierge de St-Cast.

L'OR DE CHAT [1]

« L'or de chat » ne se trouve que sur la Grand'Grève de Saint-Malo et sur la plage de Dinard. Par exemple, là, on peut le cueillir à pelletées, à monceaux, à charretées, et si seulement, une minute, les gouvernements consentaient à l'accepter comme monnaie courante, oh ! les plus gueux d'ici deviendraient, du coup, archi-milliardaires ; du coup, ils pourraient couvrir le Clos-Poulet de châteaux en Espagne, lancer le pont de Bizeux au-dessus des flots bleus de la Rance et bâtir sur Césembre un féerique Casino relié au continent par une jetée de pierres précieuses. Pour cela, il leur suffirait de se baisser et de tremper leur doigt mouillé dans le sable. Il leur suffirait d'en ramasser, non pas seulement plein un coffre-fort, mais plein seulement le creux d'un coquillage.

De l'or de chat plein le creux d'un coquillage ! Mais ce serait bien trop pour que des milliers et milliers de vies, mises bout à bout, puissent le compter. Encore, bien malin en calcul, bien malin, celui-là qui, après ce long temps, ne se serait pas trompé de bien des centaines en voulant totaliser les microscopiques et infinitésimales unités de sa prodigieuse et éternelle addition !

[1] Conte qui m'a été dit par une vieille bonne femme de Saint-Malo.

« L'or de chat, » qui moire ainsi, par myriades, le sable de nos plages, est, vous le savez, appelé « mica » par les savants qui s'en servent pour sécher l'écriture fraîche de leurs vilains grimoires.

Quant aux gens du Clos, eux autres, ils appellent le « mica » des grèves, quand il est doré, « l'or de chat. » Ils l'appellent « l'argent de chat, » (1) quand il est argenté. Voici, d'ailleurs, quelle est, d'après eux, sa merveilleuse et lointaine genèse.

Alors, dans le Clos-Poulet, il y avait des fées.

Ces fées, qui étaient toutes aussi jolies que mondaines, avaient coutume d'aller, tous les soirs, danser des rondes, sur les nielles fleuries de la Hoguette, là où s'élève aujourd'hui — peut-être à leur mémoire — le beau Casino de Paramé.

Or, un soir, douze jeunes gens de Saint-Malo parièrent, après avoir trop bu, d'aller leur demander une contre-danse, se faisant fort, dans leur vanité, de ne pas essuyer un refus.

Ma foi ! ils ne se trompaient pas. Les petites fées qui, après tout, n'étaient guère timides, leur firent, sans se faire même prier, l'honneur de leur accorder la contre-danse pariée ; mais, malheureusement pour eux, s'étant aperçues que leurs danseurs étaient en goguette, elles se fâchèrent tout rouge à l'idée qu'on s'était moqué d'elles, et, d'un

---

(1) Dénominations populaires déjà relevées par l'abbé Manet, en note, page 110, dans son ouvrage intitulé : *De l'état ancien et de l'état actuel de la Baie du Mont Saint-Michel, Cancale, etc.*

coup de leur baguette de tamaris, elles les changèrent, incontinent, six d'entre eux, en gros matous tout noirs, et les six autres en petites chattes toutes blanches.

Ainsi métamorphosés, les pauvres gars se mirent à miauler lamentablement et à s'arracher les babines de désespoir.

Lors, les petites fées, qui, au fond, n'étaient pas méchantes, leur dirent : « Courez vite sur la grève, et,
« quand vous aurez filé à chacune de nous, avec le « mica »
« du rivage, un manteau d'or et une robe d'argent, vous
« viendrez nous les offrir. Nous vous rendrons alors votre
« forme première. Allez et ne travaillez jamais que durant
« le temps que met le Gros-Malo à sonner, au clocher, les
« douze coups de minuit ».

⁂

Pendant bien des fois mille ans, en travaillant seulement la durée que met le Gros-Malo à sonner ses douze coups de minuit, les six chattes blanches et les six matous noirs, assis en rond sur la Grand'Grève, durent tisser les miettes impalpables de « mica » qui poudrent le rivage. Ils durent, tout comme si c'était du chanvre, le broyer, le pesceler, le sanceler, le filer. Encore ne pouvaient-ils, pour hâter leur interminable besogne, employer les belles et larges feuilles de « mica » blanc qu'on trouve parfois, plaquées sur les galets, ainsi que des cuirasses d'argent. Comme par enchantement, ces feuilles se pulvérisaient de suite sous leurs ongles de chats.

Un soir, enfin, ainsi que les petites patoures qui s'en vont par la campagne en filant leur quenouillée, les six chattes blanches et les six matous noirs, filant leur dernier fil de « mica », partirent pour la Hoguette porter les toilettes qu'ils avaient confectionnées.

Les toilettes allaient à ravir. Lors, l'enchantement aussitôt cessa. Il cessa, comme il avait commencé, d'un petit coup de baguette de tamaris.

*
* *

C'est depuis cette si lointaine époque que le « mica » de nos grèves s'appelle « l'or » et « l'argent de chat ».

C'est aussi depuis cette si lointaine époque que, lorsque le matou, les yeux clos, dort en ronronnant dans le coin du foyer, on ne dit plus chez nous, comme dans le reste de la Bretagne, « qu'il récite son Credo ». Faisant allusion à son ancien métier de filandier et à son séculaire ensorcellement, on dit « qu'il file son rouet ».

2 Septembre 189...

AU BAS DE L'EAU

La grande marée, la marée d'équinoxe, n'est pas seulement une précieuse source de richesse pour le pêcheur de la côte, elle est aussi une bonne fortune pour le folk-loriste.

En effet, sous les grosses pierres rugueuses qui, seulement deux fois par an, aux deux marées d'équinoxe, daignent sortir leurs grosses têtes chevelues ; au long des groupes de rochers qui se découvrent à peine alors entre deux vagues ; au milieu des longs goëmons qui se dressent, tout au bas de l'eau, droits comme de grands cheveux verts apeurés, il n'y a pas seulement tout un monde précieux de crevettes roses, de crabes pansus, d'ormets appétissants, d'humbles bigorneaux, de grasses palourdes, de blanches coques rayées, il y a aussi, il y a surtout, toute une curieuse récolte de poétiques légendes, de croyances naïves inspirées à la fois et par toute la flore et par toute la légion des coquillages de la mer.

Ici, voici, ramassé dans sa conque en tire-bouchon, le plus austère de tous les coquillages : il vit, tout au fond de sa coquille, aussi retiré du monde qu'un pieux solitaire, dernier habitant des déserts de la Thébaïde. Oh! quel saint homme de coquillage ! C'est « Bernard l'ermite ». Ave ! mon frère. Ave ! Bernard l'ermite, ainsi baptisé parce que tu passes toute ta paisible existence dans l'humble recueillement de ta coquille et fuyant, comme le péché, le commerce de tes frères, les autres coquillages de la mer !

Encore celui-là un bien digne coquillage, l'honnête ricardeau qu'on appelle aussi « la coquille Saint-Jacques. » La coquille Saint-Jacques..... ne doit-elle donc pas, cette biblique coquille, son nom prédestiné, au grand apôtre qui n'en était pas seulement un adroit pêcheur, mais aussi, dit la tradition lointaine, un friand de première marque ?

Pour la pêcher, la sainte coquille qui souvent se cache soigneusement au fond de la mer, au milieu des herbes, il faut prononcer une petite formulette qui a la puissance de faire ouvrir ses valves nacrées, et, en jetant en même temps au nez des pêcheurs l'eau qu'elles recèlent, de leur faire découvrir sa mystérieuse retraite.

La formulette, composée en vers peu décadents, est ainsi conçue :

> Ricardeau !
> Ricardeau !
> Lève ton nez tout en haut !

Quant au crabe, au crabe fatidique, au crabe béquillant et crochu, dame ! en voilà un qu'il ne fait pas beau rencontrer, un soir de lune, au bord de l'eau qui se retire. Le crabe, en effet, c'est le crustacé de mauvais augure.

C'est la chouette, c'est le corbeau de la mer. Aussi

jamais un pêcheur sérieux ne le rencontre-t-il sur sa route sans bien vite l'écraser d'un coup de talon.

Avez-vous vu sur le sable, à marée basse, de longs coquillages qui ressemblent à de fins poignards luisants. Ces belliqueux coquillages se nomment des couteaux. Ils sont un présage de guerre, dit-on, sur nos plages. Si les nuages, à la veille des batailles, annoncent le sang qui va se répandre, en se voilant de teintes rougeâtres, le flot, lui aussi, on le sait, les annonce à sa manière, en jetant sur le sable de la rive des milliers de couteaux.

Et les huîtres, les huîtres à la chair délicate et succulente ? Quelle est leur mission dans le monde profond des mers ?

Les huîtres, sont le régal des fées qui habitent les goules et les grottes dans lesquelles les flots s'engouffrent de toute éternité. Les huîtres de Cancale sont le mets éternel des Fées de Saint-Enogat, de Rothéneuf et de toute la côte.

Souvent, dans la coquille d'huître, la fée, femme coquette, laisse tomber une des perles merveilleuses de son riche collier : voilà pourquoi, dans les lointains pays, l'huître est l'écrin naturel de la perle. Si, dans le Clos-Poulet comme dans toute la Bretagne; si, à Cancale comme à Auray, comme à Quiberon, comme dans tout le golfe du Morbihan, l'huître, par exception, ne recèle jamais de perles, c'est parce que hélas ! personne en Bretagne, même dans le monde des fées, ne possède les merveilleuses richesses si communes chez les autres, dans les régions lointaines, et qui n'ont jamais existé chez nous que dans les mirages de notre féconde imagination.

C'est donc au bas de l'eau que fleurit le jardin de la mer ; étrange parterre à la flore mystérieuse, qui n'a d'autre humus que le granit des rochers, d'autre jardinier que l'azur de la vague.

Et bien plus encore que le pêcheur de crevettes, le pêcheur de vieilles légendes et de curieuses traditions adore se promener dans ce parterre unique. Il adore cueillir les goëmons aux dessins bizarres, les escarres, les patelles, les astéries, les oursins, les algues moirées aux merveilleux entrelacements de pourpre, d'ors, de tulles, de dentelles, de rameaux ajourés, aux étincelantes harmonies de couleurs dont la gamme passe, avec toute la palette des couleurs, des douceurs moirées du velours aux luisants éclats du métal.

Alors, sur son chemin, souvent il rencontre un curieux goëmon qui, affectant la forme du rectangle, se termine à chaque coin par une corne fatidique. Ce goëmon — goëmon bizarre, qui roule éternellement avec la vague, court sans fin par les solitudes des rivages, sans jamais vouloir s'attacher à aucune rive, — c'est la bourse du diable.

La bourse du diable a une lointaine et séculaire genèse qui remonte aux nébuleuses époques du déluge breton et de l'engloutissement de la forêt de Scissy.

Lors, en effet, disent les pêcheurs de la Manche, nos ancêtres étaient adonnés à tous les vices ; lors, sans scrupule, si grand était leur amour des richesses, ils vendaient journellement leur âme au démon pour une bourse pleine d'écus.

C'est pourquoi Dieu résolut de les châtier, et dans sa juste colère, un beau jour de grande marée, l'an de grâce 709, il engloutit d'un même coup tous les êtres et toutes les choses.

Et des êtres et des choses alors existants, rien ne survécut; rien que les bourses innombrables que trop souvent le diable avait données à nos pères comme rançon de leurs âmes perverses.

Et ces bourses, aujourd'hui encore, flottent flasques et vides, le long de nos rivages, où longtemps encore, où toujours, elles flotteront pour enseigner à toutes les générations à venir où mène l'amour immodéré des richesses.

Pour les naïfs profanes, l'antipode de « la bourse du diable », c'est la moule. On peut même dire que pour eux, la bourse du diable est un être aussi bohême et vagabond que la moule bonasse est une sainte fille sédentaire et fidèle à son rocher.

Les folkloristes, eux, qui ont passé bien des veilles à étudier les mœurs de ce sympathique mollusque, sont loin de le juger, je vous l'assure, d'une façon aussi indulgente.

La moule, pour eux, c'est une vulgaire coureuse, c'est une aventurière, une sainte Nitouche, une amoureuse de la lune.

Quand la neige l'a bien blanchie et engraissée, elle s'éprend d'un désir fou de vagabonder. Alors, lentement, en tapinois, comme un vulgaire bigorneau, elle se met à grimper : elle grimpe jusqu'au sommet de la roche où on aurait pu la croire enchaînée pour toute l'éternité. Puis, d'un vol hardi, avec un grand entrechoquement d'écailles, elle s'envole, avec un coup de vent, de norouâ vers une rive plus hospitalière.

Vous pouvez d'ailleurs, consulter utilement sur les migrations des moules les pêcheurs de St-Jacut-de-la-Mer.

C'est aussi, d'après quelques-uns de ces derniers, la moule qui engendre le mirage. En effet, quand la moule ouvre ses écailles au soleil, elle en absorbe les rayons. Or, les rayons, plus tard, s'évaporent, flottent au ras des mers en réfléchissant de mystérieux pays, de curieuses et étranges images qui nous semblent, vues de la rive, comme la vision lointaine des anciens mondes engloutis sous la mer.

NOS BAINS DE MER AU TEMPS PASSÉ

La plage de Saint-Malo est peut-être la plus vieille des plages bretonnes. Elle date exactement de l'année 1835. A cette époque, l'Administration prit en considération le rapport de M. Chapel, docteur médecin, sur les avantages qu'offrirait à la ville un établissement de bains de mer situé sur la Grand'Grève. Sur l'initiative de M. Midy, une des figures caractéristiques du Clos-Poulet à cette époque, une Société se forma, et cette Société, au bout de peu de temps, put faire rouler sur notre grève les coquettes cabines que vous connaissez.

Si notre plage ne date que de 1835, on se baignait cependant chez nous avant cette époque, comme on se baignait à Dinard, à Saint-Lunaire, à Paramé, à Rothéneuf…, bien avant la création de tous les jolis établissements qui ont, depuis quelques années seulement, planté leurs tentes tout au long de notre « Côte d'Émeraude ».

En tous cas, à Saint-Malo, où et comment se baignait-on au temps de nos grand'mères ?

Au temps de nos grand'mères, la digue insubmersible n'existait pas, et la mer, qui, par là, avait ses coudées franches, poussait ses dernières vagues jusqu'au delà du Talard, du côté de la grève de Châles.

Les grèves du Talard et de Châles, voilà les plages primitives du tout vieux Clos-Poulet.

C'est sur ces plages disparues que nos aïeules se faisaient conduire par les bateaux du Naye, et, loin des regards indiscrets, prenaient au bord de l'eau et à l'ombre des grands peupliers tremblants leurs discrets et poétiques ébats.

Or, ce qu'elles devaient être mignonnes, nos bonnes aïeules, en prenant ainsi, au bord de l'eau et à l'ombre des grands peupliers tremblants, leurs discrets et poétiques ébats !!!...

Alors, en effet, pour le beau sexe, les costumes de bains n'existaient pas. En m'exprimant ainsi, je veux dire seulement que la mode n'avait pas encore imaginé ces costumes spéciaux, dits « costumes de bains », qui rentrent tout simplement, comme la mélinite, le téléphone, les pilules suisses, la bicyclette, les petits pois en conserve..., parmi les géniales découvertes qui font la gloire de notre « fin de siècle ».

Nos aïeules se baignaient, tout simplement, avec leurs vieux costumes mis au rencart : larges capots « Directoire » et hauts « cabriolets » de mousseline, fins souliers garnis de choux, belles robes à queue et à ramages, le tout ornementé de rubans clairs, le tout donnant, en note dominante, la couleur safran, pourpre, prune-Monsieur, puce ou bouton d'or.

Quant aux robes noires, elles ne se portaient autrefois, qu'on fût âgé ou jeune, que lorsqu'on était en deuil, et on eût jugé malséant de se baigner avec des robes qui étaient allées sur le chemin du cimetière. D'où ces mirifiques costumes, ces toilettes tapageuses, ces déguisements de Mardi-Gras servant à nos grand'mères, d'année en année, pour se baigner au Talard et à la grève de Châles.

On se déshabillait par bandes, dans un trou de rocher ou une coque de vieux bateau, et, surtout, sous des parapluies. Puis, avant de sortir de sa cachette, on s'interrogeait, un peu inquiet, sur l'effet qu'on devait produire. Dame ! pensez donc ! si un beau capitaine-marin, comme par hasard, était passé par là !

— Ma petite Telcide, suis-je convenable ? disait, en soulevant légèrement son parapluie, la petite Tiénette, fagottée comme une caricature.

— Tu es très bien », répondait la petite Telcide.

— Et moi ? ma petite Tiénette.

— Très bien aussi, ma petite Telcide.

Lors, les deux parapluies se soulevaient comme des couvercles de marmite. La petite Tiénette et la petite Telcide, en robes à queue et à falbalas, en manches à gigots, en « cabriolets » à rubans roses, se prenaient gentiment par la main et couraient vers le rivage en sautillant, à la mode du temps, sur la pointe de leurs petits petons.

Des autres parapluies sortait tout le reste de la bande : Pépé, Marion, Pérotte, Rose, Aimée, Scolastique, Perrine, Nanette, Emérance, Théroff et Modeste.... Et l'on eût dit un vrai bouquet de fleurs. Et l'on eût dit comme une extravagante mascarade, comme une étrange et invraisemblable caricature de bal travesti !

Et toutes, sautillant sur la pointe de leurs petits petons, toutes, elle couraient à l'eau, et, une fois dans l'eau, elles « faisaient pigeon ».

« Faire pigeon », c'était, dans l'eau, sauter sur place ; c'était se hausser et se baisser tour à tour, comme un petit diable qui sort de sa boite, ou, plus exactement, c'était imiter l'élégante ondulation du pigeon qui roucoule, en haussant son col et en le baissant alternativement. D'où la virgilienne expression « faire pigeon ».

Oh ! oui, elles devaient être mignonnes, nos romantiques grand'mères, en « faisant pigeon ». Ça devait être à en faire rêver Chateaubriand et se pâmer Lamartine !

Quand l'établissement des bains eut été inauguré sur la grande plage, vers 1835, on n'abandonna qu'avec beaucoup de peine les parapluies d'antan en faveur des cabines roulantes, telles qu'elles existent aujourd'hui. En réalité même, ce ne furent que les étrangers qui profitèrent de la nouvelle mode. Quant aux belles Malouines, elles n'allèrent plus, il est vrai, se baigner au Talard et à la grève de Châles, mais, en masse, elles transportèrent leurs parapluies, leurs « robinsons,[1] » sur les rochers du fort Royal et à la grève de Bon-Secours.

Sûrement, les jeunes Malouines d'il y a vingt-cinq ans se souviennent de ce détail de notre folklore local et elles ne peuvent manquer de reconnaître, en présence des modes actuelles, en présence du bain tel qu'on le pratique maintenant, en présence du bain « fin de siècle, » avec son joli costume et son peignoir confortable, tout son attirail si pratique et si élégant, qu'en matière balnéaire, nous avons fait de fameux progrès.

Oh ! oui, elles sont fameusement rétrogrades les mœurs d'il y a seulement vingt ans !

[1] Expression locale.

Oui, aujourd'hui, où sont les neiges d'antan ? Où sont les costumes de bains en vieilles robes démodées ? Où sont les parapluies de nos aïeules ?...

Tout cela, comme c'est loin !

VII

DANS LE « MARAIS » [1]

LA POMME DU MARAIS ET SA MERVEILLEUSE ORIGINE.
LES « BOIRIES ». — DE L'ORIGINE DU « BADIOU ».

[1] Le « Marais » est le territoire qui, couvert de bois avant la Marée de 709, fut alors envahi par la mer et a été depuis reconquis sur les flots : d'où sa dénomination actuelle.

Septembre 1893.

LA POMME DU MARAIS
ET SA MERVEILLEUSE ORIGINE

Les nombreux touristes qui, en automne, veulent bien venir rendre visite au Clos-Poulet, demeurent littéralement stupéfaits quand, regardant le paysage qui se déroule entre Dol et Saint-Malo, ils découvrent, à perte de vue, à droite et à gauche, partout, aussi loin que s'étend « le Marais, » une immense forêt de pommiers, surchargés d'une prodigieuse quantité de fruits.

Ces fruits s'appellent les « pommes du Marais. » Or, que ceux-là, qui désirent connaître leur origine merveilleuse, consentent à lire cette vieille légende de notre pays.

*
* *

C'était il y a bien longtemps.

C'était à l'époque où, sur toute la région, s'étendait la verte floraison de tous ces arbres géants que, parfois, en labourant, les gens du crû exhument aujourd'hui de la tourbe, leur séculaire linceul.

C'était à l'époque où la Rance et l'Arguenon, où le Couësnon et le Lupin, où le Bied Goyon et le Bied Jean promenaient leur cours capricieux au milieu des chênes de l'antique Scissy : c'était avant 709.

C'était à l'époque des tables de pierre, des dolmens et des peulvans ; à l'époque où le haut menhir du Champ-Dolent n'était pas surmonté d'un calvaire ; à l'époque où Diane, la chasseresse, ou bien, suivant d'autres, la lune, sous le vocable de Diane-Porte-Lumière, était adorée sur le sommet du druidique Mont-Dol.

Alors, des saints vêtus de bure, des saints dont on faisait des évêques, venaient du pays de Galles évangéliser le Clos-Poulet, afin de le convertir au Christianisme.

L'un de ces saints s'appelait Magloire.

Magloire était le cousin de saint Samson, premier évêque de Dol. Fils d'Umbrafaël et d'Asfrelle, il avait été pieusement élevé dans le giron de l'Eglise, et quand Samson, sur sa frêle barque, avait quitté les côtes anglaises, Magloire, avide de sacrifice, de pacifiques et lointaines conquêtes, de merveilleuses conversions, n'avait pas hésité à l'accompagner.

Tous deux étaient débarqués sur nos côtes, et lorsque, en 565, après un édifiant épiscopat, Samson avait senti sa fin prochaine, il avait remis à Magloire sa mitre d'or et son anneau d'évêque.

Cependant Magloire, successeur de Samson, s'était, au bout de trois années, démis de ses hautes fonctions et retiré dans la solitude, au milieu des rochers et des ajoncs, sur le sommet du Mont-Dol.

Et de ce sommet, qui surplombait l'immensité verdoyante de la vieille forêt druidique, il prêchait Jésus-le-Crucifié, et ses auditeurs, charmés et convertis, couraient planter la croix sur le faîte de tous leurs dolmens et de tous leurs peulvans.

Aussi, les païens, ceux-là qu'il n'avait pu encore évangéliser, et dès lors convertir, avaient-ils juré sa mort.

Un jour qu'il regagnait sa grotte, après avoir consacré aux bonnes œuvres toute sa journée, depuis le lever du soleil, il fut poursuivi par ces païens et il allait, après une longue fuite, être arrêté par eux, quand il parvint à se blottir au fond d'un très vieil arbre, dont les années avaient creusé le tronc. Ce très vieil arbre était un pommier, et ce pommier ne possédait plus qu'un fruit qui se balançait, au bout d'une branche, à proximité de la main du vénérable saint.

Alors, dans le Marais, toutes les pommes étaient aussi amères que le sont encore aujourd'hui les prunelles des buissons. Cependant, la soif de Magloire était si brûlante qu'il cueillit le fruit et le porta à sa bouche. O miracle ! le fruit exprima sur ses lèvres une liqueur aussi dorée qu'un rayon de soleil, aussi douce qu'un rayon de miel !

C'est ce fruit, germe merveilleux de tout le pommage du Marais qui s'appelle aujourd'hui encore, en souvenir du lointain miracle qui lui a donné naissance, la pomme de « Doux-Évêque » ou, par corruption de langue, de « Doux-Auvêque ».

Enfin, faisant allusion à la situation de Saint Magloire bien blotti dans le tronc de son arbre, et mordant à belles dents pour se désaltérer à sa pomme miraculeuse, on dit parfois, au Clos-Poulet. « Il est dans son pommier de

Doux-Auvêque » en parlant de quelqu'un dont on dirait ailleurs : « Il est comme dans le Paradis ».

En d'autres termes, « être dans son pommier de Doux-Auvêque », c'est au Clos-Poulet l'antithèse de l'expression « être dans ses petits souliers ».

Septembre 1893.

LES « BOIRIES »

C'est maintenant chez nous l'époque des boiries que d'aucuns, dans leur patois, appellent les « béries », que d'autres appellent « les beuveries ».

Les boiries, ce sont les pittoresques et jolies fêtes qui égayent nos vendanges du Clos-Poulet, — ce crû de première marque qui comprend surtout le flave et gorleillant pommage de Pleudihen, ainsi que le fécond et inépuisable pommage du Marais.

Oh ! le Marais, le Marais de Dol, qu'il est curieux, ces temps-ci, avec toutes ses riches jonchées de pommes de « Doux-Auvêque », les pommes légendaires de saint Magloire, pontife de la vieille cité doloise !

Or, les pommes de « Doux-Auvêque » sont trop nombreuses pour les fûtailles qui emplissent les pressoirs.

Pour la vendange, il faut des barriques ; il faut des tonneaux. D'où la nécessité des boiries ; d'où la nécessité d'inviter tout le village à venir chez soi boire à pleines bolées, boire à même les pichets, à même le tonneau.

Alors, il coule le cidre d'or, le dernier de l'année qui

s'en va. Il coule dans les gosiers, il coule « gorleillant, justificatif et dret en goût. » Il coule, il coule, il coule jusqu'au nœud de la gorge. Il coule, il coule jusqu'à la dernière goutte. Il le faut bien. Pour emplir les tonneaux, ne faut-il pas d'abord les vider ?

*
* *

En Basse-Bretagne, surtout dans le Morbihan, les boiries sont aussi célèbres que les « noces » et les « fileries », que les « cailles », les « badioles » ou les « boudines ».

Comme dans toutes ces fêtes aux boiries, on danse, on chante des chansons longues, on s'amuse à « mignonner ».

Sans doute, les boiries ont lieu toujours, à toute époque de l'année, mais elles ont lieu surtout quand on commence à « éger » les pommes, c'est-à-dire à les gauler. Elles ont lieu surtout quand, autour du pressoir, gars et filles, en chantant, pilent les pommes, quand le jus d'or déborde et que les vieux, assis sur les billots, gravement, discutent en vidant les fûtailles.

Lors, entre eux, dans certains villages, en choquant leur bolées, ils s'adressent une curieuse formulette que j'ai retenue, formulette fort ancienne et qui, cependant, par sa délicatesse de style, dépasse certainement les toasts les plus éloquents et les plus modernes que vous ayez pu jamais entendre dans le plus beau des banquets officiels.

Choquant sa bolée contre celle de son convive, l'un des buveurs dit :

— De tout mon cœur, je vous salue !

L'autre répond :

— Davantage, si j'en étais capable !

Le premier, alors, riposte :

— Capable de tout, comme moi de rien !.

Et tous deux, d'un trait avalent leur bolée.

*
* *

On dit, en Bretagne, dans les années de beau temps exceptionnel, que les pommes ont goût de soleil et que le cidre qu'elles produisent saoûlera comme la terre.

Oui, jus sans mélange, il saoûlera toujours comme la terre aux sucs forts et généreux, notre cidre de Bretagne ! Il saoûlera comme la terre, qu'il soit fabriqué avec le Doux-Evêque du Clos-Poulet ou avec la jolie Bédange du Morbihan.

La Bédange du Morbihan n'est-elle pas, du reste, comme le Doux-Evêque du Clos, de merveilleuse et céleste origine ? Un jour, ce sont les anges du Paradis, ainsi que l'indique son étymologie, qui l'ont semée sur la terre de Bretagne, et, pour la semer, ils la charriaient à travers l'azur, dans leurs « bés » (1) aux fuselets d'argent.

*
* *

Cidre de Bédange et de Doux-Evêque ! cidre du Morbihan et du Clos-Poulet ! Cidre breton à la céleste origine !

(1) Berceaux.

cidre au goût de soleil ! cidre qui saoulez comme la terre !
coulez, coulez dans les pressoirs de chêne ! Emplissez les
antiques pichets et, cet hiver, au coin de la cheminée, les
vieux encore, choquant leurs bolées, se porteront les uns
aux autres leur vieux toast national dont la belle formule
rappelle si bien l'antique et proverbiale hospitalité d'autrefois :

> De tout mon cœur, je vous salue ! —
> Davantage, si j'en étais capable ! —
> Capable de tout, comme moi de rien !

DE L'ORIGINE DU « BADIOU »

Nous avons raconté la lointaine et curieuse origine de la pomme de « Doux-Auvêque », reine du pommage breton, triomphe et richesse du « Marais », fruit merveilleux, spontanément né entre les doigts du grand saint Magloire, évêque de Dol, afin d'apaiser la soif brûlante qui le dévorait, un jour que, poursuivi par les Bagaudes, il s'était réfugié dans le tronc d'un vieil arbre creux.

Or, « le Marais » n'est pas seulement le miraculeux berceau de la pomme de « Doux-Auvêque » ou, plus exactement, de « Doux-Évêque », du nom de son glorieux parrain ; le « Marais » est aussi le berceau du « Badiou ».

Le « badiou », c'est la cerise douce. L'arbre qui porte le « badiou » s'appelle, suivant les villages du Clos-Poulet, le « badollier », le « badoullier », ou même le « badioulier ». Le marché, enfin, où on le vend s'appelle la « Badiolerie ». Badiou, badoullier, badioulier et badiolerie sont autant d'expressions d'origine doloise.

Ce n'est pas, du reste, seulement l'expression, c'est aussi le fruit, c'est aussi l'arbre qui est d'origine doloise, d'origine du « Marais ».

Oyez plutôt :

C'était il y a bien longtemps. C'était au temps des Croisades.

Un beau et jeune seigneur, le sire de La Bagaudais, allait partir pour la Terre-Sainte. Il allait partir, le cœur brisé de chagrin, car, malgré toute son insistance, toutes ses supplications, la jolie Doloise qu'il aimait ne lui avait pas passé au doigt l'anneau d'or des fiançailles.

La jolie Doloise, il est vrai, ne le lui avait pas passé au doigt parce que son cœur s'y refusait, mais seulement parce que son père, à aucun prix, ne voulait encore la marier. Elle, certes, n'aurait pas mieux demandé.

Cependant, au moment du départ, notre jeune seigneur s'en vint, en pleurant, dire adieu à sa belle, et, dans cette suprême entrevue, il se montra à la fois tant désolé et tant éloquent que le père de celle-ci se laissa enfin attendrir.

« A votre retour, lui dit-il, je vous accorderai la main de ma fille si vous pouvez m'apporter de là-bas un souvenir qui symbolise également et la blanche innocence de ma fille et l'ardeur brûlante de votre amour. »

Or, notre jeune seigneur apporta le souvenir demandé. Ce souvenir était un cerisier, qu'il planta au bas de sa propriété, appelée La Bagaudais, ou La Bigaudais, nom qu'elle porte encore aujourd'hui, et, à l'endroit où il le planta, coulait même un ruisseau que vous connaissez bien. Ce ruisseau se nomme le biais Guyoul.

Cependant, le cerisier grandit. Il devint un arbre, et le fruit qu'il produisit prit dans le pays le nom de « badiou », nom formé de trois mots : « ba », bas ; « de », particule, et « iou », eau. C'est-à-dire, en langage gallo du Clos-Poulet, arbre poussé en un lieu bas, au bord de l'eau : « bas d'iou » [1].

---

[1] Essai historique sur les monuments de Dol, par l'abbé Lecarlatte, ancien recteur de La Fresnais.

Or le « badoullier », ainsi implanté dans notre pays par le jeune sire de la Bagaudais, remplissait bien la double condition exigée, pour que sa belle lui passât au doigt l'anneau d'or des fiançailles.

D'abord, en effet, le « badoullier » se couvrit de toute une neige de blanches fleurs, et cette neige de blanches fleurs, symbolisait, certes, merveilleusement, la fraîche et pure innocence de celle dont notre jeune sire convoitait la jolie main.

A la fin du printemps, les blanches fleurs se fanèrent ; mais, à la place des blanches fleurs fanées, naquirent des fruits au coloris vermeil, vermeil comme le sang, vermeil comme le cœur, vermeil comme l'amour.

Et le sire de la Bagaudais, alors, épousa sa gente Doloise, et le « badoullier », depuis lors, fleurit sur tout le « Marais ».

Le « badoullier » fleurit sur tout le « Marais », et tout le « Marais », depuis lors aussi, s'invita aux « Badioles ».

Les « Badioles », c'est la cueillette qu'on fait, tous ensemble, garçons et filles du même village.

Les garçons grimpent aux branches ; les filles tendent leurs « devantières »,(1) et, dans leurs « devantières », tombent en ondée les jolies cerises rouges, unies deux à deux. Or, ces jolies cerises, unies deux à deux, si elles servent aux tout petits enfants à se faire de beaux pendants d'oreilles, elles servent aussi à rappeler aux plus grands qu'elles sont ainsi mariées, deux à deux, les jolies cerises du « Marais », en souvenir de l'union du jeune sire de la Bagaudais avec sa jolie Doloise.

(1) Devantières : tabliers.

VIII

« CRIS DE LA RUE »

Octobre 189.....

CRIS DE LA RUE [1]

Comme les traditions et les légendes, les complaintes et les chansons, les formulettes de dictons, de jeux et de souhaits..... les cris de la rue rentrent, d'une façon très-intime, dans la littérature populaire, constituant même dans le folk-lore de chaque pays, une étude aussi pittoresque que suggestive.

Ecoutez-les, en effet, ces séculaires et bizarres mélopées, ces curieuses et naïves cantilènes qui soudain s'émiettent et planent au-dessus des rues, ainsi que des chants d'oiseaux, étranges et disparus. Ecoutez-les, tous ces mille cris qui passent. Ne dirait-on pas un poème aux mille chants divers; tout un orchestre dont, soudain, les instruments s'éparpillent aux quatre vents ? Celui-là, il nasille comme un flageolet ; celui-là, il roule comme un son de tambour; celui-là, il sonne comme un coup de cymbale; celui-là, il crépite comme un chant de castagnettes; celui-là, il ulule comme un sanglot et celui-là s'égrène, en joyeuse cascade, comme un interminable éclat de rire.

[1] La partie musicale de notre étude est due à notre compatriote, M. Quéré, professeur de musique.

Oh ! le cri de la rue ! comme à le clamer le camelot met tout son art, toute son âme ! C'est que son cri, c'est tout pour lui : c'est son enseigne, sa réclame, son prospectus, son coup de grosse caisse, sa fortune.

Qu'il soit lancé dans les notes de tête, claqué avec des coups de langue, roulé dans le gosier, nasillé avec le nez, il faut, quel qu'il soit, qu'il inspire la pitié, la confiance, l'envie, la curiosité; il faut, quel que soit son genre de persuasion, qu'il atteigne un but — un but toujours le même — le porte-monnaie.

Le cri de la rue est surtout attrayant quand il devient l'enseigne d'un métier tout local, résultant des productions originales d'un pays. Voilà pourquoi il m'a paru intéressant de noter ici les cris principaux qui caractérisent certains métiers spéciaux de notre côte.

Avez-vous vu passer par les rues de Saint-Malo, le vendeur de crabes : crabes pansus, appétissants, gras et dodus, crabes qui remuent, grouillent, crépitent au fond de grands mannequins traînés sur une brouette. Tour à tour, s'adressant aux grosses bourgeoises — « les dames d'en haut » — qui peuvent bien, elles, se payer « les poinclos » c'est-à-dire la fine fleur des crabes ; puis, condescendant jusqu'à annoncer sa marchandise aux petites boutiquières — « les dames d'en bas » — dames d'en bas qui, elles, n'achètent que le menu fretin, les crabes pelus, le marchand clame ainsi sa bizarre cantilène :

Et les lançonniers, lançonniers de Saint-Malo, de Saint-Briac, de Saint-Jacut, de l'Ebihen, lançonniers de toute la côte, de toutes les grèves, les avez-vous aperçus eux autres s'échelonnant par les rues, à la file indienne, le panier sous le bras, et criant sur tous les tons, cet appel si populaire, si connu chez nous et aussi si ardemment désiré des petites bourses, en quête, au temps du carême, d'un repas maigre, à bon marché ?

Quand la marée arrive, quand un miraculeux coup de filet vient jeter, tout-à-coup sur notre marché, une abondance de poissons dont l'exportation n'est plus possible, alors, les poissonnières daignent quitter leur état et elles s'en vont, deux par deux, par les rues, « huchant » à tue-tête en promenant leur panier :

Au gros rogué ! Mesdames, au gros rogué !!..

ou bien encore :

A la frèche !! Mesdames, à la frèche ! (1)

Mais ce que nos poissonnières bannissent surtout par les rues, c'est le maquereau, le frais maquereau bleu, tout strié de rayures noires qui, au printemps, émigrant des mers du Nord, se répand sur nos côtes par bandes innombrables. Elles le bannissent ainsi sur un ton traînant et nasillard :

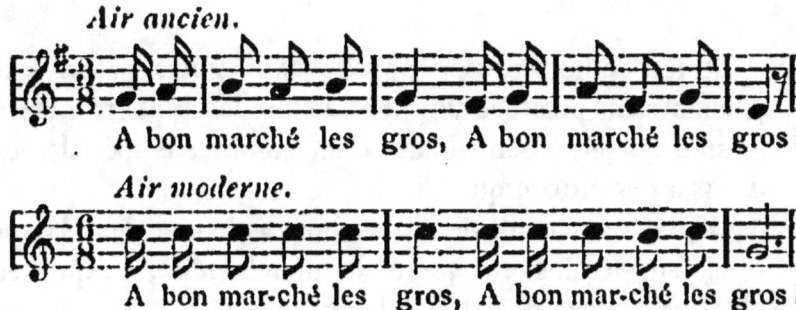

Quant à la sardine du pays immuablement vendue chez nous sous l'étiquette de sardine du Port-Louis (prononcez Port-Lé-ouis), elle s'annonce ainsi par syllabes coupées, scandées ainsi que les pieds du classique hexamètre :

Mais voilà le marchand de craquelins, craquelins dorés,

(1) A la frèche, c'est-à-dire au poisson frais.

croquants, appétissants. Le craquelin, on le sait, c'est le gâteau national du Clos-Poulet. Gâteau bien des fois centenaire ainsi que le cimereau, son frère germain, il remonte, dit l'histoire, jusqu'au temps des Kymris. Symbole suprême de sa haute antiquité, un très vieux marchand tout blanc, tout cassé, tout voûté, le promène sur son dos, plein une grande hotte d'osier. Et son cri est aussi traînard que sa démarche branlante :

<blockquote>Craqu'rins d'Saint-Malo !!.....</blockquote>

Et les chiffons qu'on appelle dans notre patois « les pillauts » ou plus couramment encore les « guerchots ! », ils sont l'objet, à Saint-Malo, d'un commerce spécialement florissant et pittoresque.

Or, les marchands de « guerchots » passant dans la rue, le sac sur le dos, en quête de marchandise, s'expriment d'ordinaire dans ce curieux langage :

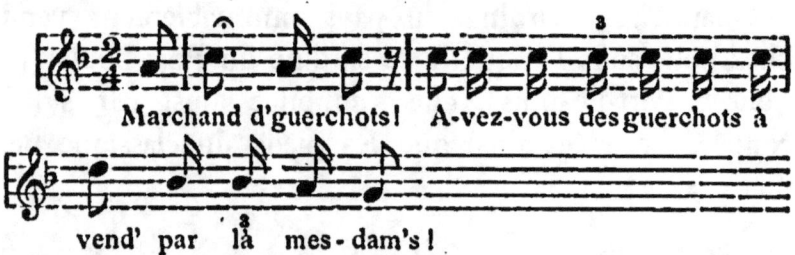

Marchand d'guerchots ! A-vez-vous des guerchots à vend' par là mes-dam's !

Les « pillotoux », autrement dits les marchands « d'guerchots » ont, on le sait, l'avantage de personnifier Croquemitaine, dans tout le Clos-Poulet. Pourquoi ? Sans doute, parce que leur cri, quand il retentit dans la rue, faisant vibrer les vitres, jusqu'au troisième étage, a quelque chose de spécialement apeurant et fantastique. Toujours est-il que les mamans qui veulent faire taire leurs bébés en pleurs, leur traduisent ainsi le cri du marchand « d'guerchots » :

Avez-vous des p'tits enfants à vend' par là ! Mesdames !

Parmi les cris du pays, n'oublions pas, non plus, celui du petit ramoneur, cri aujourd'hui à peu près disparu de notre pays, depuis que les couvreurs du crû, assurément moins pittoresques que les ramoneurs d'antan ont acquis notre confiance, pour le ramonage de nos cheminées. Voici, si vous vous en souvenez, quel était leur cri qui était, en quelque sorte, comme l'annonce solennelle de la venue du nouvel l'hiver :

A ra - mo - na la ch'mi - na du haut en bas !

Quant au cri de notre rétameur local, c'est une mélodie parfaitement rythmée et mesurée, dans le mode mineur et qui se chante ainsi :

En - fin voi - là l'fon - deur, le ré - ta-

Maintenant, voici le chant de notre principal raccommodeur de vaisselle, en majeur celui-là. Ecoutez-le, il ne le cède en rien au précédent comme coupe mélodique :

Enfin, écoutez ce solide gaillard, immaculé dans ses beaux habits blancs, et qui, d'une superbe voix de clairon, clame ainsi sa marchandise consistant en pâtes de toutes les couleurs et de tous les goûts : celui-là, c'est l'antipode du petit ramoneur disparu. Le petit ramoneur venait avec les premiers froids ; lui, il vient avec les beaux jours, avec les étrangers et la saison des bains. Certes, sa cantilène vaut son pesant d'or, et il est d'autant intéressant de la noter ici, qu'elle n'a, que depuis quelques étés seulement, acquis droit de cité :

Au saindoux pour les jaloux,
A la graisse pour les négresses,
Au p'tit beurre pour les sapeurs,
A la douce-amère pour les belles-mères...

Dans la littérature de la rue, rentre bien aussi, n'est-ce pas, le ban des tambours de ville ? Oyez donc, une dernière fois, celui qui a fait le bonheur de notre enfance :

« CRIS DE LA RUE »

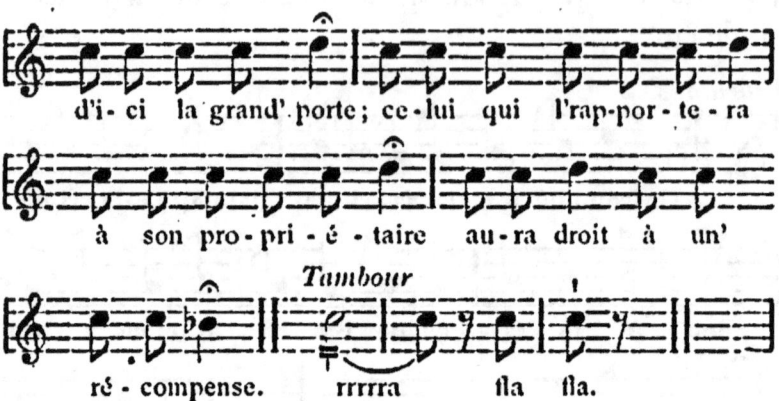

Terminons notre rapsodie de tous les cris populaires du pays, en rappelant à vos mémoires celui de l'ancien marchand de cidre. Jadis, en effet, quand un aubergiste venait de recevoir un tonneau, tout frais débarqué de Pleudihen, ou autre fameux crû du Clos-Poulet, il l'annonçait à haute voix, à la porte de son cabaret. C'était là un usage absolument général, au temps des célèbres cabarets où se recrutaient les équipages des corsaires : cabaret de la rue de la Crevaille [1], à l'enseigne « A la Malice » ; cabaret des Jaguins, dans la rue des Marins; cabaret « A... Rois », dans la rue de ce nom, devenue la rue du P...-au-Bray ; cabaret de « La Pie qui boit », situé au grand Placitre, et dont l'enseigne symbolique représentait un pressoir d'où le cidre coulait à flots et où une pie se désaltérait.

Or, représentez-vous le père Béruli, patron de ce cabaret, brandissant un pichet à sa porte et hurlant d'une voix de stentor au coup de l'Angelus de midi :

[1] Rue Thevenard.

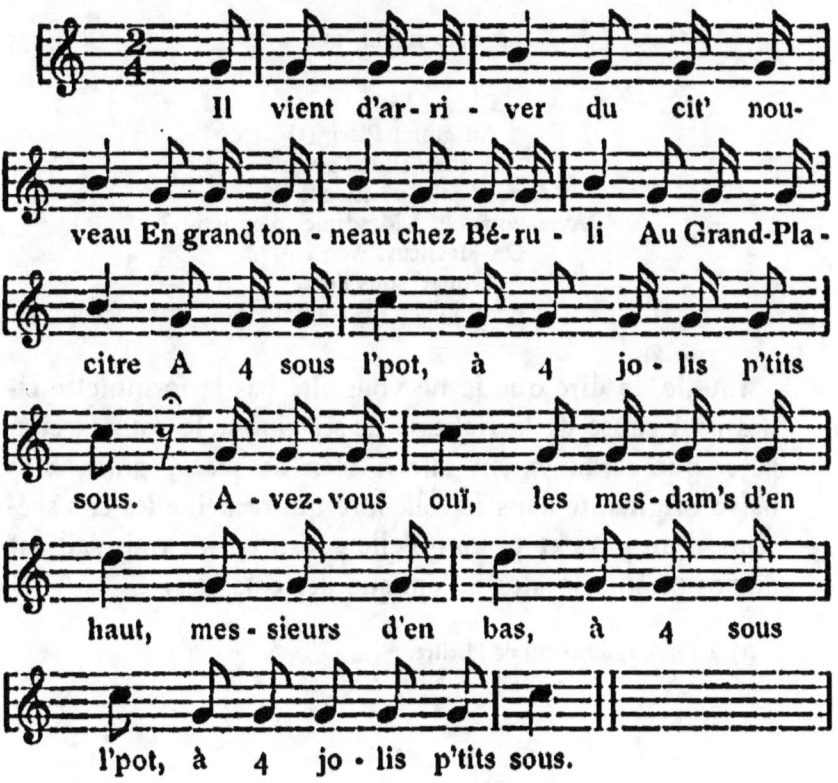

Cette année où le cidre était miraculeusement abondant, plus abondant qu'on ne l'avait jamais vu, dans le marais, depuis la lointaine époque de Saint Magloire, patron du « Doux-Auvêque », c'eût été de saison de le bannir par nos rues, un pichet à la main, comme durant la joyeuse épopée des corsaires :

>Il vient d'arriver du cit' (1) nouveau
>En grand tonneau.

(1) « Cit' » en patois du Clos signifie « Cidre ».

>   Chez Béruli
>   Au grand Placi, (1)
>   A quat' sous l'pot
>   A quat' jolis p'tits sous !
>   Avez-vous ouï ! Mesdames d'en haut ?
>   Les Messieurs d'en bas ?
>   A quat' sous l'pot,
>   A quat' jolis p'tits sous !!

Inutile de dire que je ne vous cite pas la formulette ci-dessus à cause de la richesse de ses rimes. Je vous la cite, parce que certainement elle a bien sa place, grâce à sa naïve originalité dans le folk-lore qui recueille les cris spéciaux d'un pays et parce qu'elle constitue un trait saillant de nos mœurs locales à l'époque des corsaires.

(1) « Placi », diminutif de Placitre.

IX

JEUX ET RÉJOUISSANCES

LE ROI BOIT ! — LA SAINTE OUINE
LA JOUTE ET LA GOÉMONNERIE — TIR DE L'OIE ET PAPEGEAI
QUINTAINE, TOURNIQUET ET MAT DE COCAGNE
AUTREFOIS LA SAINT-JEAN A SAINT-MALO
LE CHANT DE LA CHÈVRE
JEU OU IMPÔT DE LA ROSE, A PARAMÉ
LES JEUX DE BALLE

5 Janvier 189 . . . . .

LE ROI BOIT !

Il s'agit du roi de la fève. Heureux roi celui-là, qui n'a jamais été expulsé de « sa douce France » et est toujours accueilli partout avec un joyeux empressement, chez le riche et le pauvre, chez le républicain et chez le royaliste ! Heureux roi ! son apanage est un bon dîner ; ses sujets, de gais convives, et son budget — qu'il peut dévorer, tout entier, sans autre inconvénient qu'une indigestion — est un gâteau doré. Pour être acclamé, tout comme un grand conquérant, il n'a pas besoin de gagner de victoires, il n'a qu'à lever son verre : le roit boit ! le roi boit !! le roi boit !!!

Elle est bien vieille l'origine du roi de la fève ; sa dynastie remonte aux bons rois mages : Balthazar, Melchior et Gaspard, et sa dynastie cependant vit encore entourée d'usages pittoresques qui se perdent, bien loin, dans la nuit des traditions populaires.

Je ne puis rappeler ici toutes les curieuses coutumes qui se rattachent à la fête des rois. Je dois me borner à vous citer celles qui sont relatives et à nous et à quelques uns de nos voisins.

En Normandie, dans les environs d'Argentan, on fait se cacher sous la table, au moment de la distribution du gâteau, le plus jeune enfant de la famille. Alors, le maître de la maison, touchant de la pointe de son couteau la première part, dit gravement : « *Febæ Domine*, pour qui cette part ? — Pour le bon Dieu, dit l'enfant ». Et le jeu se continue, et toutes les fois que l'amphytrion touche une nouvelle part, il a soin de répéter la formule sacramentelle : « *Febæ Domine*, pour qui cette part ? » *Febæ* est évidemment une corruption du mot *fabæ*, et la phrase signifie : « O maître distributeur de la fève, dis-nous pour qui cette part ? »

La part de Dieu, c'est la part du pauvre. Aussi dans beaucoup de localités, au moment de la distribution du gâteau, des troupes d'enfant viennent frapper aux portes en réclamant leur part : « La part du bon Dieu, s'il vous plaît ? » Coutume touchante, digne d'une longue vie, bien conforme à l'esprit de l'Evangile et qui permet à tous, même aux plus pauvres, d'avoir au moins les miettes du joyeux gâteau de l'Epiphanie ! A Saint-Malo, les enfants pauvres ne viennent pas, le jour des rois, demander la part des pauvres. Ils devancent l'appel et, dès le premier jour de l'an, ils viennent sonner à nos portes, pour nous souhaiter « bonne année accompagnée de plusieurs autres, avec le Paradis à la fin de nos jours ». C'est donc en petits sous, le jour de l'an, qu'à Saint-Malo nous distribuons « la part de Dieu ».

Très souvent, ces enfants pauvres, derniers descendants

des ménestrels d'antan, demandent « la part de Dieu » en chantant quelques airs naïfs. Qui ne se souvient des curieuses pastorales qui ont charmé notre enfance, chantées ordinairement par de jeunes gars de Paramé ou de Rothéneuf? Ils chantaient « la Vie d'Hérode, le massacre des Innocents, les Trois-Rois », vrais petits poèmes dans lesquels Hérode figurait toujours avec un bonnet de carton orné d'étoiles dorées et un sabre de bois lamé de ce beau papier qui enveloppe le chocolat Menier. Plusieurs de ces poèmes dont parle, d'une façon intéressante, M. Sebillot, dans ses contes de Haute-Bretagne, ont été imprimés à Dinan, au siècle dernier, par J. B. Huart.

A Saint-Malo, il y a quelques années, les gâteaux des rois étaient offerts aux familles par les boulangers. On sait que les couvreurs donnent encore, eux autres, leur traditionnel gâteau, mais ils le réservent pour le jour de l'Ascension, leur fête patronale.

Si on se plaît souvent à rappeler les très diverses et très curieuses cérémonies qui accompagnaient autrefois l'apparition du gâteau des Rois sur la table du citadin, on se montre bien moins prodigue de renseignements relativement aux pittoresques traditions qui, jadis, dans nos campagnes, se rattachaient et se rattachent même, encore aujourd'hui, au traditionnel gâteau, symbole doré et appétissant de la jolie fête de l'Epiphanie.

Avez-vous quelquefois mangé des « fouaces? » En

avez-vous seulement quelquefois entendu parler ? Peut-être pas. Les « fouaces », en effet, cousines germaines des craquelins et cimereaux de Pleurtuit, des « bouses de vaches » de l'assemblée de Rothéneuf, les « fouaces », dis-je, ont à peu près disparu du Clos-Poulet pour se réfugier en Basse-Bretagne, où elles sont encore, par exemple, très goûtées et très populaires.

Il est bien probable, pourtant, qu'en allant faire une tournée générale chez tous les boulangers du Clos-Poulet, on en trouverait encore quelques-unes, dernières de la race, au fond d'un vieux pétrin ; comme, en cherchant bien aussi, dans les petites boutiques de Saint-Malo, on trouverait encore, j'en suis certain, quelques-uns de ces succulents « caramolets » jaunes, à un centime le bâton, dont toute ma génération encore s'est si délicieusement léché et pourléché le bout des doigts.

Les « fouaces » sont le primitif et originaire « gâteau des Rois. En quelque sorte, on peut dire qu'elles sont au délicat et fin gâteau des Rois de nos villes ce qu'est le pain blanc au pain bis. Les « fouaces » (prononcez fouèces) ont, d'ordinaire, la forme d'une étoile en carton, ayant, comme celle-ci, exactement cinq cornes, cornes qu'on appelle « cônes ».

Les « fouaces », fabriquées chez les boulangers des villages font leur apparition à Noël. Elles coûtent deux sous la pièce.

Dans l'une des cornes de la « fouace » se trouve toujours blotti un haricot sec. Le haricot sec, c'est la fève de la « fouace ».

On tire la « fouace » comme on tire le gâteau, mais on ne la tire pas à table, au dessert ; on la tire, là où on se trouve, chez le boulanger, sur le grand chemin, au cabaret.

Celui-là a gagné, celui-là est le roi, qui, dans sa corne de fouace, trouve le haricot sec. Tous les autres doivent payer une « fouace », sauf si on est au cabaret, où tous les autres doivent payer, selon les préférences de chacun des convives, soit une « fouace », soit une bolée.

D'ordinaire, même, je crois, la bolée a plus de partisans que la « fouace ». Cela tient à ce qu'en Bretagne on a toujours eu et on a toujours encore bien plus soif que faim.

La « fouace » de Bretagne n'est pas seulement le gâteau des Rois de l'Epiphanie, elle est encore le gâteau du Réveillon, ainsi que le gâteau des étrennes, remplaçant, dans ce dernier cas, les dragées et les marrons glacés.

En effet, c'est encore aujourd'hui l'usage, dans tout le Morbihan, que les parrains et les marraines offrent une « fouace » de deux sous à leur filleul, comme cadeau de la nouvelle année. Parfois même, quelques parents généreux, quelques oncles cossus se fendent aussi d'une « fouace ». Mais cela est, de leur part, une prodigalité trop rare pour pouvoir être classée parmi nos traditions populaires, même par le folkloriste le plus indulgent.

On donne des « fouaces » à son filleul jusqu'à la première communion, après quoi on ne lui en donne plus que le jour de son mariage. Ce jour là, par exemple, on lui donne une « fouace » monumentale sur laquelle est écrite, avec des dragées, une jolie formulette, telle que celle-ci que j'ai vue à un grand mariage de Basse-Bretagne :

A Mathurin,
Mon filleul reconnaissant,
Son parrain généreux !

Tels sont les usages qui entourent encore, chez nos bons paysans de Bretagne, la très vieille et très populaire « fouace », aïeule du moderne gâteau des Rois, Si, ces temps-ci, vous promenant par nos campagnes, vous en découvrez quelqu'une chez le boulanger du village, ne manquez pas de l'acheter pour une pièce de deux sous, car l'occasion, peut-être, ne se représentera de sitôt. La « fouace », d'ailleurs, marche en tête de notre antique pâtisserie populaire. Pauvre pâtisserie qui ne bat plus que d'une aile ! Pauvre pâtisserie, pourtant jadis si florissante, si courue dans les belles assemblées d'antan !

Mais les échaudés, les galettes à la reine, les cimereaux, les torquettes, les craquelins, les caramolets, les écuellées de brigaux, les bouses de vaches, les fouaces... Tout cela c'est devenu trop indigeste pour nos pauvres estomacs fin de siècle. Tout cela, aujourd'hui est dédaigné, honni, oublié !

Et personne, dans un livre de cuisine qui vaudrait plus tard son pesant d'or, n'a conservé leur recette !! Désolation !!!

Seuls les craquelins et cimereaux de Pleurtuit, dorés et croustillants, apparaissent encore parfois, chez nous, dans de grandes hottes d'osier qui sont comme de pittoresques et primitives pâtisseries ambulantes.

Mais où sont les « caramolets ? » disparus. Où sont les « bouses de vaches ? » oubliées ! Où sont les échaudés que nos aïeules, délicatement, trempaient dans le lait doux ? Où sont les rondes torquettes qu'on achetait aux petites marchandes de la Grand'Porte ?

Où sont, surtout, où sont les fouaces d'antan, triomphe de l'ancienne pâtisserie du Clos-Poulet ?

Février 189. . . . .

LA SAINTE-OUINE

Si la Basse-Bretagne a ses pardons, la Haute-Bretagne a ses assemblées.

Dans le Clos-Poulet, les assemblées sont de simples et candides réjouissances, délicatement embaumées par les délicieuses senteurs du bout de saucisse, arrosées royalement par les cascades d'or du cidre doux qui coule à pleines bolées.

A l'assemblée, le suprême plaisir est de s'ébattre sur l'herbe, gentiment, comme les brebis de madame Deshoulières ; c'est aussi de collationner, sur le revers d'un fossé, avec de frais craquelins et des cimereaux mordorés. Inutile de vous rappeler que ces derniers, qui sortent tout chauds, tout bouillants des fours de Pleurtuit, sont plus bretons, par leur origine, que les classiques galettes de blé noir. Les cimereaux, en effet, ainsi que l'indique leur nom, ont eu pour premiers pâtissiers les Kimris, nos lointains ancêtres.

L'ère joyeuse des assemblées s'ouvre, le jour de la Saint-Malo, par la célèbre assemblée de Paramé dite « foire crottée ». Elle se clôt, le dernier dimanche de septembre, sur les dunes de Rothéneuf, par la non moins célèbre assemblée dite « des bouses de vaches ».

Mais, en fait d'assemblées, le pompon encore revient à à la « Sainte-Ouine ».

Quelle est son origine ?

En l'an de grâce 1360, de pieux ermites bâtirent sur le Grand-Bey (autrement dit le grand Vay, de *vadum* qui signifie gué) (1) une petite chapelle dédiée d'abord à Notre-Dame-du-Laurier et, ensuite, à Saint-Ouen, archevêque de Rouen.

La chapelle de Saint-Ouen fut appelée, communément, la chapelle Sainte-Ouine.

Jusqu'au 23 mai 1661, la chapelle Sainte-Ouine fut une des stations où se rendait, annuellement, la procession des Rogations, et c'est autour de la chapelle Sainte-Ouine que se tenait l'assemblée qui a été transportée depuis sur les quais Saint-Louis.

La Sainte-Ouine s'appelait aussi l'assemblée des brigaux, parce qu'on y mangeait des bigorneaux à un liard l'écuellée. Maintenant que le Carême a atténué ses rigueurs, le succulent bout de saucisse a absolument éclipsé le modeste bigorneau.

La régalade des bigorneaux n'empêchait pas de prier Saint-Ouen, et nos pieuses grand'mères lui demandaient, à deux genoux, le retour de leurs maris en mer. Pour donner même à leur prière plus d'efficacité, elles avaient la pieuse coutume de tourner la crosse du Saint du côté où elles souhaitaient que le vent soufflât, ce qui, au dire

---

(1) Bey, plus exactement, vient du mot breton qui signifie tombe.

de l'abbé Manet, occasionnait à cette crosse, métamorphosée en rose des vents, bien des pirouettes dans la même journée.

La Sainte-Ouine du Grand-Bey n'a jamais été que la petite Sainte-Ouine.

Pour ce qui est de la grande Sainte-Ouine, elle a toujours eu lieu, aux abords de la chapelle Saint-Pierre, en la cité d'Aleth, où une seconde statue de Saint-Ouen était également jadis fort en vénération.

La Sainte-Ouine est, on le voit, sinon remarquable par ses attraits, du moins par ses antiques origines, et, à ce titre, elle se recommande, ainsi que les bouts de saucisse qui la symbolisent, à la bienveillance des estomacs du Clos-Poulet.

Mars 189...

LA « JOUTE » ET LA GOËMONNERIE

A Saint-Malo, simple rocher, on ne récolte ni le tabac, ni le fromage, ni le froment, ni le topinambour, ni même la canne à sucre. On récolte mieux, on récolte le goëmon.

Le goëmon, c'est la grande production du pays. Et en voilà une production qui se moque bien des fumures variées, des engrais chimiques, des guanos du Pérou et de la sueur du peuple ! Cette production-là, elle pousse toute seule, spontanément.

La mer, sa grosse nourrice, l'allaite pendant un an, sans lésiner. Elle le berce, elle l'endort, elle le dorlotte dans son berceau de rochers. Alors l'enfant devient gras, fort, doré comme une motte de beurre, rose comme une pomme d'api.

Et on vient de toutes parts, à la curée.

On vient de tous les coins de la côte. Et le rocher qui, lorsqu'il est de mauvaise humeur, fait sauter un navire aussi aisément qu'un bouchon de Champagne, le rocher, dis-je, se laisse tondre docile comme un petit agneau blanc.

Il laisse tondre, jusqu'à la racine, sa belle toison de varechs qu'on emporte par charretées.

Voici la marée de Mars, allez donc sur la grève. Vous allez voir un des plus curieux spectacles de notre pays. Vous allez voir des milliers de femmes, d'enfants, d'hommes, tous armés de fourches et de faucilles, éparpillés de tous côtés, sur la grève qu'ils mettent en coupe réglée. Vous allez les voir le soir, défiler sous vos yeux, emportant triomphalement, dans des chars à six chevaux, les dépouilles opimes de la mer, la fortune agricole du pays, l'engrais par excellence du Clos-Poulet, tandis que toute une flottille de barques chargées à couler bas et emportant, elles aussi, le précieux goëmon, rentrent en Rance avec la marée montante.

Il y a à peine une dizaine d'années « la goëmonnerie » était fêtée par de curieux usages qui remontent au temps des Gaulois.

Parmi ces usages, il faut citer les combats de coqs, qui tenaient, on le sait, une large place parmi les cérémonies qui s'accomplissaient à l'époque du solstice. Aujourd'hui les combats de coqs existent encore, mais ils n'ont plus lieu qu'à « la Joute ». Ils sont interdits dans les rues.

Il y a dix ans à peine, qui ne se souvient, à cette époque de l'année, avoir aperçu à tous les coins de rues les gamins de Saint-Malo faisant combattre des coqs ? Avant d'engager la lutte, « le coquadore » avait soin d'armer son coq chevalier. La cérémonie consistait à lui injecter de la salive dans le bec, ce qui, paraît-il, donnait au combattant « du cœur au ventre ».

Aujourd'hui les coqs ne peuvent plus combattre dans

les rues, aux abords de la Poissonnerie et autour de la Halle-au-Blé. Ils sont relégués à « la Joute ». La Joute vient d'ouvrir ses portes.

Entrons à « la Joute ». Deux coqs d'égale force sont mis en présence. Des paris nombreux s'engagent. Les coqs armés d'éperons en acier sont lancés l'un contre l'autre. Si l'un des combattants recule, on crie : Poule ! poule ! et le coq semble honteux d'être comparé à une poule mouillée. Il s'élance à nouveau. Ses plumes volent. Son sang coule. Enfin, il tombe glorieusement dans l'arène, et, le soir, on le mange à la broche.

En Angleterre, les combats de coqs sont très prisés de la population. Chez nous, ils le sont autant. On dit que les combats de coqs sont autorisés parce qu'ils favorisent l'élevage et assurent l'amélioration de la race. Il y a même un arrêt de cassation en ce sens. Du moment que la Cour suprême a tranché la question au profit des « coquadores » du Clos, je n'ai plus qu'à « faire poule ».

Mai 189. . . .

TIR DE L'OIE ET PAPEGEAI

Il y a seulement une trentaine d'années que, tous les ans, le dimanche crêpier, c'était de fondation d'aller, dans la matinée, tirer l'oie sur la grand'grève.

L'oie — une superbe oie du Cap — était attachée par les pattes au haut d'un piquet. Sur cette cible vivante, chacun, avec sa rouillasse, tirait à tour de rôle. Le vainqueur était celui qui, d'un coup de fusil, lui traversait le cou.

Inutile de dire que ce tir de l'oie n'aurait jamais reçu l'approbation de la Société Protectrice des animaux si, toutefois, celle-ci avait connu cet usage de notre pays. L'oie, en effet, avant de recevoir le coup fatal, attrapait souvent bien des horions. Ces horions la faisaient lamentablement gigoter au haut de son piquet. Alors, lui loger une balle dans le cou était particulièrement difficile, mais, dès lors aussi, combien méritoire !

Le vainqueur recevait un prix, soit une somme d'argent soit un fusil, soit un couteau... Il avait droit aussi aux dépouilles mortelles de l'oie, dont il ne manquait pas de faire une succulente fricassée.

L'après-midi, les jeunes gens qui, durant la matinée, avaient tiré l'oie, se livraient à toutes sortes de libations. D'ordinaire aussi, ils se déguisaient, prolongeant ainsi outre mesure les distractions du carnaval disparu. On sait, du reste, qu'actuellement encore, à Saint-Malo, sans doute en souvenir de l'ancien temps, c'est le dimanche crêpier et non, comme ailleurs, le dimanche gras que le carnaval bat son plein.

Ce jeu de l'oie de la grand'grève, c'est exactement le « pategault » de Basse-Bretagne.

En Basse-Bretagne, à partir du printemps, il y a presque tous les dimanches des « pategaults ». Or ces « pategaults » sont tout simplement des tirs à la cible dont les prix sont fournis tour à tour par chacune des basses-cours du village. Il en est ainsi également dans beaucoup de nos campagnes. Disons toutefois qu'actuellement, ce n'est plus guère la coutume chez nous, ni même en Basse-Bretagne, d'avoir, aux « pategaults », des cibles vivantes. Les oies et les poulets sont simplement la récompense du vainqueur, et les cibles sont soit un vieux sabot, soit un chaudron percé, soit une feuille d'arbre fixée au long d'un mur, soit même un carton acheté chez l'armurier de l'endroit.

Le tir de l'oie, le pategault, le papegault, le papajai, le papegeai, tout cela, sous des noms différents, c'est exactement le même jeu. Tout cela, c'est le tir à la cible, la cible étant d'ordinaire un oiseau vivant, et, d'ordinaire aussi, l'époque du printemps étant l'époque classique à laquelle on s'exerce à ce tir :

> Quand florit la violette
> La rose et la fleur de glai (*iris*),
> Que chante le papegeai,
> Lors mi poignent amorettes
> Qui me tiennent gai.

Ainsi s'expriment les grimoires sur l'époque à laquelle se tire le papegeai.

A Saint-Malo, le papegeai qui se tirait au mois de mai n'était point un oiseau vivant. C'était un pigeon en bois, grandeur naturelle. On le perchait sur l'une des tours du Château et on le tirait des Travaux Saint-Thomas avec des arcs d'abord, et, plus tard, avec de vieux fusils que l'on installait sur des chevalets assez semblables à ceux dont actuellement on se sert au régiment quand on fait l'exercice du tir réduit.

Le papegeai malouin remonte à la Duchesse Anne. C'est elle qui l'avait introduit dans notre pays. Très friande de ce jeu, elle y assistait souvent, et c'est elle qui, de sa blanche main, décorait le roi du papegeai. Dans les temps plus modernes, c'était le gouverneur du Château et, finalement, le maire qui décorait le roi.

Le roi, sitôt qu'il avait déplanté le papegeai, était amené triomphalement au Château, au son des tambours et des trompettes. La bonne Duchesse lui passait au cou la chaînette d'argent, emblème de sa royauté, et lui donnait une épée d'honneur, ainsi que l'accolade, comme à un vrai chevalier. Ceci fait, le nouveau roi retournait chez lui, escorté de toutes les autorités locales. Sous sa fenêtre, il recevait une aubade, et la Ville lui servait une rente annuelle qui a varié avec les époques, mais allait, d'ordinaire, de quinze cents à deux mille livres [1].

A la chaînette, emblème de sa dignité, étaient suspendues des médailles frappées à l'effigie de chacun des rois du papegeai.

Je ne sais si, à Saint-Malo, il existe encore de ces médailles. Si oui, celui qui les possède peut se vanter de posséder un souvenir de l'un des plus curieux usages se rattachant à notre pays.

[1] Archives municipales.

QUINTAINE
TOURNIQUET ET MAT DE COCAGNE

Après le papegeai, la quintaine. Le papegeai, ainsi que nous l'avons conté, se tirait, au Clos-Poulet, les deux premiers dimanches de Carême. Quant à la quintaine, elle se célébrait solennellement le lundi de Pâques.

Le papegeai, c'était un pigeon taillé dans un tronc d'orme : la quintaine, c'était un mannequin qui représentait un Anglais.

Quintaine et papegeai, d'ailleurs, étaient, l'un et l'autre, sous un nom différent, ce que nous appelons tout simplement aujourd'hui le tir à la cible.

Sur la peinture sombre du mannequin [1], ou plus exactement de l'Anglais, était tracée une ligne blanche. Cette ligne blanche, partant du front, suivait le nez et la bouche, descendait jusqu'au bas du torse, tout en coupant, du haut en bas, le centre de gravité de l'Anglais.

L'Anglais avait le poing armé d'un sabre de bois.

Le suprême de l'art consistait, en courant sus à l'Anglais, de l'atteindre juste en plein corps, c'est-à-dire sur la ligne blanche qui le sectionnait, comme nous venons de le dire, en deux parties égales. Dans ce cas, en effet, l'Anglais

---

[1] *L'homme de fer*, par Paul Féval, page 13. — Edition V. Palmé.

restait immobile sur son pivot, et le tireur ne recevait de lui aucun horion.

Si, au contraire, le coureur pointait de travers, et si sa lance portait trop à droite ou trop à gauche, gare à lui ! L'Anglais virant sur son pivot lui administrait un coup de sabre, coup d'autant magistral que la lance du tireur avait dévié davantage.

Chez nous c'est à Paramé, et surtout à Pleurtuit, que la quintaine se tirait principalement.

A Pleurtuit, tous les hommes du bourg, sauf les vieillards et les enfants, devaient prendre part au jeu, et ils avaient comme imposition annuelle l'obligation de fournir, chaque année, pour le lundi de Pâques, le poteau, l'écu et la lance (1).

A Paramé, ce n'étaient que les jeunes gens qui s'étaient mariés dans l'année qui étaient tenus de courir la quintaine. Ils la couraient le mardi de la Pentecôte, après vêpres, devant l'auditoire du Vau-Salmon.

Les trésoriers de la paroisse présentaient au seigneur de Vau-Salmon, ou à son mandataire, une grappe de fer ; ils présentaient, en outre, des gaules d'aulne aux nouveaux mariés, et, enfin, un cheval au franc bourgeois le plus proche de l'église, ainsi qu'une planche qu'on posait de suite sur la pierre établie pour cet effet vis-à-vis de la porte principale de l'église.

Alors, la quintaine se courait, et ceux qui ne cassaient pas leur gaule au moins à la troisième course étaient

(1) *Pouillé de Bretagne*, par M. l'abbé Guillotin de Corson. — Archives départementales d'Ille-et-Vilaine, B. 978.

condamnés à l'amende. Etaient également condamnés à l'amende ceux qui faisaient défaut.

La quintaine, ainsi qu'on le devine par sa description, était un jeu dont on se serait bien passé. C'était un jeu forcé, ou, plus exactement, un droit féodal dont le but était d'exercer l'adresse des vassaux. C'est ce que dit déjà Bertrand Duguesclin dans ses chroniques.

Il est évident que ce n'est pas seulement à Paramé et à Pleurtuit que se courait la quintaine. Elle se courait partout, mais partout avec des usages spéciaux.

A Saint-Brieuc, par exemple [1], Monseigneur l'évêque, qui jouissait des droits féodaux jouissait, par là-même, du droit de quintaine, et ce droit s'exerçait, en son honneur, sur la Poissonnerie, le lundi de Pâques, ainsi qu'à Pleurtuit.

A Nantes aussi, l'évêque jouissait du droit de quintaine ; mais, à Nantes, le droit s'exerçait d'une façon particulière. Le vassal, grimpé sur son cheval, courait sus à un poteau surmonté d'une planche qui avait environ la largeur d'un pied et sur laquelle il devait, sous peine d'amende, briser la lame de bois qu'il tenait au poing [2].

Ce jeu de la quintaine, tel qu'il avait lieu à Nantes, était, on le voit, l'ancêtre immédiat du fameux jeu « du baquet » ou « bain russe ».

Le « bain russe », c'est, vous le savez, le bain officiel, le bain municipal, que notre bonne ville offre, le jour de la Fête Nationale, à tous les gars du Clos.

La scène se passe sur les quais de la Grand'Porte. Le

---

[1] Ogé, *Nouveau Dictionnaire de Bretagne*, tome 2, page 709.
[2] Voir *l'Homme de Fer*, par Paul Féval, déjà cité.

baigneur, ami de la lustration officielle, s'assied sur un chariot à roulette, qui bientôt glisse doucement sur un plan incliné. Or, armé d'une lance de bois, le baigneur vise comme une cible, en clignant de l'œil, un trou pratiqué dans une planche clouée au bas d'un baquet empli d'eau. Et pan ! le chevalier de la douche, au lieu d'introduire délicatement sa lance au travers de la planche perforée, frappe le baquet en plein bois. Et pouf ! il en reçoit le contenu sur la tête.

Lors, la joie est à son comble. Le « tourniquet » oublie de tourner. Le « mât de cocagne » sent jusqu'à sa cime courir un grand frisson. Et ce frisson aussitôt agite les mouchoirs de poche ainsi que les caleçons de bains qui le couronnent. Et le gars qui allait les atteindre reste un instant le bras étendu, oubliant même de poursuivre son ascension. Et, tout à coup, il retombe à pic. Et l'enthousiasme alors devient indescriptible.....

Mât de cocagne et tourniquet ! Tourniquet et bain russe ! Bain russe et jeu de quintaine ! Plus ça change, et plus donc c'est la même chose !

Oui. Le tourniquet et le mât de cocagne, sur lesquels nos aïeux, du temps de papa Louis-Philippe, usaient si joyeusement leurs suprêmes fonds de culottes, sont aussi florissants, aussi courus, aussi réjouissants que jamais. Seulement, au lieu de se planter, comme autrefois, sur la Commune, ils se plantent maintenant, tous deux, lors de la Fête Nationale, sur les quais de la Grand'Porte.

Et voilà tout le chemin, tout le progrès qu'ont fait chez nous les réjouissances publiques !

Quant au bain russe, lui, il est renouvelé du temps des

Francs. C'est leur ancien tir à la cible. Aux Francs, les seigneurs du Moyen-Age l'ont emprunté, en l'instituant droit féodal. A leur tour, les générations actuelles l'ont emprunté aux Seigneurs du Moyen-Age, et, tout vraisemblablement, les générations actuelles la légueront pieusement aux descendances à venir.

Et c'est ainsi que chez nous tout passe, sauf les jeux populaires, et c'est ainsi qu'à Saint-Malo, la quintaine, le tourniquet et le mât de cocagne, réjouissante trinité, sont, à l'heure actuelle, en même temps la plus ancienne et la plus vivace de toutes les institutions qui font l'honneur du Clos-Poulet aux jours de fêtes.

22 Juin. . . . .

AUTREFOIS LA SAINT-JEAN A SAINT-MALO

C'est Dimanche prochain, 24 juin, la fête de saint Jean-Baptiste, la fête des feux que, partout en Bretagne, partout dans le Clos-Poulet, on allume encore en mémoire de l'ancienne fête du Solstice, et en l'honneur aussi de saint-Jean, le précurseur du Christ.

Autrefois, au XIIIe siècle, c'était la fête de la Saint-Jean qui était, à Saint-Malo, la plus belle fête de l'année, et la confrérie de Saint-Jean, qui la célébrait, a joué chez nous, presque jusqu'à la Révolution, un rôle si prépondérant qu'il nous semble, aujourd'hui, fort curieux d'en dire un mot, à cette époque de l'année surtout qui nous la rappelle particulièrement.

D'après les vieilles histoires locales, ainsi que les *Etablissements de la Société*, imprimés au XVIe siècle, ce fut vers l'an 1240, du consentement de l'évêque Geoffroy, assisté de son insigne chapitre, que la pieuse confrérie dite « la noble Confrérie des Frères-Blancs », érigée en l'honneur de Dieu ainsi que de la glorieuse et benoîte Vierge Marie, et *pare spécial* en l'honneur de la Nativité de Monseigneur saint Jean-Baptiste, se forma en notre église cathédrale.

Pour faire partie de la Société, il fallait être de vie et

condition sortables, et il fallait aussi promettre de ne jamais faire de procès à ses semblables, tout différend devant être jugé en dernier ressort par des arbitres désignés par le prévôt.

Cette Société, ce qui témoigne en faveur de nos ancêtres, qui sentaient le besoin de se défendre contre toute la population peu respectable que le droit d'asile avait attirée chez nous, cette Société, dis-je, se composa bientôt de tous les Malouins et Malouines amis de l'ordre et de la tranquillité. A leur tête se trouvaient treize jurats, entièrement vêtus de blanc, chargés de veiller aux intérêts de la confrérie, et dont l'un nommé à perpétuité, avait le titre d'abbé ; dont un autre aussi, nommé pour un an, avait le titre de prévôt.

D'après les vieux parchemins relatifs à cette Société, son siège se trouvait, au moins durant la plus longue partie de son existence, « au Sud de la halle neuve, dans l'hôtel que Guillaume Picaut, dit Morfouace, avait donné à l'abbé des Frères Blancs en l'année 1376 ».

La Halle neuve, dont il est parlé en l'année 1376, n'est pas celle qui existait encore les années dernières, mais elle se trouvait exactement sur l'emplacement de cette dernière et portait, on le sait, le nom de « Halle-au-Blé ». Quant à l'hôtel où résidait l'abbé et où se réunissaient les jurats, il s'élevait exactement sur l'emplacement où se trouve aujourd'hui la maison qui, faisant face au marché, forme tout un côté de la rue de l'Abbaye Saint-Jean.

Chaque année, le jour de la Saint-Jean, tous les Frères Blancs, précédés de leur bannière, se rendaient processionnellement sur la place de la cathédrale, où ils allumaient le premier feu de la Saint-Jean. De là, ils se rendaient sur la place Saint-Thomas, en chantant les litanies de la Sainte-Vierge, et, sur cette place, ils allumaient un deuxième feu. Alors ils rentraient à l'église où, agenouillés devant l'autel Saint-Jean, ils chantaient un motet en l'honneur de leur patron.

Le lendemain, il y avait une autre procession, puis grand'messe solennelle, puis encore grand dîner chez l'abbé et grand dîner aussi pour tous les pauvres de la région.

Les processions de la Saint-Jean étaient, paraît-il, d'une rare magnificence. En tête du cortège marchaient « les quatre petits prévôts » et leur greffier, avec mission de contenir la foule. Venaient ensuite toutes les musiques de la région qui, pendant la durée entière des fêtes, étaient logées et nourries aux frais de la confrérie. Derrière les musiques, s'avançaient tous les membres de la confrérie, Frères Blancs et Sœurs Blanches, précédés des treize jurats. Les treize jurats, depuis, du moins, le privilège qui leur en avait été octroyé par le duc Jean V, un jour qu'il avait assisté à la procession de la St-Jean, étaient vêtus comme ce duc lui-même. Ils portaient un manteau blanc et une robe de damas de la même couleur, le tout liséré d'un galon d'or. Sur la tête, ils avaient une toque blanche. Enfin leur costume était complété par une sorte d'étole qui figurait le baudrier ducal, et non, comme on l'a dit souvent à tort, la corde de l'amende honorable. Jamais, en effet, la Société des Frères Blancs n'a été fondée, comme on l'a souvent prétendu faussement, en souvenir d'une amende honorable que les Malouins firent à leur duc dans des circonstances qu'il serait trop long de relater ici. La confrérie des Frères Blancs, d'après les titres et les documents qui existent encore dans nos archives, n'a jamais eu d'autre origine que celle que nous venons de relater.

Durant tout le parcours de la procession, les Frères Blancs et les Sœurs Blanches jetaient des dragées et des bonbons au peuple. Plus tard, ils offraient même ces bonbons dans des cornets tout enrubannés. C'est là l'origine lointaine des cornets de la Saint-Jean qui ont survécu, jusqu'à notre époque, mais font maintenant leur apparition le jour de la Fête-Dieu. Autrefois, c'était aux petites pâtissières en plein vent qui, dans leur grand panier d'osier, vendent au long des rues des gâteaux aux enfants de notre pays, qu'appartenait, pour ainsi dire, le monopole des cornets de la Saint-Jean, et, dès le matin de la Fête-Dieu, on les entendait les crier par les rues :

> Les cornets de la Saint-Jean,
> Pou[r] les petits et pour les grands,
> A chacun pour son argent !

En l'année 1543, le jour de la fête patronale, notre Confrérie des « Frères Blancs », qui est, certes, empreinte, entre toutes, de ce caractère pittoresque et moyenâgeux qui nous séduit tant aujourd'hui, tint un Chapitre général dans son abbaye.

Dans ce Chapitre, ou assemblée solennelle, les statuts de la Société furent modifiés et complétés, après quoi ils furent imprimés à Rennes par Thomas Mestard, et réimprimés à Saint-Malo, l'année suivante, par Antoine de la Mare.

Dans cette nouvelle réglementation des statuts, l'article 15 est surtout curieux à noter. Cet article, dans lequel se trouve l'origine d'un de nos usages locaux les plus intéressants, est ainsi conçu : « Le crieur de prières » par les rues, pour recommander à la dévotion des fidèles » les défunts de la Société, aura deux petites cloches et » une robe blanche avec un agneau en écusson, devant et » derrière. Il aura, pour crier tous les lundis matin, avant » le jour, 50 sols tournois ».

On sait que l'usage des porteurs de sonnettes, soit dans les enterrements, soit pour l'annonce des décès par les rues de la ville, est excessivement ancien. Déjà, en Grèce et à Rome, cet usage était connu.

En France, comme encore aujourd'hui en Espagne et en Italie, les sonneurs de mort, ou les sonneurs d'âme, comme on les appelle parfois, existaient aussi durant toute l'époque du Moyen-Age : c'étaient les jurés-crieurs d'enterrements. La nuit, ils s'en allaient par les rues des villes et des bourgs en agitant leurs deux sonnettes ; ils s'arrêtaient à tous les carrefours et sur toutes les places, criant d'une voix lugubre :

> Réveillez-vous, gens qui dormez !
> Priez Dieu pour les trépassés !

En Basse-Bretagne, et spécialement dans presque tout le Morbihan, ce vieil usage du Moyen-Age s'est perpétué très vivace. A Malestroit, à Tréguier, à Josselin, à Ploërmel, à Guer, chaque fois qu'un décès vient à se déclarer, le sonneur se met en marche, et, carillonnant par les rues, il clame d'une voix lamentable : « C'est pour le repos de l'âme de X., époux de Z., décédé à..., dans sa trentième année. L'enterrement aura lieu demain à 10 heures. Vous êtes prié d'y assister en plus grand nombre possible » (1).

A Saint-Malo donc, grâce à la Confrérie des Frères Blancs, s'introduisit aussi le pieux usage des sonneurs d'âme, et, aussitôt qu'un Malouin venait à décéder, notre sonneur d'âme, notre « Watchman », prenant sa casaque blanche avec ses deux agneaux en sautoir, s'en allait par nos petites rues agitant ses deux sonnettes. Et il s'exprimait ainsi : « Dites vos prières pour l'âme d'un tel (ou d'une telle) qui a passé de ce monde dans l'autre. *De profundis !* ». Le lendemain matin, le sonneur recommençait sa tournée, mais, cette fois, c'était pour annoncer l'heure de l'enterrement.

Cette pieuse, mais fort triste pratique de sonner le soir, par les rues, l'annonce des décès, persista chez nous jusqu'à la Révolution.

Lorsque Le Carpentier arriva dans nos murs, il s'empressa, évidemment, de la faire disparaître ; mais, comme elle était fort enracinée dans nos mœurs et que nos aïeux y tenaient beaucoup, ainsi toutes leurs vieilles traditions, ils se hâtèrent de la rétablir aussitôt que la religion, avec

---

(1) Cet usage subsiste également dans plusieurs villes des Côtes-du-Nord, notamment à Quintin, à Guingamp et à Lannion, où l'annonce funèbre est faite par un sonneur accompagné de cinq autres personnages qui font cercle autour de lui pendant qu'il annonce le décès.

la fin des mauvais jours, put être à nouveau librement pratiquée chez nous.

Elle survécut même à la Révolution pendant un temps respectable. Ce fut, paraît-il, un vieux médecin de notre pays qui, à force d'intriguer auprès de l'autorité municipale, arriva enfin à la faire disparaître. Pour la faire disparaître, il fallut un arrêté en règle. Cet arrêté porte la date du 1er mars 1802.

On voit, en se rappelant les souvenirs qui se rattachent à la noble Confrérie des Frères-Blancs, que c'est à cette Confrérie que nous devons deux de nos plus curieuses et plus pittoresques traditions : la tradition des petits cornets de la Saint-Jean, qui subsiste encore et la tradition des sonneurs de nuit, qui a survécu chez nous jusqu'au commencement de ce siècle, pour quitter alors notre Clos-Poulet et se réfugier dans la Basse-Bretagne, la terre classique des vieux usages qui s'en vont et des jolies coutumes qui s'éteignent.

*
* *

Notre Confrérie des « Frères-Blancs », assurément une des plus curieuses et des plus pittoresques de la vieille France, n'avait pas, il est évident, pour unique mission de faire de belles processions et d'allumer des feux à la Saint-Jean, fête de son saint patron.

Son but était analogue à celui qu'ont aujourd'hui les très nombreuses Associations religieuses qui existent dans notre pays. Son but, c'était surtout de développer la piété et l'esprit de foi de ceux qui étaient jugés dignes d'en faire partie. Son but, plus particulièrement encore, était d'honorer Jésus-Christ dans l'Eucharistie. C'est pourquoi, à perpétuité, elle entretenait deux lampes dans notre cathédrale, devant l'autel du Saint-Sacrement, ce qui obligeait chacun des « Frères-Blancs » à verser annuellement deux sols six deniers pour l'entretien des luminaires. C'est pourquoi aussi, elle faisait célébrer un certain nombre de messes chaque semaine, messes auxquelles tous les confrères étaient, sauf dispense, obligés d'assister.

Dès l'année 1597, d'ailleurs, l'Association dite du « Saint-Sacrement » avait fusionné avec l'Association des « Frères-Blancs ». Si vous voulez donc vous faire une idée de ce qu'était notre Société des « Frères-Blancs » au Moyen-Age, demandez-vous ce qu'est l'Association de « l'Adoration perpétuelle », telle qu'elle existe aujourd'hui. Cette Association, vous le savez, a pour but, spécialement lors de certaines grandes fêtes, de faire « des heures d'adoration ». Or, la Société des Frères-Blancs », résidant à l'Abbaye Saint-Jean, avait un but à peu près analogue.

Cependant, au mois d'avril 1783, M. Jean-François Nouail de la Villegille, occupant à Saint-Malo la fonction de trésorier de l'œuvre dite « la Marmite des Pauvres », aïeule du « Bouillon des Pauvres », demanda la disjonction des deux Sociétés.

Dans cette circonstance, M. de la Villegille agissait, d'ailleurs, de concert avec M. Nicolas-Auguste Magon de la Lande, abbé de la Confrérie des « Frères-Blancs », et avec MM. Joseph Marion et Alexis Le Breton de Blessin, tous deux jurats et « Frères-Blancs ».

Le 21 mars 1785, Monseigneur des Laurents, évêque de notre ville, rendit un décret, confirmé par lettres patentes de Louis XVI et enregistré au Parlement de Bretagne le 17 avril 1787, par lequel il était fait droit à la requête tendant à la disjonction des deux Sociétés.

Alors, les biens de la Confrérie du Saint-Sacrement retournèrent à la Fabrique de notre église-cathédrale, et ceux de la Confrérie de Saint-Jean furent attribués à la « Marmite des Pauvres ».

Parmi les biens de l'Association des « Frères-Blancs », qui passèrent ainsi à la « Marmite des Pauvres », il importe de citer surtout un immeuble disparu les années dernières, et sur les ruines duquel, en 1789, M. de la Villegille fit bâtir ce grand magasin qui, si longtemps, dans notre ville, servit d'entrepôt.

Ce fut en 1789, sous l'épiscopat de Gabriel Cortois de Pressigny, que M. de la Villegille, en sa qualité d'administrateur de la « Marmite des Pauvres », fit bâtir cet édifice par l'architecte M. Veron.

On se souvient peut-être de la plaque commémorative qui, placée sur cet établissement, rappelait l'événement dont je parle.

Si ma mémoire est fidèle, l'inscription qui couvrait cette plaque était ainsi conçue : « Sous le règne de Louis XVI » et sous l'épiscopat de Gabriel Cortois de Pressigny, cet » édifice a été élevé, au profit de la marmite des pauvres » malades de cette ville, par les soins de Jean-François » Nouaïl de la Villegille, en sa qualité d'administrateur » de cet établissement ».

Quand, il y a deux ans, la nouvelle Halle à la Viande a été construite sur les ruines de l'ancien Marché au Blé, et que l'Entrepôt a été démoli, la plaque commémorative dont je parle a été enlevée. Aujourd'hui elle se trouve au Musée.

En tout cas, on voit, par tout ce qui précède, combien notre Association des « Frères-Blancs » se rattache intimement aux diverses institutions religieuses et humanitaires de notre ville existant encore à l'heure actuelle. C'est pour cette raison et parce que cette Association, je crois, n'était plus connue dans notre pays, qu'il m'a paru, à propos des feux de la Saint-Jean, intéressant de la rappeler.

Ajoutons que, lentement, elle tomba en désuétude, et qu'à l'époque de la Révolution elle n'existait guère plus depuis déjà une vingtaine d'années. De tous ses riches revenus, de toutes ses richesses d'abord très importantes, il ne lui restait plus alors que quelques rentes sur l'Hôtel-de-Ville de Paris, sur les Etats de Bretagne et sur le clergé ; la métairie de la Bréhaudais, à Saint-Cast ; quelques rentes sur des particuliers de Saint-Malo, La Gouesnière et Cancale ; une maison dans la rue des Hautes Salles, et, enfin, un grenier dans les Champs-Vauverts. Le tout produisait environ 900 francs de rente, et le tout fut confisqué pendant la Révolution.

Aujourd'hui, pour rappeler la puissante Abbaye et la noble Confrérie des « Frères-Blancs », nous n'avons plus que le nom bien des fois centenaire de la petite rue qui se nomme la rue « de l'Abbaye Saint-Jean ».

LE CHANT DE LA CHÈVRE

Si, à Saint-Malo même, on n'allume plus de feux à la Saint-Jean, il en est autrement sur tout le reste de la côte et spécialement sur tous les bords de la Rance.

Sur tous les bords de la Rance, les jeunes gens, le 24 juin, s'en vont de village en village, traînant à bout de bras de petites brouettes. Ils frappent à chaque porte, disant : Des fagots, s'il vous plaît, pour le feu de la Saint-Jean ?

Les fagots généreusement offerts sont amoncelés autour d'une longue perche, plantée en terre et couronnée d'un frais bouquet de fleurs champêtres. Le soir, on allume les fagots, et, pour que le feu soit réussi, il faut que la flamme monte jusqu'aux fleurettes que, lentement, une à une, elle dessèche, elle consume.

La cérémonie s'annonce « *en cônant* ». *Côner*, c'est souffler, à pleine bouche, dans ces grosses coquilles dont se servent nos Terreneuvas pour appeler les petits doris égarés dans la brume.

Au chant de la « cône » se joint « le chant de la chèvre ».

Le chant de la chèvre, c'est un ronflement mélodieux, sonore, qui est destiné à imiter le bruit du vent. On sait, en effet, que le vent, l'air, la tempête étaient, ainsi que le feu, adorés par les druides, nos lointains ancêtres, qui professaient le culte des éléments.

Donc, tandis que le feu flamboie, la chèvre chante. La chèvre chante parce qu'on la tire. Comment la tire-t-on ?

On prend une bassine remplie d'eau dans laquelle on plonge des clefs, des vieilles ferrailles, des cailloux. On frotte vigoureusement les flancs de la bassine avec des ajoncs verts, en ayant soin de tirer sur les dits ajoncs tout comme s'ils étaient les pis d'une chèvre bêlante. Alors la musique ne se fait pas attendre.

Jadis, pour imiter le bruit du vent on se servait de moyens plus radicaux. On jetait dans la flamme des bœufs tout vivants, quelquefois même des victimes humaines. Sur la place de Grève, à Paris, on se servait communément de chats, et l'histoire raconte que les cris d'agonie hurlés par les marcous formaient un orchestre aussi harmonieux que pittoresque.

Sur la place de Grève, aussi, tout comme à Saint-Malo, d'après ce que raconte Sauvat, dans ses *Antiquités de Paris*, les magistrats municipaux distribuaient galamment des friandises, telles que dragées musquées, confitures sèches et frais massepains. Ils les distribuaient, surtout aux dames — cela va de soi — qui assistaient à la fête, coiffées de chapels de rose et les bras chargés de bouquets.

En Basse-Bretagne, on trait encore consciencieusement la chèvre. On la trait même à deux époques différentes : à la Saint-Jean et à la Pentecôte [1]. Et à la Pentecôte, le chant de la chèvre est destiné à rappeler le grand vent

[1] Dans certains villages du Morbihan « on trait » aussi « la chèvre » à la Saint-Pierre.

qui vint à souffler, lorsque, suivant les Écritures, le Saint Esprit descendit sur les apôtres, sous forme de langues de feu.

Tels sont les très curieux usages de la Saint-Jean ; telle est l'origine des grands feux de joie, que le Clos-Poulet, pieuse vestale, entretient depuis des siècles : depuis les temps lointains où les joyeux Grecs allumaient des infinités de lampes, en l'honneur de Vulcain, leur inventeur, et en l'honneur aussi de Prométhée qui avait su rendre utiles ces précieux luminaires, en allant au ciel dérober un peu de feu pour allumer la mèche préparée par Vulcain, sus-nommé.

JEU OU IMPOT DE LA ROSE A PARAMÉ

O le plus mignon ! le plus frais ! le plus parfumé de tous les impôts présents, passés et à venir !

Pourquoi n'existe-t-il plus qu'à l'état de souvenir ?

Son collecteur était une gracieuse jeune fille. Son assiette, digne de rendre des points à toutes les assiettes d'impôts, même à l'assiette au beurre, son assiette, dis-je, était un parterre fleuri.

L'impôt dont je parle a bel et bien existé et, comme il n'y a rien de nouveau sous le soleil, on parle même fort de le rétablir aujourd'hui, en lui donnant une forme un peu moderne.

Il s'agit, Mademoiselle, de l'impôt sur les célibataires.

Jadis, au Clos-Poulet, où rien ne s'est jamais fait comme ailleurs, cet impôt s'appelait l'*Impôt de la Rose*. Il fleurissait à Saint-Malo et, plus spécialement, à Paramé.

C'est le comte de Plouër, possesseur du fief de Vau-Salmon, à Paramé, qui percevait l'impôt de la Rose.

Le droit de percevoir cet impôt lui venait de ses ancêtres, et depuis fort longtemps il devait exister dans sa famille, car il leur avait été confirmé, en 1451, par le duc Pierre II de Bretagne.

En quoi consistait-il ?

Le jour de l'Ascension, les jeunes gens apportaient cha-

cun une rose à leur seigneur. Ils la lui apportaient soit à
Paramé, soit à Saint-Malo, là où il demeurait.

Parmi ces jeunes gens, le seigneur fieffeux choisissait
un roi, sans doute celui qui lui avait apporté la plus belle
rose.

Le roi prenait le nom poétique du « roi de la rose » et il
avait le droit de choisir une reine qui s'appelait, elle,
« la reine de la rose ».

C'est sur les « Couardes », en Paramé, que se cueillait la
reine de la rose.

Sur les Couardes se réunissaient les jeunes filles du
Clos-Poulet, toutes fraîches, émues, pimpantes, que c'était
comme un bouquet de fleurs ! Alors, le roi de la rose,
accompagné de tous les jeunes gens, arrivait processionnellement et offrait sa rose à celle qu'il désignait pour reine.

Vraisemblablement, il ne choisissait pas la plus laide.

Le droit de la Rose est, on le voit, une vieille tradition
assez analogue à celle du gâteau des rois, mais qui, moins
vivace, s'est éteinte depuis des siècles. Si on célèbre
encore le roi de la fève, on ignore même aujourd'hui que
le roi de la rose a jamais existé.

Pourtant, au moins à l'état de dicton, la jolie coutume
que je viens de conter a laissé, presque jusqu'à nos jours,
comme un rayon à demi effacé de son ancienne existence.

Nos grand'mères, quand elles apercevaient, sur un petit
âne du pays, une belle laitière haute en couleurs et super-
bement joufflue : « Elle est belle, disaient-elles, comme
une rosière de Paramé ! »

A l'heure actuelle, même, le dicton s'oublie, et l'*Impôt
de la Rose*, qui lui avait donné naissance, ne nous apparaît

plus, bien loin, dans les brumes effacées de nos vieilles coutumes bretonnes, que comme une gracieuse légende ou un joli conte de fées.

LES JEUX DE BALLE

Tous les jeux de balle de notre pays, aujourd'hui si en faveur, surtout grâce à notre nombreuse colonie anglaise, ont une même aïeule. Cette aïeule, c'est la « soule ».

La « soule », on le sait, a été d'abord une cérémonie druidique en l'honneur du soleil, cérémonie qui avait lieu à l'époque des solstices. « Soule », du reste, vient du mot celtique « heaul », qui signifie « soleil », mais l'« H » ayant été changé en « S », le mot est devenu « seaul », d'où est sorti le mot actuel, « soule ».

La « soule », c'était un gros ballon, image du soleil, que les graves druides jetaient en l'air, le plus haut possible, et, quand la « soule » retombait sans avoir atteint son but aérien, c'est-à-dire le soleil, c'était, entre eux, à qui l'aurait recueillie dans le voile de lin que chacun tendait au-dessous d'elle, à la largeur de ses bras.

Quand le christianisme s'introduisit en Bretagne, la « soule », ancien symbole religieux, conserva à travers les âges, presque jusqu'à nos jours, comme un vivace et éternel souvenir de son ancien caractère sacré. Il y eut, en effet, la « soule » bénite, comme il y a encore, aujourd'hui le pain bénit. Il y eut la « soule » bénite, comme il y a aujourd'hui encore les feux de la Saint-Jean, que le prêtre va bénir sur la lande. Il y eut la « soule » bénite, comme il y a aujourd'hui encore la distribution des quenouilles qui se fait à l'église, durant la grand'messe, ainsi que nous l'avons déjà raconté.

La quenouille bénite, la quenouille fleurie et enrubannée, c'était uniquement pour les jeunes filles. Aux jeunes filles seules, Messire le bedeau la remettait au moment de l'Evangile. La « soule », au contraire, c'était l'apanage seulement des nouveaux mariés. D'ordinaire, à certaines fêtes de l'année, le jour où devait se courir la « soule », le dernier marié de l'année devait se rendre, au moment de l'Evangile, au banc seigneurial, et, mettant le genou en terre, il offrait à son seigneur une belle et grosse « soule » ornée de fleurs et de rubans.

La « soule », en d'autres termes, était devenue un droit féodal, et, comme dans tous les jeux de notre pays qui étaient courus par la paroisse entière, comme dans la quintaine, comme dans le jeu de la rose..., c'étaient les vassaux qui devaient faire tous les frais, fournissant même les menus objets nécessaires au jeu.

A Saint-Malo, la « soule », je crois, ne se courait pas ; mais, dans le reste du Clos-Poulet, elle se courait un peu partout, et spécialement à Pleurtuit et à Paramé.

Dans ces deux localités, c'était le lundi de la Pentecôte que le dernier marié de l'année devait s'acquitter du droit de « soule », et, comme nous l'avons dit, c'était le dimanche précédent, c'est-à-dire le dimanche de l'Ascension, que sur les « Couardes » se payait le poétique impôt de la rose, qui, lui aussi, était un droit féodal.

En général, c'était à partir de Pâques que s'acquittaient, du reste, tous ces étranges droits féodaux, qui étaient l'occasion de réjouissances publiques, autrement dit « d'assemblées », assemblées qui existent encore actuellement à cette époque de l'année, mais où les jeux de « soule », de « quintaine » et de « papagcai » sont remplacés par des jeux plus modernes et surtout plus pacifiques.

Avec la Révolution, la « soule » cessa d'être un droit seigneurial pour devenir un simple match qui se courait, entre deux paroisses voisines, les jours d'assemblée ou de grande fête carillonnée.

Ce match, comme d'ailleurs les antiques jeux des « bâtons », des « fouets », de la « grenouille » (1), était une cause perpétuelle de rivalités. Aussi l'Eglise, ainsi que l'autorité civile finirent-elles par les interdire tous les uns après les autres.

Pour ce qui est de la « soule », elle aurait été interdite à la suite d'une « soule » fameuse qui aurait été courue à Stival, en l'année 1810, et durant laquelle un des « souleurs » fut assassiné au coin d'un fossé, par un des joueurs rivaux, au moment où, vainqueur au jeu, il s'échappait avec la « soule » dont il s'était emparé.

Je dois dire que, dans les annales judiciaires, cette étrange affaire, racontée dans un style palpitant par E. Souvestre dans son ouvrage *les Derniers Bretons*, n'a laissé aucun souvenir et que beaucoup de personnes, curieuses d'en examiner le dossier, n'ont jamais pu en trouver la moindre trace. En tous cas, c'est dans le Morbihan que la « soule », oubliée partout ailleurs, s'est religieusement conservée jusqu'à nos jours.

(1) Voir la description de ces jeux dans les œuvres de Paul Féval.

Chez nous, depuis longtemps, de la soule est né le « foot-ball ». Partout, à Dinard, à St-Enogat, à Paramé, il existe des stands spéciaux, où il se joue quotidiennement, ainsi que le « lawn-tennis » et toute la variété de jeux similaires.

Sur la plage de Saint-Malo, c'est lui aussi qui tient la corde, et ceux-là qui, même lorsque la saison balnéaire est finie, aiment à flâner par là, doivent bien se souvenir d'un match célèbre qui s'y joua entre le Collège de Saint-Malo et la pension anglaise de la Redoute, à Paramé.

Pour être complet disons encore que la « soule » n'est pas seulement la mère de tous nos jeux de balle en général et tout particulièrement du foot-ball ainsi que de ce fameux jeux de « tèque » jadis chez nous si en faveur. La soule est aussi la mère de tous les « jeux de boules ».

Primitivement, en effet, la « soule » était tantôt en cuir, tantôt en bois. Or, si de la « soule » en cuir sont sortis les jeux de balle, de la « soule » en bois, cette « soule » qu'au Moyen-Age le seigneur lançait sur la place du village, le jour de la fête patronale, de la « soule » en bois, dis-je, sont nés les « jeux de boules ».

De tous les « jeux de boules », le plus connu en France, c'est le familial et populaire « jeu de quilles ». En Bretagne, cependant les « quilles » sont peu connues. Le jeu qui les remplace s'appelle le « jeu de boules ». Le « jeu de boules » se joue partout, dans les presbytères ainsi que dans les auberges. C'est actuellement le jeu le plus aimé en Basse-Bretagne. En Haute-Bretagne, au contraire, du moins dans le Clos-Poulet, il a à peu près disparu ; mais, en disparaissant, il a donné le jour au jeu si connu de « croquet », qui n'est, en réalité, que le populaire « jeu de boules », perfectionné et devenu aristocrate sur ses vieux jours.

X

DES QUATRE ACCROISSEMENTS SUCCESSIFS DE LA VILLE DE SAINT-MALO

DES QUATRE ACCROISSEMENTS SUCCESSIFS DE LA VILLE DE SAINT-MALO

Au XIIe siècle, à l'époque du bienheureux Jean de Châtillon, notre ville, alors au berceau, devait avoir assez exactement la physionomie qu'offre actuellement le Grand-Bey.

Notre ville, en effet, n'était qu'un rocher recouvert, en très grande partie, d'une herbe courte et maigre, surtout dans sa partie Ouest qui, par pente douce et en forme de vallée, descendait vers la mer.

C'est cette vallée que les plus vieux ouvrages relatifs à notre pays appellent « *vallis viridis* » ou vallée verte, et que nous appelons encore aujourd'hui « les Champs Vaux-Verts », ou, par corruption, « les Champs Vauverts ».

Cette vallée, que couronnait la cathédrale, bâtie par Jean-de-Châtillon, était, paraît-il, l'endroit préféré de nos lointains aïeux. C'est là qu'ils allaient, « sur l'herbette épaisse », admirer les beautés du soleil couchant et le retour des barques qui rentraient de la pêche. C'est là (que les temps sont changés !) qu'ils allaient, en famille, à la sortie des offices, exhiber leurs beaux habits du dimanche, ce qu'on appelait, à Saint-Malo, jusqu'à la moitié de ce siècle, « faire son coup de pétard ».

Disons, de suite, qu'après l'ère des Champs Vaux-Verts,

c'est sur les remparts de la Grand'Porte, qu'à la fin de la grand'messe, nos aïeules allaient faire leur « coup de pétard » en robes de popeline rose et en chapeaux à la Bergère. Aujourd'hui, on le sait, c'est en été, et surtout sur la patte d'oie [1], à marée haute, que le « coup de pétard malouin », en fraîches toilettes estivales, accomplit le cycle suprême de sa lointaine et pittoresque évolution.

Autour de la cathédrale nouvellement bâtie se groupaient sans souci de l'alignement, les maisons des habitants. Ces maisons, appuyées aux rochers, n'étaient guère que d'humbles cabanes de pêcheurs faites de roseaux, de goëmons et de galets.

La ville avait alors trente-trois journaux de « terrain haut » [2].

Jean de Châtillon conçut le projet d'enclore ces trente-trois journaux d'une forte muraille de pierre, et c'est alors que furent commencés ce que nous appelons encore aujourd'hui « les vieux remparts » dont on découvre dans le Nord et dans l'Est, quelques derniers vestiges [3].

Du côté de la vieille voûte qui mène à la caserne Saint-François et allant de la rue de la Fosse à la rue de Dinan, il existe même encore une vieille petite ruelle qui s'appelle « la rue des Vieux-Remparts », ce qui nous indique bien quelle était, de ce côté de la ville, la limite de l'enceinte commencée par Jean de Châtillon.

---

[1] Nom de la cale qui descend à la plage des bains.

[2] *Notice intéressante sur le fatal incendie de Saint-Malo, en 1661, et sur la statue de la Très Sainte Vierge de la Grand'Porte*, par l'abbé Manet, page 1, édition 1843.

[3] *Vie de Jean de Châtillon, dit autrement Jean de la Grille*, par l'abbé Manet, Imprimerie Macé, à Saint-Malo, 1840.

Du côté Nord, du côté du Fort à la Reine, les vieux remparts sont encore bien visibles. Promenez-vous par là, en regardant du côté de la ville. Vous découvrirez des débris de créneaux, des pans de murs couverts d'herbes et de ronces ou même métamorphosés en minuscules jardinets, par les maisons adjacentes. Ce sont ces minuscules jardinets, larges comme des mouchoirs de poche, qui nous permettent de dire, le cadastre du Clos-Poulet en main, que nous comptons, à Saint-Malo, autant de jardins qu'il y a de jours dans les années… bissextiles[1].

Vous remarquerez aussi, par là, la porte qui débouche juste en face le Fort à la Reine, ancien bastion du Cheval-Blanc, porte si vieille, si oubliée, que son nom même est inconnu et qu'aucune Municipalité, sans doute de crainte d'un anachronisme, n'a osé reconstituer son appellation.

Cette porte, cependant, mérite bien de sortir de son injuste oubli. Tout jadis, du temps des seigneurs du Cheval-Blanc, elle était une des principales sorties du très vieux Saint-Malo et, dernier souvenir de sa très lointaine origine, elle porte encore, du côté de la rue, un écusson qui pourrait peut-être redire sa très curieuse histoire.

Telle était, dans sa primitive étendue, la vieille ville de Saint-Malo, large seulement de trente-trois journaux et qui ne pouvait s'étendre qu'en empiétant sur la mer qui, alors, l'entourait de toutes parts.

Or, cette étroite superficie constitua, jusqu'en 1708, toute la ville, ou plutôt toute l'île de Saint-Malo. De tous les côtés, en effet, la mer venait battre le pied de ses

[1] Dicton local.

remparts. Quant au Sillon, il n'existait pas. Sur son emplacement actuel se trouvait seulement une sorte de langue de sable que le déluge de 709 avait épargnée et que la mer ne recouvrait guère que durant les grandes marées[1]. Encore cette langue de sable n'allait-elle pas tout à fait aboutir à la chaîne de nielles et de dunes sur lesquelles, plus tard, est venu se fonder Paramé. Entre elles et le commencement des dunes, dont les deux principales étaient la Hogue d'Aleth, appelée aujourd'hui la Hoguette, et le Tertre-au-Merle, devenu « la Montagne Saint-Joseph », il y avait un bras de mer, un pas, qu'on ne pouvait jamais franchir qu'en bateau. D'où la pittoresque étymologie de Paramé : *Passus ramalus*.

Ce fut seulement en l'année 1509 que l'île Saint-Jean de la Grille cessa d'être une île pour devenir une presqu'île.

C'est, en effet, à cette année 1509 que remonte la création de la levée de terre artificielle qui fut édifiée entre Saint-Malo et qui, comme un long sillon s'étendant entre les deux pays, reçut le nom de « Sillon »[2].

Ainsi que nous l'avons dit, la ville de Saint-Malo, à quatre reprises différentes, recula son enceinte de murailles, afin de pouvoir respirer plus à l'aise.

(1-2) Au mot Sillon. Voir la notice intitulée : *De l'état ancien et de l'état actuel de la Baie du Mont Saint-Michel et de Cancale, des Marais de Dol et de Châteauneuf*, par l'abbé Manet. Édité à Paris chez Everat, rue du Cadran, 16, année 1829.

La première fois que, se sentant gênée dans ses entournures et trop à l'étroit dans son corselet de pierres, elle agit ainsi, ce fut en l'année 1708[1].

Ce premier accroissement nous a donné tout le quartier Saint-Vincent.

Avant 1708, en effet, c'est à la Croix du Fief que s'arrêtait le rempart, du côté Est, et c'est là même que se trouvait l'entrée principale de la ville, débouchant sur la Poissonnerie et la tour dite « de la Poissonnerie ».

Là aussi, à l'endroit où se trouve aujourd'hui une statue de la Vierge, s'élevait une grande croix, la Croix du Fief, que les gens du quartier appellent parfois « la Croix du Fiel ».

Cette croix s'appelait « la Croix du Fief » parce que tous les trois mois, au pied de cette croix, les gens de la prévôté ecclésiastique venaient avertir à son de trompe, après le dernier son de l'Angelus de midi, tous les tenanciers en roture de l'Evêque et du Chapitre, d'avoir à payer leurs redevances, sous les trois jours, si mieux n'aimaient voir leurs meubles vendus et leur personne emprisonnée pour encourir ensuite le bannissement, non seulement de la Ville, mais de tout le territoire relevant de la juridiction ecclésiastique.

C'est aussi à cette porte de « la Croix du Fief » que le Mercredi-Saint de chaque année, le grand chanoine pénitencier, accompagné de son chapelain, de son enfant de chœur et de quatre massiers, se rendait en habit de chœur

---

[1] Manuscrit intitulé : *Origine et Antiquités de la Ville de Saint-Malo, ses bombardements et ses accroissements*, par Dedeserts père, 1747.

publier l'ordonnance qui prescrivait à tous les juifs et païens, sous peine du hart et du fouet, de déguerpir avant le premier son de l'Angelus, avec défense de rentrer avant le mercredi de Pâques, à midi. De telles gens, en effet, disait l'ordonnance, ne pouvaient souiller la ville de leur présence, pendant la Semaine-Sainte [1].

En tous cas, c'est, on le voit, de tout l'emplacement existant entre la Croix du Fief et la Porte Saint-Vincent actuelle que s'accrut notre ville, en 1708, le nouveau rempart allant, en se dirigeant vers l'Ouest, aboutir à la Grand'Porte.

Alors, en d'autres termes, quand, quittant le « Vieux-Quai », large d'environ dix mètres, on entrait en ville, on avait, à sa gauche, immédiatement, la Poissonnerie, et, à sa droite, la grande « Croix du Fief », plantée juste en face de la rue Jean de Châtillon. La rue Jean de Châtillon, avec ses beaux hôtels tout ciselés de fines sculptures, était la rue aristocratique. Elle bordait la mer et quand ses riches habitants ouvraient leurs pittoresques fenêtres aux grands vitraux coloriés, ils apercevaient à leurs pieds la jolie anse de « Mer Bonne » où, par un long canal creusé dans le granit, venaient s'abriter les galères élégantes et les barques de pêcheurs, contre les vents soufflant du large.

Au bout de la rue, et datant du XIIe siècle, s'élevait aussi, un vieux couvent de moines rouges, couvent alors entièrement en ruines et dont, aujourd'hui, depuis bien longtemps, il ne subsiste plus une seule pierre. [2]

---

[1] *Vieux Souvenirs de Saint-Malo*. Manuscrit de M. T....., prêtre.
[2] Archives de Saint-Malo.

Après le premier agrandissement de St-Malo, sur une parcelle du terrain située derrière ce couvent et nouvellement englobée dans la ville, les Juifs et les Maures obtinrent permission de fonder un quartier. Ainsi, ils purent désormais habiter St-Malo, même durant la Semaine Sainte, et la rue où ils s'établirent conserva jusqu'à ces derniers temps le nom de « rue des Juifs, » nom qu'elle n'a abandonné que pour prendre celui de « rue Chateaubriand ».

.

Le second accroissement de St-Malo eut lieu en l'année 1714. Allant depuis la Hollande jusqu'à l'Eperon, c'est lui qui nous a donné tout le quartier de la Porte de Dinan. La ligne des anciens remparts, de ce côté de la ville, se trouvait, en effet, sur l'emplacement où existe aujourd'hui la rue d'Estrées.

Dans cette portion de rempart disparue se trouvait, on le sait, un grand carré où l'on déposait le poussier et qui, pour cette raison, s'appelait « le Poussier carré ».

Le troisième accroissement de St-Malo se place en l'année 1721 et s'étend depuis l'angle flanqué du bastion St-Louis, jusqu'à l'Eperon, auquel s'était arrêté le deuxième accroissement.

Le second et le troisième accroissement de St-Malo nous donnèrent, en même temps que le rempart qui les borde, les quartiers de la rue de Dinan et de la rue de Toulouse. Grâce aux corsaires dont les fabuleuses fortunes étaient alors à leur apogée, ces quartiers se bâtirent comme par enchantement : ils se bâtirent de magnifiques hôtels aux colossales proportions, formant, avec les autres maisons plus anciennes, le plus étrange et le plus pittoresque contraste.

Alors, c'est la deuxième métamorphose qui s'accomplit.

La première physionomie de notre ville ne subsiste, en effet, que jusqu'en l'année 1661, année durant laquelle se place le fameux incendie qui, en l'espace de douze heures, détruisit deux cent quatre-vingt-sept maisons. Jusqu'alors, St-Malo n'était qu'un amas confus de maisonnettes dégringolant, au long de ruelles très escarpées, du haut en bas de notre rocher. Ces maisonnettes, construites en bois du Nord, couvertes en roseaux du marais de Dol, appelées « bedoucs » et réunies les unes aux autres par des arcades et des voûtes, avaient absolument l'air, avec leurs entablements en saillie, d'un gros paquet d'allumettes très-inflammables, suivant la pittoresque définition de Vauban. [1]

Quand le paquet d'allumettes eut pris feu, et qu'il fut interdit aux Malouins de se construire à l'avenir des maisons de bois, commença la deuxième métamorphose, le deuxième âge, l'âge de pierre, célèbre surtout par la construction des somptueux hôtels que nos ancêtres, à l'époque de la Course, se bâtirent autour de leurs remparts. Or, ces hôtels, au point de vue de la beauté, représentant, chez nous, sans conteste, le dessus du panier, semblent, aujourd'hui, avoir été bâtis, en quelque sorte, par un unique sentiment de vanité, afin de dissimuler tout le tohu-bohu,

---

[1] Notice précitée sur le fatal incendie de Saint-Malo, par l'abbé Manet.

tout le bric-à-brac de masures qui constituaient surtout alors l'intérieur de la ville.

« C'est comme dans les paquets d'asperges, disait le duc de Nemours, visitant St-Malo ; « les plus belles sont par dessus. »

Quant au dernier accroissement de St-Malo, il eut lieu en l'année 1736. C'est lui qui nous donna le quartier St-Thomas et le rétablissement de la chaussée du Sillon.

Commencés par Vauban et terminés par Garangeau, nos remparts, on le sait, furent, en grande partie, bâtis aux frais de la Ville, dont ils constituaient la propriété, et, pendant longtemps même, les seuls impôts qu'on payait à St-Malo étaient l'indemnité pour l'entretien des remparts et la nourriture des chiens du guet.

Quant à la première enceinte de murailles, elle avait été, cela va de soi, entièrement, elle aussi, bâtie par la Ville. Cette première enceinte d'ailleurs, était assez primitive, s'il faut s'en rapporter à la description qu'en fait l'abbé Manet.

« Cette clôture, » dit-il, « était assise sur le contour du
» rocher, dont elle suivait exactement les divers zigzags et
» les diverses pentes et contre-pentes. Sa forme, par con-
» séquent, était très bizarre, son élévation très inégale, et
» sa construction en simples moëllons piqués grossière-
» ment, trop faible en certains endroits.

» Des encorbellements en pierres, saillants en dehors
» et soutenant de distance en distance des latrines publi-
» ques, ajoutaient néanmoins quelque chose à sa mince
» épaisseur au niveau des chemins de ronde, et de mau-

» vaises tourelles, dans le goût antique, étaient à peu près
» nulles pour sa défense. »

O la pittoresque et naïve définition [1] toute embaumée d'un pur parfum de simplicité antique, et ressuscitant dans nos mémoires l'image de nos primitives fortifications, auxquelles nos ancêtres s'en vont accoler des latrines publiques pour renforcer leur mince épaisseur !...

Combien, depuis cette lointaine époque, l'art de la fortification a fait de progrès et qu'il y a beau temps que les latrines publiques, même sur encorbellement de pierres, ont été mises au rancart par la stratégie militaire !

Cependant, le Malouin, qui a le culte des souvenirs, a désiré conserver une relique des vieux remparts que lui avait bâtis son fondateur, Jean de Châtillon.

Sans pitié, il a laissé s'écrouler toutes les tourelles « dans le goût antique. » Il y a peu de temps, il y a environ trente ans, « les petits murs, » les murs de Jean de Châtillon, en possédaient encore quelques-unes. Apprenant qu'elles allaient disparaître, un vieux peintre bien connu chez nous, le peintre Isabey, vint même une dernière fois les dessiner, se disant « heureux d'avoir vu cela avant de mourir. »

Et, une à une, les tourelles « dans le goût antique, » et, un à un, les vieux créneaux et les vieux encorbellements de pierres s'en allèrent rouler dans la grève. Toutefois, le grand Art était sauf. Des remparts de Jean de Châtillon, les latrines étaient conservées. Seulement, de partie de la défense nationale qu'elles étaient auparavant,

---

[1] *Notice intéressante sur le fatal incendie de Saint-Malo, en 1661*, par l'abbé Manet, imprimée en 1813.

elles furent décrétées d'utilité publique. Alors, on les consolida, on les retapa, on les bétonna. Un peu plus, pour les conserver plus longtemps, tout comme de vulgaires momies d'Égypte, on les aurait embaumées... Et c'est bien fâcheux qu'on ne l'ait pas fait.

O Malouin, mon compatriote, quand aux beaux jours de l'été, l'étranger, le nez dans son mouchoir, fait avec toi le tour de nos vieux remparts et te manifeste son étonnement à la vue des nombreux w. c. qui les décorent, loin de rougir, rengorge-toi. Oui, rengorge-toi et dis-lui :
« ô noble étranger, l'objet de ton étonnement n'est pas
« ce qu'un vain peuple pense. L'objet de ton étonnement
« est un système de fortification sur lequel a toujours pu se
« reposer victorieusement Saint-Malo, pour repousser toutes
« les attaques et tous les sièges et ce système de fortification
« de haute et belle origine remonte à Saint-Jean de la Grille,
« fondateur de la cité.

« Voilà pourquoi, par culte des souvenirs, loin de le faire
« disparaître nous l'avons orgueilleusement multiplié.
« Regarde ! il décore maintenant toutes nos portes : la porte
« Saint-Thomas, la porte des Champs Vauvert, les portes
« Saint-Vincent..... »

*
* *

Agrandie à quatre reprises différentes, notre ville possède un mélange de styles, une diversité de caractères qui prouve bien qu'elle a été faite suivant l'expression populaire, « de pièces et de morceaux. »

L'histoire, d'ailleurs, de ses accroissements successifs,

est en réalité écrite dans toutes ses maisons. C'est, en effet, à Saint-Malo, un très lointain et très constant usage de graver, au-dessus de la principale porte de celles-ci, l'année d'où date leur construction. Ainsi, on peut se promener, en connaissance de cause, au milieu d'un passé qui remonte à bien des siècles, et, ainsi, on arrive facilement à revivre la vie tout entière de notre curieux rocher, avec ses diverses et mobiles alternatives de misère et d'opulence, de décadence et de grandeur.

Comme dernier souvenir des jours de notre primitive enfance et de l'ère ouverte, tout jadis, par saint Jean-de-la-Grille, notre pieux fondateur, ne subsiste plus que notre cathédrale [1].

De notre cathédrale descend, en suivant la pente naturelle du rocher, tout un dédale de petites rues. C'est dans ces petites rues que subsistent encore, épargnées par le temps et la civilisation moderne, nos si curieuses maisons du XVe et du XVIe siècle, les plus vieilles de notre pays. Ces maisons, aux profils saillants, à la curieuse structure d'ardoises et de vitraux, aux nombreux étages qui se surplombent les uns les autres, dessinant sur les pavés de la rue leur ombre étrange, deviennent, hélas ! de moins en moins nombreuses. Cependant, elles subsistent encore en assez grand nombre dans la rue du Bey, la rue Gouin-de-Beauchêne, la rue Jean-de-Châtillon, la rue Vincent-de-Gournay...

Tous ces jours-ci [2], on démolit toutefois les maisons

(1) Voir, sur la fondation de la cathédrale de Saint-Malo, la *Vie du bienheureux Jean de Châtillon*, par l'abbé Manet, imprimerie Macé, à Saint-Malo, 1840.
(2) Nous écrivions ces lignes au mois de Décembre 1893.

de bois de cette dernière rue. Viennent quelques années et, vraisemblablement, le tour des autres arrivera, et, de nos maisons de bois du XV⁰ et du XVI⁰ siècle, il ne nous restera plus, finalement, que quelques photographies effacées, comme aujourd'hui il ne nous reste plus déjà que le souvenir, conservé par les descriptions qu'en donne l'abbé Manet, de toutes les primitives maisons qui, tout jadis, composaient Saint-Malo, avant le célèbre incendie de 1661.

Vers la fin du XV⁰ siècle, se lève, pour nous, une aurore de prospérité. Cette aurore de prospérité tient aux guerres heureuses, aux expéditions lointaines auxquelles prennent part nos aventureux ancêtres.

Alors, les vieux hôtels de bois cessent d'être de mode. La pierre devient à l'ordre du jour et sert à bâtir la plupart des maisons, d'ailleurs sans style et sans élégance, qu'on rencontre surtout dans « les petites rues ».

Enfin, voici le XVIII⁰ siècle. Voici l'époque où la Course apporte chez nous des fortunes presque chimériques : voici l'époque où le Malouin, d'un naturel très économe, se décide pourtant à jeter l'argent par les fenêtres. Notez que je ne parle pas seulement par métaphore [1]. Alors la métamorphose est complète, et les styles d'autrefois sont entièrement abandonnés. Les rues s'élargissent ; les maisons sont de vraies masses, de vraies forteresses de granit. Telles sont toutes les maisons de la rue de Toulouse, la rue de Dinan, la place Chateaubriand et, en général, toutes celles qui longent nos remparts. D'ailleurs, remparts et maisons

---

[1] Les Malouins, en effet, dans leurs bombances, firent fricasser des piastres, à différentes reprises, pour les jeter, ensuite, aux gamins amassés sous leurs fenêtres.

sont construits avec le même granit. Un peu plus, si on osait, on prierait Vauban d'être leur architecte, en même temps qu'il est l'architecte des remparts. Quant à Garangeau, sûrement, plus d'une fois, on dut recourir à ses conseils.

Il faut bien le reconnaître, si l'influence de Paris se fait sentir un peu dans la construction de nos hôtels, elle ne s'y fait sentir qu'à distance, et nos hôtels de Saint-Malo ne valent pas, à beaucoup près, surtout pour l'élégance et le confortable, les hôtels bâtis partout ailleurs, à la même époque.

Nos hôtels de Saint-Malo sont trop des forteresses ; ils rappellent trop l'île Harbour et la Conchée (1), et on se demande, en les voyant, si nos ancêtres, craignant les représailles, n'avaient pas toujours, comme idée fixe, en les construisant, de mettre à l'abri de l'Anglais les fortunes conquises à son détriment.

Quoi qu'il en soit, ces hôtels des XVIIe et XVIIIe siècles constituent le cachet principal de notre ville. Leur ensemble est plein de pittoresque. Ils s'harmonisent admirablement, par le style et par la couleur, à nos remparts et à nos rochers, et ce sont eux, avec leurs hautes cheminées et leurs masses imposantes, qui contribuent, dans la plus large mesure, à donner à la silhouette de Saint-Malo, lorsqu'elle se dessine à distance, de quelque côté qu'on se trouve, cet attrait si original et si pittoresque dont nous sommes très-justement fiers.

Voilà Saint-Malo, tel que l'ont façonné ses quatre ac-

(1) Forts situés en mer, aux abords de Saint-Malo.

croissements successifs. Depuis quelque temps, au delà de ses remparts, sur le Sillon, et même, sans discontinuité, jusqu'à Paramé, une nouvelle ère, l'ère balnéaire, a pris naissance. Plus de maisons en *bedoues*, comme sous saint Jean-de-la-Grille ; plus de maisons à vitraux, comme durant le XVe siècle ; plus de maisons en granit, comme durant la période des Corsaires ! C'est l'ère des villas, dont le style unique est le caprice et la fantaisie. Puisse cette nouvelle ère, puisse cette nouvelle physionomie, qui vient tout à coup rajeunir la vieille cité de saint Jean-de-la-Grille, lui ramener la richesse et la prospérité disparues !

XI

LES CROIX LÉGENDAIRES

LES CROIX LÉGENDAIRES

La Bretagne n'est pas seulement la terre de granit recouverte de chênes ; elle est aussi la terre de granit recouverte de croix.

Sur son sol de granit germe partout la croix de granit : elle se dresse au bout des petits chemins perdus, aux carrefours des grandes routes, sur le faîte des menhirs mystérieux, dans la solitude des landes désertes. Elle se dresse, très ancienne, frileusement enveloppée de lichen et de mousse, portant, sur ses bras étendus, d'étranges saints d'autrefois dont les noms et les vertus sont encore religieusement honorés par tous les vieux du pays.

Chacune des croix bretonnes a sa légende, son culte, son souvenir et son histoire : histoire bien connue s'il s'agit des célèbres croix de Guéhenno, des pittoresques calvaires de Plougastel ou de Pleyben, de la vieille et légendaire croix de Mi-Voie ; histoire oubliée s'il s'agit seulement des humbles croix du Clos-Poulet.

Les croix du Clos-Poulet ! La Croix-du-Fief, la Croix de la Grand'Porte, la Croix de Mi-Grève, les Croix du Sillon, la Croix Beaujard..... Voilà pourtant comme un grand et curieux chemin de croix dont il est fort intéressant de faire les stations ou de rappeler le souvenir aux mémoires amies des choses passées.

Jadis, à côté de la maison Duguay-Trouin, au milieu de ce petit carrefour qui s'appelle aujourd'hui encore la Croix-du-Fief, était plantée une grande croix.

Elle s'appelait « la Croix-du-Fief » croix que je ne cite ici que, pour mémoire car j'en ai déjà parlé. Disons seulement que, disparue à l'époque de la Révolution, c'est sur son emplacement que se trouve aujourd'hui cette statue de la Vierge qui est l'objet d'un culte tout spécial de la part des habitants du quartier.

Une autre croix disparue aussi à l'époque de la Terreur, c'est la Croix de la Grand'Porte.

Cette croix était placée du côté du quai, sur le cintre même de la porte, entre les deux tours. Elle était en bronze. Ce fut Lecarpentier, tristement fameux à Saint-Malo qui, en 1793, la fit briser à coups de marteau. Son empreinte fortement marquée sur la muraille se voyait encore, distinctement, à l'époque relativement récente des réparations qui furent faites à la Grand'Porte, lorsqu'on fit disparaître son pont-levis.

Cette empreinte, elle-même, est aujourd'hui entièrement effacée. Des pieuses donations que notre grand corsaire a faites à sa ville natale, lors de son retour de Rio-Janeiro, il ne nous reste donc plus, à l'heure actuelle, comme derniers souvenirs de sa religieuse munificence, que « Sainte-Barbe » — Sainte-Barbe que les vieux mathurins du Clos-Poulet portent, à bout de bras, processionnellement, à la Fête-Dieu, et la cloche Noguette qui, tous les soirs, à dix heures, du haut du clocher, tinte sur Saint-Malo le traditionnel et paisible couvre-feu.

*
* *

Dès que nous sortons de la ville de Saint-Malo, partout, au bord de la grève comme au carrefour de la grand'route, nous voyons se dresser la vieille croix de granit. Et c'est ainsi que le Clos-Poulet se trouve comme marqué aux armoiries du Christ, et forme, d'autre part, comme un curieux muséum, une étrange bibliothèque de pierre qui s'étale, à la clarté du soleil, perpétuant, d'âge en âge, les belles légendes, les mœurs naïves, les glorieux traits d'histoire locale, la solennité des pieuses « Missions », les sombres « faits divers », vécus bien avant même l'éclosion des plus anciens journaux.

On sait que chez nous, ainsi que dans toute la Bretagne, c'est autour de la centenaire croix moussue que l'imagination populaire a placé le mystérieux théâtre de ses légendes les plus originales. Ainsi, « le chemin de Croix des Garous » est comme une légende classique qui se retrouve un peu partout.

Minuit sonne au clocher. Svelte comme un feu-follet, le prince des garous surgit des entrailles de la lande.

Où qu' j'allons ?

ulule-t-il de sa voix de chouette.

Et des milliers de petits garous, surgissant du sol pierreux, répondent en chœur :

*A la Croix de Camaron
A travers haie et buisson.*

Lors, la ronde s'envole, et, quand elle a encerclé de son infernal tourbillon la croix de Camaron.

> Où qu' j'allons ?

dit à nouveau le prince des garous.

> A la Croix du Poteau-Rond,
> A travers haie et buisson,

reprend la bande en chœur, qui s'envole comme une nuée de sauterelles.

Et ainsi la ronde s'en va, de croix en croix, partout le Clos-Poulet, jusqu'aux premières lueurs de l'aube. Et l'aube pointe :

> Où qu' j'allons ?

dit une dernière fois le prince des garous,

> D'où je venons,
> A travers haies et buissons,

glapit toute la ronde qui, vite, comme une vilaine bande de vipères, s'enfonce sous les ajoncs. Et, quand la queue du dernier garou a disparu, alors seulement le soleil jaillit, tout rouge, inondant la lande de ses rayons couleur de l'arc-en-ciel.

Il y a aussi, chez nous, la croix commémorative d'une mort violente. Elle se dresse, celle-là, sur le lieu même du drame, comme une constante et immuable prière pour le repos de l'âme du pauvre trépassé.

Le pauvre trépassé, c'est un humble roulier assassiné,

au temps des chevaux de poste et des vieilles diligences ; c'est un brave chouan fusillé aux jours sanglants de la Terreur ; c'est un humble pêcheur qui s'est noyé un jour de grande tempête.

D'ordinaire, au pied de la croix commémorative, la légende fait apparaître, chaque nuit, celui à la mémoire duquel elle a été élevée. Exemple, à Saint-Cast, la « Croix de l'Homme-sans-Tête ».

Tous les soirs, depuis des siècles, pendant le temps que met minuit à sonner ses douze coups, l'homme sans tête vient, au pied de la croix, prier pour la rémission de ses péchés. Malheur alors à qui ose passer par là ! Celui-là est un homme mort ! Ainsi, il y a bien des années, trois gars du Clos-Poulet, attardés au cabaret, osèrent, aux coups de minuit, passer auprès de la Croix-de-l'Homme-sans-Tête. Ce fut leur fin. Aussitôt couchés dans leurs lits-clos, ils virent ceux-ci s'illuminer de cierges étranges. Alors ils s'endormirent. Ils dorment encore, ils dorment pour jamais dans le cimetière.

Il y a encore la croix à laquelle se rattache une coutume naïve. Ainsi la Croix-aux-Longs-Bras, située, elle aussi, à Saint-Cast. Toute jeune fille qui peut l'embrasser avec ses deux bras, est sûre de se marier avant la fin de l'année. C'est pourquoi, on dit, à Saint-Cast, aux jeunes filles, qu'il faut avoir le bras long pour se marier.

La *Croix-au-Trésor* a droit à une mention dans le Folklore du Clos-Poulet.

C'est, en effet, à ses pieds qu'aux sombres et émouvantes époques de la Chouannerie et des invasions de l'Anglais, nos religieux ancêtres s'en furent, mainte fois, cacher leurs bonnes grosses tirelires en terre, toutes bondées de beaux écus sonnants.

Très répandue à cette époque, la *Croix-au-Trésor* n'existe guère plus, actuellement, que dans le nébuleux domaine de la tradition et de la légende : être propriétaire d'une *Croix-au-Trésor* ou bien posséder des châteaux en Espagne, c'est, hélas ! aujourd'hui, être riche de la même façon.

Pourtant, on se souvient qu'il y a un certain nombre d'années, existait encore, chez nous, une *Croix-au-Trésor*. Cette croix, appelée la *Croix-Blanche*, est plantée à une petite « huchée »[1] du Pont-de-l'Enfer et à peine à une portée de vieille rouillasse du château de Plessis-Bertrand.

Un beau matin, on trouva la Croix-Blanche renversée de son piédestal. De profondes tranchées, creusées à l'entour, indiquaient clairement que des fouilles qui, dit-on, restèrent infructueuses, avaient été opérées là, durant la nuit.

Du reste, il faut bien le constater; c'est dans le Morbihan, plus favorisé à ce point de vue que le Clos-Poulet, que se trouvent les vraies *Croix-au-Trésor*. Le Morbihan est, d'ailleurs, on le sait, la terre promise des trésors : trésors fabuleux dont les cromlech's, les menhirs, les galgals, les allées couvertes, sont les mystérieux coffre-forts, dont les chats-sorciers, les poulpiquets, les garous sont les redoutables et incorruptibles banquiers.

D'après une belle légende que je n'ai lue nulle part et que je n'ai même entendu conter qu'une seule fois, le

[1] Une portée de voix.

premier pèlerin qui fait, chaque matin, l'ascension du curieux tumulus de Carnac, appelé le Mont-Saint-Michel, trouve sur le bras gauche de la vieille croix qui le surmonte trois écus blancs déposés là, pendant la nuit, par le grand saint Cornély en personne.

Ces trois écus blancs sont extraits par sa puissance charitable des merveilleux trésors enfouis sous les menhirs dont il a la garde, trésors visibles seulement quand toute la légion des pierres druidiques s'en va, la nuit de Noël, au premier coup de minuit, s'abreuver à l'océan.

Dans le Clos-Poulet, la croix la plus répandue est celle édifiée par la piété des populations pour perpétuer la mémoire d'un notable évènement.

Vous avez, sûrement, remarqué la petite croix peinte en vermillon et creusée dans le parapet du Sillon, à l'endroit autrefois connu sous le nom de « banc de critique ». Cette petite croix marque l'emplacement exact où Monseigneur des Laurents, à son retour d'une tournée épiscopale, tomba mort tout à coup au moment où il prononçait cette parole : « Je te revois enfin, ô mon cher Saint-Malo. »

Connaissez-vous, dans la commune de Saint-Servan, pas bien loin de Troctin, aux confins d'un petit village appelé *la Goëllerie*, une grande croix de bois vert, ornementée des attributs de la Passion et appelée *la Croix-Beaugeard ?*

La *Croix-Beaugeard* fut édifiée en souvenir d'un grand évènement maritime. Le jour Saint-Michel de l'année 1773, fut lancé, en effet, un magnifique navire appelé le *Fitz-James*. Ce navire avait été construit, en Solidor, par le nommé Le Marchand, sur l'échantillon d'un vaisseau de 74, pour le compte de M. Pierre Beaugeard, conseiller de Sa Majesté Louis XVI. Sitôt son lancement, le *Fitz-James* fut conduit en belle grève, pour être armé ; le port de Saint-Malo n'ayant pas été jugé suffisamment profond pour recevoir un navire d'un aussi fort tonnage. Le *Fitz-James*, en effet, destiné au voyage des grandes Indes, jaugeait 1500 tonnes.

Le *Fitz-James* fut béni par Monseigneur des Laurents, au milieu des notabilités du pays.

A la fête, assistaient en première ligne Le Marchand et toute son équipe de charpentiers, domiciliés tous au village de la Goëletterie. Au retour de la cérémonie, les goëlettiers, qui jamais n'avaient encore construit que des goëlettes dans les chantiers de Troctin, édifièrent, sur la propriété de M. Beaugeard, la grande croix qui se dresse encore sur le revers d'un fossé, évoquant après des siècles la forte et robuste piété de la race disparue des goëlettiers du Clos-Poulet.

Parmi les croix si nombreuses que nos ancêtres ont plantées sur le sol du Clos-Poulet, comme religieux et immuables souvenirs de lointains événements dont ils furent les témoins, il faut encore citer, pour ne pas être trop incomplet, la très vieille croix de granit appelée « la Croix de Saint-Columban ». La tradition populaire prétend que cette croix marque l'endroit, alors baigné par la mer, où vint aborder, sur une barque le grand saint Coulomb, qui fut, on le sait, l'un des premiers apôtres du christianisme, dans notre pays.

Il faut aussi mentionner toute la phalange des « Croix de Mission » et, tout spécialement, le grand Calvaire du Sillon, qui porte, au pied de son Christ, cette belle prière, que vous avez peut-être lue : « Objet de l'Espérance ! De tous les confins de la terre et des îles de la mer les plus reculées, quiconque croit en Lui ne sera pas confondu ».

Ce calvaire, édifié lors de la mission de 1854, a remplacé un autre calvaire en bois, peint en vert, dont les vieux du pays se souviennent bien. C'est au pied de ce dernier, jusqu'en 1830, qu'aux deux fêtes de l'Invention et de l'Exaltation de la Sainte-Croix, tout le clergé, après vêpres, se rendait processionnellement, suivi de tous les fidèles, afin de recevoir la bénédiction de la Vraie-Croix, donnée par l'officiant en étole et en chape rouge.

C'était là, paraît-il, une ancienne fondation, qui a trouvé sa fin avec la révolution de 1830.

Vous connaissez la croix appelée « la Croix-de-pierre », qui s'élève au-dessus de la plage, à l'entrée du Sillon, juste en face le Casino.

« La Croix-de-pierre » ne porte ni nom, ni date, ni signe extérieur. Savez-vous son étrange et poétique histoire ? Savez-vous la main pieuse qui, suivant une touchante tradition, la fit édifier là ?

C'était il y a longtemps : c'était au temps des Anglais.

Sur un fin brick coquet, partit un beau jour, du côté de l'Angleterre, un jeune capitaine appartenant à une des plus notables familles de notre pays.

Ce jeune capitaine était fiancé. Il était fiancé à une belle jeune fille. Le matin, avant l'heure de l'embarquement, les deux fiancés s'en étaient allés, suivant le vieil usage, faire, avec leurs familles, « le vœu de départ » à la petite chapelle de Notre-Dame de Grande-Puissance.

Or, la chapelle de Notre-Dame de Grande-Puissance était un sanctuaire de Saint-Malo, si vénéré, qu'un infortuné Anglais faillit être écharpé, à sa porte, par la population en fureur, parce qu'il avait osé y pénétrer. Elle s'élevait, cette chapelle-là, sur l'emplacement même de la vieille maison qui porte le n° 2 de la rue Sainte-Anne, près la poterne Notre-Dame, où se trouve aujourd'hui l'atelier d'un chaisier.

C'est là que se célébraient les grands mariages. C'est là que nos pères, les corsaires, allaient entendre la messe, faire brûler une chandelle de suif et recevoir un Évangile en l'honneur de la Sainte-Vierge et de Monseigneur Saint Malo. C'est là, aussi, qu'ils suspendaient, en *ex-voto*, des petits navires très-savamment gréés, images de ceux sur lesquels ils allaient courir les mers.

Donc, après avoir bien prié Notre-Dame de Grande-Puissance, notre jeune capitaine monta sur son fin brick coquet, et sa fiancée, pour le voir très loin, se rendit vite au bord de la grève, à l'endroit où s'élève maintenant la « Croix-de-pierre ».

Et le fin brick coquet, toutes voiles dehors, cingla vers l'Angleterre.

Et la belle fiancée le suivit longtemps, longtemps, de ses doux yeux bleus, afin de garder toujours dans sa mémoire sa silhouette de voilure et de carène ; afin de pouvoir le reconnaître, tout là-bas, dans le brouillard de l'horizon, quand à cette même place, le jour du retour, elle reviendrait pour le voir rentrer au port.

Et le fin brick coquet se fit tout petit.

Il devint une tache grise, lointaine, perdue, vaguement estompée. Il devint un imperceptible point noir, et l'imperceptible point noir s'éteignit bientôt dans les grises vapeurs de l'horizon, pour pénétrer dans les au-delà infinis dont même le doux œil bleu des belles fiancées, ne peut, du rivage, pénétrer les mystères. Et jamais le fin brick coquet ne reparut. Et tous les jours, pendant vingt années, la fiancée constante vint, à la même place, attendre son retour.

Et elle mourut. Et, en mourant, à l'emplacement où elle attendit jusqu'à la mort, elle fit élever une croix de granit, « la Croix-de-pierre », la croix de l'éternelle Espérance.

*
* *

Après s'être arrêté au pied des croix que nos ancêtres ont plantées comme de célestes jalons, au bord des chemins qui sillonnent, en tout sens, le sol du Clos-Poulet, il importe maintenant de jeter un coup d'œil rapide autour de ses frontières.

Autour de ses frontières, partout sur la côte, s'élève triomphante la croix de granit.

Or, la croix de granit édifiée sur la côte, « la croix du rivage », me semble le cycle suprême d'une lointaine et séculaire évolution, le symbole sacré de la civilisation chrétienne, sortie des ruines d'antiques religions éteintes.

Jadis, au temps de la forêt de Scissy, ce n'était pas, en effet, la croix : c'étaient les menhirs et les peulvans qui se dressaient sur nos rives, et, la nuit, les druidesses, étranges sirènes de la mer, étendaient en chantant leurs bras vers les flots. Et les flots charmés se dressaient vers elles, puis retombaient en écume sur les barques attardées.

Plus tard, quand les druidesses eurent disparu, la côte resta encore redoutable, car elle devint la proie des légendaires et farouches pilleurs d'épaves.

> Une voile ! une voile, Iann, amenez la vache !
> Vous, Pennec, amenez les bœufs et qu'on attache
> Les fanaux à leurs cornes ; et tenez haut les feux,
> Puis lâchons sur la dune et la vache et les bœufs.
> Vous verrez, quand les feux brilleront sur les lames,
> Si les moucherons seuls viendront se prendre aux flammes (1).

Alors, les saints apôtres du christianisme, saint Aaron, saint Malo, saint Coulomb, saint Suliac... débarquèrent sur nos rivages, apportés, suivant la légende, les uns dans des bateaux merveilleux qui voguaient traînés par des anges aux ailes déployées, les autres dans des auges de pierre qui naviguaient, plus légères, que les barques les plus fines. Alors, aussi, les rivages se couvrirent de croix. Et les croix eurent pour mission d'apaiser et de bénir les flots dont, jusqu'à cette époque, on n'avait encore essayé, du haut de la côte inhospitalière, que d'exciter la colère.

Alors, chez nous, s'éleva la vieille croix de « Mi-Grève », aujourd'hui tant de fois séculaire, retrouvée, il y a quelques années, enfouie au milieu des sables et qui, devenue au moyen-âge la borne de la juridiction de l'antique chapitre de Saint-Malo, dont elle porte encore les armes,

---

(1) *Les Bretons*, Brizeux.

se dresse maintenant sur la digue de Paramé, au milieu des coquettes villas qu'a édifiées la civilisation balnéaire.

Alors, s'éleva aussi, à Saint-Suliac, la croix dite « la croix des marins », croix qui, du haut de l'ancien monument mégalithique qui lui sert de piédestal, domine la côte.

Alors s'éleva la croix de Saint-Coulomb, dont j'ai déjà parlé, croix-sœur de l'étrange croix de Saint-Michel-en-Grève. Si l'une marque l'endroit où débarqua saint Coulomb, l'autre indique celui où débarqua saint Efflam. L'une, à demi enfouie au milieu des tangues, montre combien la mer a dû chez nous reculer ses limites ; l'autre, debout au milieu des sables mouvants, sert encore de guide merveilleux au pêcheur qui fuit devant la marée montante.

Voici enfin, entre beaucoup d'autres, la croix de Saint-Lunaire qui, seulement depuis quelques années, s'élève, là-bas, sur la pointe extrême du Décollé. Le Décollé ? rocher étrange qui rappelle, avec sa large entaille, le pic de Roncevaux et a peut-être été, lui aussi, au temps où, suivant les vieilles chroniques, Charlemagne vint batailler chez nous, fendu par la merveilleuse et colossale épée de quelque Roland de la légende.

Elle se dresse, la belle croix du Décollé, au-dessus de ce magnifique panorama qui est comme le féerique joyau du vieux Clos-Poulet. D'un côté de la croix, n'est-ce-pas, en effet, la curieuse silhouette de Saint-Malo qui s'estompe dans les brumes, et, de l'autre côté, n'est-ce pas le cap Fréhel qui se déroule comme un long ruban d'azur dans les lointains de l'horizon ?

Or, c'est là, dans les étranges cavernes emplies par

l'éternelle voix de la mer, c'est là, dans cette grotte mystérieuse que l'imagination apeurée de nos pères a appelée « le trou du diable », c'est là, dit une vieille légende, que gémissent, pour l'éternité, les âmes des malheureux, voués aux supplices éternels.

C'est là aussi, sur la borne suprême de la « Côte d'Emeraude », que devrait se dresser la plus haute croix du pays natal, que nos frères les marins, partant, un soir de mars, pour les grandes pêches, verraient briller, signe radieux de l'espérance, au milieu des ors du soleil couchant.

XII

VISITE AUX VIEILLES *CHAPELLES*

LA CHAPELLE SAINT-AARON. — LA CHAPELLE SAINT-ETIENNE.
CHAPELLE ET COUVENT DES RÉCOLLETS.
CHAPELLE ET COUVENT DE « VICTOIRE ».
LA CHAPELLE SAINT-THOMAS.
CHAPELLE ET COUVENT DES BÉNÉDICTINS DE SAINT-MALO.
LES CHAPELLES EN PLEINE MER.
LE « CLOS-POULET » EN PÈLERINAGE.

LA CHAPELLE SAINT-AARON [1]

Lors, notre pays n'était qu'un rocher dominant de son faîte de granit et les flots bleus de la haute mer et les chênes séculaires de la mystérieuse Scissy. Sur la pointe de ce rocher, il y avait une grotte au fond de laquelle, dans le recueillement et la solitude, vivait un saint ermite.

Ce saint ermite, c'était Aaron. Aaron, d'après la légende dorée du vieux Clos-Poulet, était l'ami des pêcheurs de la côte. Chaque jour, il s'en allait, avec son bateau, leur prêcher, de rivage en rivage, la belle religion du Christ en croix, et quand, par hasard, les brouillards le retenaient sur son roc, il « cônait » de sa trompe de coquillage, afin de guider les barques égarées dans la brume.

Longtemps Aaron vécut ainsi, sur son rocher, consacrant tous les instants de sa pieuse existence à la charité et à l'extinction du druidisme dans le Clos-Poulet. Un jour, un saint écossais, Malo, aborda au pied de sa grotte. Promptement, il se lia avec lui, partageant sa vie de prière et de prédication, et, quand il mourut, ce fut saint Malo, son compagnon, qui, le prenant dans ses bras, tout rigide dans sa coule brune et sa longue capuce, l'inhuma au pied de sa grotte, sur le sommet de son rocher, au

[1] D'après des documents inédits.

milieu des joncs marins, en face des vagues bleues de l'Océan.

※

Jusqu'en 1618, la tradition locale désignait un petit oratoire à demi ruiné, situé à l'endroit exact où s'élève aujourd'hui la chapelle Saint-Aaron, comme le saint ermitage qu'avait bâti de ses propres mains et habité jusqu'à son décès le fondateur de notre pays.

A cette époque, M. de Quénoual demanda à l'Evêque et au Chapitre, l'autorisation d'édifier une chapelle sur son emplacement.

L'autorisation lui fut accordée, et il fut même convenu, entre autres clauses, que M. de Quénoual et, plus tard, ses successeurs, c'est-à-dire le propriétaire de la prébende, jouirait, pour rentrer dans les débours de sa fondation, de toutes les offrandes que la générosité des fidèles déposerait dans le tronc de la future chapelle ; qu'il pourrait réclamer au Chapitre, des chantres et des enfants de chœur, afin de chanter en musique, aux époques convenues, la grand'messe et les vêpres, et qu'enfin une messe serait célébrée, à perpétuité, dans la chapelle, le 22 juin, jour de la fête Saint-Aaron. En retour, le titulaire de la prébende s'imposait certaines obligations dont la plus intéressante, perpétuée à travers les âges, était d'ouvrir la chapelle le jour de la procession du Petit-Sacre et d'y édifier un reposoir.

La chapelle édifiée par les soins de M. de Quénoual, au déport même de sa demeure prébendaire, fut solennellement consacrée le dimanche 24 janvier 1621.

Ce dimanche-là, dès 4 heures du matin, le clocher de

la cathédrale carillonna sans interruption : il carillonna Matines, l'Angelus, les 33 coups de cloche qui alors devaient suivre le son de l'Angelus ; il carillonna, au moment de l'ouverture des portes de l'église, la grande sonnerie « du Pardon » ; il carillonna, enfin, la grand'messe. Et, après la grand'messe, Monseigneur le gouverneur, évêque de Saint-Malo, se rendit en procession bénir la nouvelle chapelle.

La nouvelle chapelle ne tarda pas à devenir la propriété des Jésuites. Ceux-ci, en effet, s'étant entendus avec les Dames Ursulines, fixées à Saint-Malo depuis 1617, pour venir deux fois l'an, et au nombre de deux, leur prêcher la retraite, présentèrent au Chapitre la supplique « *sede vacante* », et M. de Quénoual leur fit aussitôt donation de sa chapelle.

Cette donation, rejetée par Monseigneur de Harley, évêque de Saint-Malo, le 20 juin 1632, ne fut définitivement ratifiée qu'en 1660 par son successeur, Monseigneur de Villemonté.

Cette ratification, d'ailleurs, mécontenta fort le Chapitre, qui, dès que l'occasion s'en présenta, ne manqua pas de manifester sa mauvaise humeur, et, à la procession du Petit-Sacre, précédé de son grand-chantre, Porée du Parc, il passa gravement devant la chapelle Saint-Aaron, sans daigner s'arrêter devant le reposoir que les Pères Jésuites y avaient dressé, pour se conformer aux clauses de leur donation.

Usant de représailles, les Pères Jésuites refusèrent dès lors de faire le reposoir prescrit, au grand mécontentement, du reste, des habitants du quartier qui, en 1773, se décidèrent à l'édifier de leurs propres ressources, en dehors de la chapelle.

Le reposoir fut en partie détruit par une averse, averse qui, d'ailleurs, eut le don de calmer tous les mécontentements, car, l'année suivante jusqu'à nos jours, sans aucune interruption, le reposoir de saint Aaron, avec ses grands rochers qui surplombent le toit des maisons voisines, avec ses curieux saints de bois tout pittoresques, se dresse au bord de l'antique chapelle qui s'ouvre, ce jour-là, toute brillante de lumières, à la dévotion des Malouins.

* * *

Qu'est donc devenu le corps de saint Aaron, qui fut inhumé, ainsi que nous l'avons dit, par les soins de saint Malo, au pied de l'oratoire où il passa sa vie ? Assurément, l'étude de cette question présente pour les vieux Malouins, amis des traditions locales, un très intime et très religieux intérêt.

On sait que, lors des invasions normandes dans notre pays, on s'empressa de mettre à l'abri toutes les saintes reliques qui s'y trouvaient. Le corps de saint Malo, évêque d'Aleth, fut envoyé à Paris, ainsi que les corps de saint Samson, saint Magloire et saint Turial, évêques de Dol. Quant aux corps de saint Gurval et saint-Enogat, ils furent confiés aux moines de Marmoutier, appelés communément les moines rouges, moines qui s'étaient fortifiés dans l'île d'Aaron.

Les moines rouges déposèrent les corps de ces saints

apôtres, avec le corps de saint Aaron, dans la nef de la cathédrale, au pied du pilier qui supporte, actuellement, l'escalier de la chaire. Ces corps, d'ailleurs, au bout de quelques années, furent rendus à l'église d'Aleth, à l'exception du corps de saint Aaron, dont ils ne consentirent pas à se déposséder.

Le séjour des saintes reliques à Aleth ne dura que quelques années, et, quand saint Jean-de-la-Grille transféra à Saint-Malo son siège épiscopal, il fit rapporter, dans sa nouvelle résidence, les corps de saint Gurval et saint Enogat, qui furent tous les deux replacés dans leur ancien tombeau, sous la chaire actuelle, à côté des reliques de saint Aaron.

A l'époque de la Révolution, M. Goret, doyen du Chapitre, fit extraire en cachette les corps de ces saints et les fit déposer, avec la jambe de sainte Ursule, un doigt de saint Jean-Baptiste, donné en 1522 à la cathédrale par Villiers de l'Ille-Adam, grand-maître de l'ordre de Jérusalem, la mâchoire de saint Méloir et tous les autres ossements que possédait alors l'église de Saint-Malo, sous le pavé de la chapelle Saint-Aaron.

La translation se fit durant une nuit du mois de septembre 1790.

Quand M. l'abbé Huchet, qu'on appelait « le grand curé », fit restaurer, il y a un certain nombre d'années, la chapelle Saint-Aaron, les ouvriers, en fouillant le sol, y découvrirent un grand nombre d'ossements qui furent enterrés, à nouveau, à gauche de la porte d'entrée de la petite chapelle, au pied même de la muraille.

Quels étaient ces ossements ? La tradition locale, fort

accréditée chez les vieux Malouins, estime que ce sont ceux des saints dont je viens de vous citer les noms. Disons, toutefois, que le corps de saint Aaron ne fut pas inhumé tout entier au pied de la chapelle. Un de ses bras, en effet, fut, de bonne heure, séparé de son corps pour être déposé dans un riche reliquaire qu'on portait processionnellement autour des remparts et dans les principales rues, lors des calamités publiques et spécialement lorsque les Anglais attaquaient notre ville.

Telle est l'histoire ancienne de la vieille chapelle Saint-Aaron, berceau sacré de notre ville, ossuaire des premiers apôtres qui jadis débarquèrent miraculeusement sur nos rivages, afin d'évangéliser la druidique et mystérieuse Scissy, le sauvage et rude Clos-Poulet.

Avec ses séculaires souvenirs ; avec ses jolies statues de bois, son saint Aaron tout droit dans sa robe de bure, son saint Malo tout d'or sous sa mitre d'évêque ; elle s'élève, au point culminant de notre rocher, dominant les plages, les villas, les hôtels, les casinos. Elle s'élève, curieux contraste, entre le présent et le passé, lointaine évocation, religieux symbole, pittoresque relique de l'antique foi qui demeure et des lointaines traditions qui s'effacent.

LA CHAPELLE SAINT-ETIENNE

Entre Saint-Servan et Saint-Jouan-des-Guérets, au-delà de l'auberge des « Sept Pertus » et la haute croix de bois plantée là, à la bifurcation des deux routes, se blottit, tout simplet, tout menu, tout petiot, le village Saint-Etienne, en contre-bas, à droite et à gauche d'une levée de terre que surmonte une pauvre vieille chapelle.

Dans cette pauvre vieille chapelle, suivant un usage très fréquent en Bretagne, une fois l'an, le jour de la fête du saint Patron, un prêtre, venu d'une paroisse voisine, célèbre le sacrifice de la messe.

Ce sacrifice de la messe est une fondation qui remonte bien loin dans la séculaire histoire de notre pays, qui remonte à Charlemagne. C'est Charlemagne, en effet, qui posa la première pierre de la chapelle en question, en reconnaissance de la grande victoire qu'il remporta sur les Maures, au milieu des marécageuses prairies de Césembre, le jour Saint-Etienne de l'an de grâce 811 après le Christ.

L'histoire est contée, telle une fabuleuse odyssée, dans un étrange poème rimé [1] qui, découvert en 1560 dans le couvent de l'île Césembre, se trouve aujourd'hui dans une

---

[1] Ce poème est, vraisemblablement, une fable, mais la tradition n'en raconte pas moins que la chapelle Saint-Etienne est une fondation qui remonte à Charlemagne.

des bibliothèques publiques de Paris. Ce poème, intitulé : « Conquête de la Bretagne-Armorique, par le pieux Charlemagne, sur un païen nommé Aquin, qui l'avait usurpée pendant trente ans », dépasse encore trois mille vers, bien que n'ayant plus ni commencement ni fin. En tout cas, tel qu'il est, il constitue encore sans contredit la plus singulière rapsodie, en même temps que l'un des traits les plus saillants, dans la très curieuse succession d'événements réels ou fictifs qui, embrumés par le lointain des ans, forment aujourd'hui l'énigmatique et merveilleux folklore de l'antique Clos-Poulet.

Bien avant que fut né le Dieu de la Vierge, Aleth, conte le poème, était une grande seigneurie. Aleth était close de hautes murailles. La mer battait à son pied, et à son pied, qui s'appelait Bizeux, se trouvait sa principale porte ainsi que le pont superbe (le pont de Bizeux ne serait donc pas une idée bien nouvelle) qui montait vers le palais d'Aquin.

Près le port, s'élevait un donjon, haut de cinquante-six pieds. Ce donjon servait de forteresse et de prison. Il servait aussi d'observatoire à Aquin, qui, de son sommet, explorait la mer afin de voir si, au loin, quelque flotte ennemie ne cinglait pas vers Aleth, dans le but de la surprendre.

Or, un matin, Aquin aperçut une armée considérable qui s'avançait en bataille.

Cette armée, forte de 63,000 hommes, c'était l'armée de Charlemagne. Arrivée par la Normandie et le Mont-Saint-Michel, elle s'allongeait comme un immense ruban, à perte de vue, jusque du côté de Caucaven, tandis que sa pointe d'avant-garde atteignait déjà les vastes prairies qui, de tous côtés, s'étendaient alors autour du rocher appelé aujourd'hui Césembre.

Lors, Aquin vit trois seigneurs et un évêque mitré qui se dirigeaient vers lui, en parlementaires. L'évêque mitré, c'était Rippé, Rippé l'évêque de Dol, qui venait lui demander s'il voulait se convertir, séance tenante, au christianisme.

Aquin fit attendre Rippé et les trois seigneurs au pied d'un laurier, puis, leur ayant fait bander les yeux, il les fit conduire à son palais.

Quand il les reçut, en audience solennelle, entouré de toute sa cour, Aquin, qui avait la barbe aussi blanche que l'écume de la vague, tenait dans sa main droite un javelot emmanché d'or.

Longtemps, en silence, il écouta les ambassadeurs, mais quand le saint évêque mitré lui parla d'abjuration, il lui lança son javelot à la tête, et son javelot, merveilleusement, atteignit le saint évêque mitré sans lui faire aucun mal.

Lors la bataille se livra. — Elle fut, pour les Maures une véritable hécatombe. — Tous les généraux du grand Charlemagne et Charlemagne en personne frappaient si fort que leurs coups d'épée et de haches d'armes pourfendaient en deux, de la tête aux pieds, les corps des ennemis. C'est même de cette boucherie de corps coupés par larges pièces que serait venue l'origine du mot « Césembre » : *A cæsis aut scissis scilicet membris* [1].

---

[1] Etymologie donnée, faussement, d'ailleurs, par François de Gonzague, général des Cordeliers, dans l'histoire des couvents de son ordre. On sait qu'il y eut plusieurs années à Césembre, un couvent de Cordeliers.

Enfin, l'assaut d'Aleth, — après bien des jours de bataille et un renfort de dix mille hommes que le Pape dut envoyer de Rome à Charlemagne, — l'assaut d'Aleth fut donné par Charlemagne en personne et son haubert fut même, de part en part, transpercé durant le combat. Mais finalement la ville fut prise. Aquin prit la fuite, et Charlemagne, après avoir traversé la Rance, se mit à sa poursuite sur un char à quatre roues.

Il le poursuivit jusqu'à Corseul, cité fort riche, bien déchue depuis déjà longtemps de son antique splendeur, et là, de sa propre main, il fit prisonnière la femme d'Aquin, princesse belle comme le jour, qui s'était suspendue, pour l'arrêter, aux rênes de son char à quatre roues. Il atteignit enfin Aquin et le tua d'un coup d'épée, au moment où ce dernier se réfugiait dans l'église d'un saint ermite nommé Corentin, qui venait d'y achever sa messe.

En souvenir de cette grande victoire, Charlemagne éleva, ainsi d'ailleurs que beaucoup d'autres chapelles, la chapelle Saint-Etienne, sur les confins d'Aleth, au cœur même du Clos-Poulet merveilleusement délivré, le jour saint Etienne, de l'occupation des païens.

CHAPELLE ET COUVENT DES RÉCOLLETS

La caserne de la rue de Toulouse, appelée la caserne Saint-François, est un ancien couvent des Récollets, couvent qui était séparé de sa chapelle par une petite rue — la rue Saint-François — sur laquelle était jeté un passage couvert, en forme de voûte, destiné à mettre en communication la chapelle et le couvent.

Aujourd'hui, couvent, chapelle et voûte ont encore à peu près conservé, extérieurement, l'aspect qu'ils avaient avant la Révolution.

C'est dans la chapelle des Récollets que se célébraient, sous la Terreur, toutes les cérémonies religieuses : sansculottides, decadis et fêtes diverses de la déesse Raison.

Quand avaient lieu ces fêtes, toutes les cloches de la cathédrale et de Saint-Sauveur carillonnaient à grande volée : l'encens fumait au pied de l'autel sur lequel grimpait une grosse fille de la rue du Pot-d'Etain, plantureuse personnification de notre déesse Raison. Alors, quand tout le monde était bien installé, la déesse Raison faisait comme font aujourd'hui les femmes-torpilles, dans nos baraques foraines, avant de faire la quête : elle montrait son petit genou. C'était le clou de la solennité.

Aussitôt, vers elle, l'air extatique, s'avançaient tous les fervents, à la queue leuleu, et, sur son petit genou, ils déposaient le plus fervent de leurs baisers. La cérémonie était toujours la même, quelle que fût la fête, decadi ou sans-culottide.

Il paraît que, chez nous, la déesse Raison n'était pas par trop prise au sérieux. Elle ne pouvait même sortir de chez elle sans être assaillie par toute la collection de quolibets qui forment le brillant répertoire des gamins du Clos-Poulet.

En 1834, notre déesse Raison, pauvre vieille fille ratatinée, parcheminée, laide à faire peur, passa de vie à trépas, après s'être très-solennellement convertie quelques années avant sa mort.

CHAPELLE ET COUVENT DE « VICTOIRE »

La chapelle sert, je crois, de magasin militaire. Quant au couvent, il est converti en caserne.

Avant la Révolution, la caserne de « Victoire » était un couvent dans une note assez originale : c'était un couvent de veuves, exclusivement de veuves, veuves de Malouins ayant appartenu à la noblesse ou à la bourgeoisie de la ville.

L'histoire ne dit pas si ces veuves, en entrant au couvent, faisaient des vœux perpétuels. Ce qu'on sait, c'est que moyennant une modique pension, elles pouvaient vivre là, fort heureuses, en qualité de grandes pensionnaires, se promenant longuement sous les vieilles arcades du cloître, tout en récitant leur chapelet, quand le cœur les y incitait, pour leurs maris défunts. Quelques-unes avaient même, dans la maison, leur entrée gratuite, grâce à une fondation de Monseigneur de Rohan, évêque de Saint-Malo.

Sous le règne de Napoléon III, Monseigneur Godefroy Saint-Marc, évêque de Rennes, se basant sur la clause concordataire qui déclare que tous les immeubles expropriés par la nation, en cas de non aliénation, retourneraient à leurs anciens propriétaires, demanda à l'État, en faveur de la fabrique paroissiale, la rétrocession de l'ancien couvent de la Victoire. Il demanda, dans les mêmes conditions, la rétrocession de l'ancien couvent de Saint-François, ainsi que de l'ancien séminaire diocésain, devenu la caserne de la Concorde.

La pétition épiscopale ne fut pas accueillie. Désormais donc, suivant toute vraisemblance pendant bien des siècles, là où les jeunes séminaristes d'antan apprenaient le Propre de l'antique diocèse de Saint-Malo, là où les veuves des gros bourgeois du Clos, enterraient pieusement le reste de leur vie, là où les saints religieux psalmodiaient leurs lentes et graves antiennes, nos petits troupiers continueront, mélancoliquement, à ânonner « l'école du soldat » et à astiquer la semelle de leurs godillots. Autres temps, autres mœurs !

LA CHAPELLE SAINT-THOMAS [1]

La place Chateaubriand, avec ses abords, formait autrefois le quartier Saint-Thomas. Ce quartier, quoique débaptisé en l'honneur de l'auteur du *Génie du Christianisme*, a conservé encore, à l'heure actuelle, en quelques parcelles, son nom d'autrefois. Ces parcelles sont : la rue Saint-Thomas, appelée, tout-jadis, la rue du Chaperon-Rouge ; les Travaux Saint-Thomas, situés au long des remparts, au-dessous du fort à la Reine ; la porte Saint-Thomas, qui s'ouvre sur la grande plage ; le bastion Saint-Thomas, enfin, d'où, en été, les jours de grande marée, on va, suivant l'expression locale, « voir la mer sauter ».

Jusqu'en l'année 1879, subsistait encore un autre vestige de l'ancien quartier Saint-Thomas. Je veux parler de la chapelle dédiée à ce saint qui, remontant au XIᵉ siècle, ainsi que le prieuré y attenant, s'élevait sur l'emplacement même occupé aujourd'hui par le *Café Continental* et qu'occupait antérieurement l'ancien hôtel du *Chêne Vert*.

En l'année 1243, l'évêque Godefroy, ou Geoffroy, fonda dans ses abords un hôpital — une Maison-Dieu, comme on disait alors, — Maison-Dieu qui compte même parmi les premières bâties en France.

[1] Documents Inédits.

Cette Maison-Dieu, en l'année 1612, fut transférée près de la Hollande, et le nouvel hospice qui fut édifié en cet endroit, grâce à la générosité des Malouins, conserva le titre de Prieuré de Saint-Thomas de Cantorbéry.

Quant à la chapelle Saint-Thomas, elle fut maintenue pour le service divin, et, jusqu'à la grande Révolution, les habitants du quartier, les dimanches et fêtes d'obligation, allèrent y entendre la messe, messe basse, dite seulement après les « Laudes », ainsi que le voulait la règle prescrite par l'insigne Chapitre pour tous les couvents et chapelles de la ville.

La messe était dite par le onzième chanoine, qui vivait de cette prébende, ainsi que son chapelain et son petit enfant de chœur.

A la chapelle Saint-Thomas était aussi chantée une messe de station, dans les calamités publiques, sauf toutefois si la calamité publique était une descente des Anglais, car, alors, on le sait, la messe de station était chantée à la chapelle Saint-Aaron, où l'insigne chapitre se rendait en procession, après avoir religieusement promené le bras de saint Aaron, richement enchâssé dans un reliquaire d'or, à travers les rues et autour des remparts, en chantant les litanies auxquelles était ajoutée cette invocation de circonstance :

A furore Anglorum
Libera nos, Domine !

C'est, enfin, à la chapelle Saint-Thomas que se faisait, avant la Révolution, la retraite préparatoire à la première communion. Durant cette retraite — détail peu connu et assurément fort touchant — une aumône de quatre sous était distribuée à tous les pauvres qui voulaient bien assister aux exercices et prier Dieu, pour que les enfants de Saint-Malo, fissent une bonne première communion.

Quand survint la Révolution, la chapelle Saint-Thomas fut fermée et on ne s'inquiéta guère d'elle jusqu'en 1826. Cette année-là, M. Boursaint, conseiller d'État et bienfaiteur de l'hospice, demanda à M. Lebreton, curé de Saint-Malo, l'autorisation de la restaurer, en s'engageant à fournir un logement et une rente annuelle de 200 francs au chapelain qui y célébrerait la messe les dimanches et jours de fête.

Pour des raisons qui nous échappent, M. Lebreton refusa l'autorisation et la vieille chapelle Saint-Thomas devint alors une écurie. Cependant, comme une lointaine remembrance de son ancienne destination, elle conserva jusqu'en 1830, comme ornementation de l'un de ses murs, un très curieux tableau, de taille monumentale, représentant un chasse-marée attaqué en mer par une sorte de fantastique serpent de mer qui, dressant ses monstrueux tentacules, armés de suçoirs, s'efforçait de monter à bord du navire, tandis que les matelots, montés dans les mâts, se défendaient du monstre, par une fusillade en règle.

Aujourd'hui, quand la saison d'été bat son plein ; quand les étrangers, avec la pittoresque fantaisie de leurs toilettes claires, se rendent à la plage, sillonnant la place de leur séduisant va-et-vient ; quand les lourds omnibus passent, secouant leurs incroyables échafaudages de malles ; quand les tables de café débordent, en se bousculant, du trottoir trop étroit, et s'allongent, s'allongent bien loin sur la voie publique, entourées de groupes exotiques qui écoutent, en sirotant, un air quelconque de l'antique *Trouvère*, que pince langoureusement sur la guitare une troupe de musiciens ambulants, qui donc, alors, qui donc pourrait reconnaître le vieux quartier Saint-Thomas du moyen-âge, devenu la place Chateaubriand du nouveau Saint-Malo balnéaire ?

Il devait cependant, lui aussi, avoir bien son cachet, le vieux quartier Saint-Thomas d'autrefois, avec son antique chapelle du XIe siècle, sa large et hospitalière Maison-Dieu, son prieuré gothique, ses maisons de bois à vitraux bleus et à toits pointus, son château entouré de douves et relié à l'esplanade par une série de ponts-levis.

Aussi, fermant les yeux, j'aime bien me le figurer, dans mon esprit, au moment où la poste le traversait, en claquant du fouet, en secouant ses grelots; au moment, surtout, où messieurs de la Saint-Jean, tout vêtus de blanc, s'avançaient, bannières en tête, tel un vrai décor du moyen-âge, distribuant à la foule leurs cornets de dragées et aspergeant d'eau bénite le grand feu d'arbres que, le jour de leur fête patronale, ils embrasaient, là, au milieu des nuages d'encens et des psalmodiements de prières.

CHAPELLE ET COUVENT DES BÉNÉDICTINS DE SAINT-MALO [1]
(AUJOURD'HUI L'ENTREPÔT DES TABACS)

Au mois de Février 1611, plusieurs Bénédictins anglais, obligés de quitter leur pays à la suite du schisme né avec Henri VIII, abordèrent à Saint-Malo, ayant à leur tête Guillaume de Gifford.

Leurs débuts furent modestes : ayant refusé la direction du nouvel Hôtel-Dieu qu'on bâtissait alors auprès des moulins Colin [2], ils furent s'installer à Clermont, en Paramé, dans une propriété qui leur fut donnée par les sieurs Bodin de Clermont et Gilles Toustin du Moulin-Neuf, propriété d'où dépendait la chapelle de N.-D. de Liesse, où ils devaient célébrer la messe tous les lundis, ainsi qu'à chacune des sept fêtes de la Vierge.

Ils restèrent dans cette propriété, où ils s'étaient bâtis six petites cellules, jusqu'en 1616, s'occupant spécialement de recruter des novices pour leur ordre, après quoi ils se décidèrent à venir en ville et achetèrent une partie de l'ancien manoir épiscopal du placitre Saint-Aaron.

Le 25 juillet 1617, ils présentèrent au gouverneur une

---

[1] Titres et documents inédits.
[2] La Hollande.

requête pour être autorisés à bâtir, auprès de leur nouveau monastère, une chapelle dans laquelle ils s'engageaient à ne jamais dire que des basses messes et à ne faire aucune cérémonie qui put écarter les fidèles de l'église cathédrale.

L'évêque ratifia la requête, mais quand les Bénédictins eurent commencé leur construction, le Chapitre, un beau matin, s'imagina d'en défendre expressément la continuation, déclarant que ses droits avaient été gravement lésés, parce qu'on ne l'avait pas consulté et les constructions ne furent reprises que lorsque les Bénédictins eurent solennellement promis que leur maison de Saint-Malo ne serait jamais ni abbaye ni monastère, mais un simple lieu de refuge. Le roi, sur cette promesse, ainsi que le parlement de Bretagne, autorisent la reprise des constructions, sous la condition, toutefois encore, que les Bénédictins anglais auraient toujours un supérieur de nationalité française.

Au mois de novembre 1630, nouvel arrêt des constructions, imposé par l'insigne Chapitre de nouveau pris de peur, un beau matin, que leur cathédrale se désertât, au profit de la nouvelle église. Alors, arrêt définitif du conseil du roi, ordonnant son achèvement, arrêt en date du 11 août, rendu à l'instigation des Malouins ravis, eux autres, d'avoir une nouvelle église qui semblait déjà devoir être aussi belle qu'une cathédrale.

Cependant, les Bénédictins anglais sortis d'un danger, tombèrent aussitôt dans un autre, plus grave que les précédents. Monseigneur de Harlay, évêque de Saint-Malo, le 16 février 1635, leur annonça sa visite épiscopale, les informant qu'ils avaient à reconnaître sa suprématie ou bien à se rallier à l'ordre des Bénédictins de Saint-Maur, c'est-à-dire à l'ordre des Bénédictins réformés de Saint-Benoist, les seuls en réalité autorisés en France par lettres patentes de Louis XIII, en date du mois d'août 1618.

Les Bénédictins, placés dans cette alternative, préférèrent encore, au lieu de changer d'ordre, ouvrir leurs portes à l'Evêque. Ils lui firent même une superbe réception, ainsi qu'au père visiteur des Bénédictins Bretons, ce qui leur valut l'autorisation, pour l'avenir, de chanter chez eux la grand'messe et les vêpres.

Ils ne furent pas, toutefois, laissés longtemps en repos. Le roi, en effet, qui les voyait, avec peine, s'installer dans un port si près de la frontière anglaise, leur fit rappeler l'engagement qu'ils avaient contracté de prendre un supérieur de nationalité française. Alors, estimant qu'ils n'en finiraient jamais avec les tracasseries de toutes sortes dont on semblait s'amuser à les harceler, ils offrirent leur établissement aux Jésuites de Saint-Aaron, puis aux Bénédictins de Saint-Maur, auxquels ils le cédèrent, par contrat de vente, le 1ᵉʳ mars 1669.

Les Bénédictins de Saint-Maur s'appliquèrent, aussitôt, à faire de leur église un des plus beaux monuments de Bretagne, grâce aux dons qui leur affluèrent de toute part. Entre cent, citons parmi ses plus généreux bienfaiteurs : Mmes de Lalande-Magon, des Landes Sérée, des Vallées Briand, des Fougerais, des Antons Boullain, Magon de la Chipaudière, de la Lande, Dupont Bougis, de la Franquerie le Brun, Magon de la Gervisais, Magon de Closdoré, de la Vaudraude, de la Guérandais, le comte de Plouër, la veuve Noual de l'Ecluse... Tous vieux noms du nobiliaire malouin, pour la plupart à jamais éteints depuis de bien longues années !

Dans l'espace de quarante ans, plus de 200,000 livres passèrent à son établissement. Célèbre dans l'ordre entier des Bénédictins, on l'appelait « le Bijou de la congrégation ». Par la pureté de son style, par la richesse de ses décorations, elle méritait grandement ce titre. Faisant face, au Nord, sur la vieille rue Saint-Benoist, elle mesurait 105 pieds de long, sur 25 de large. Ses chapelles, sortant de dix pieds en saillie, à droite et à gauche de la nef, étaient décorées de magnifiques autels, la plupart en marbre : autel du Saint-Esprit, autel de N.-D. de la Pitié, autel de la Conception de la Vierge, autels de Sainte-Marguerite, de l'Ange Gardien, de la Sainte-Vierge.

Jeu d'orgue, sonnerie de cloches, chaire sculptée, stalles en vieux chêne, tout, dans les détails comme dans les grandes lignes, était du meilleur goût et de la plus riche élégance.

Quant au grand autel, il fut édifié sur le plan qui fut dressé en 1710, par Guillaume de la Tremblaye, religieux convers de la congrégation et fut bénit par Monseigneur Desmaretz, évêque de Saint-Malo. En souvenir de cette bénédiction, une plaque de plomb bronzée fut scellée du côté de l'Evangile, avec cette inscription : « *Lapis fundamentalis hujus altaris positus est ab illustrissimo et reverendissimo D. D. Vincentio Francisco Desmaretz, episcopo San-Maccloviensi, die 19 februarii anno Dii 1712* ».

Cet autel, véritable joyau d'architecture, était entièrement construit en marbre blanc, depuis le pavé qui le supportait jusqu'à ses chapiteaux et son couronnement. Ce marbre blanc, en partie de Gênes, était un don de M. du Colombier-Gris, de M. de Beauvais et de Mme de Granville.

Trois remarquables statues, œuvres de François Schiaffino, artiste italien, et cadeau d'une dame qui voulut rester inconnue, décoraient le fond de ce magnifique autel. Ces trois statues, qui furent apportées à Saint-Malo par le navire *le Saint-Jacques,* coûtèrent 9000 francs, chiffre très élevé pour l'époque.

On les connait, ces trois statues : ce sont elles qui ornent actuellement le chœur de notre cathédrale, après être restées, jusqu'en 1801, reléguées dans l'ancienne grande boucherie, côte à côte avec la guillotine de la Révolution. A cette époque, accordées par la Municipalité à l'Eglise Saint-Sauveur, elles prirent, on ne sait trop grâce à quelle influence, le chemin de la cathédrale, où elles sont encore.

Du côté de l'Evangile, c'est la statue de Saint-Benoist ; du côté opposé, c'est la statue de la Foi, qui se dresse dans une pose éminemment janséniste, tenant un ciborium dans sa main droite qui se lève. Jadis, au lieu d'être en plâtre, ce ciborium était en or et recevait le Saint-Sacrement. En arrière du bras de la statue, on distingue encore la rainure dans laquelle glissait le cordon de soie qui, tenant le ciborium, venait aboutir dans le tabernacle, permettant ainsi de le monter et de le descendre à volonté.

Au mois d'avril 1790 fut fermé le couvent des « Capucins de Saint-Malo ». Depuis longtemps cette fermeture était prévue. Les capucins de Saint-Malo, comme les appelait le peuple auprès duquel ils étaient très populaires, n'étaient plus alors que trois, parmi lesquels il faut nommer le prieur M. Cunat, qui périt dans les noyades de Nantes.

Argenterie, mobilier, lingerie, ornements d'église, furent pillés ou vendus. Quant à la bibliothèque, renfermant plus de trois mille volumes qui provenaient, pour la plupart, de l'abbaye de Léhon, elle avait été, dès 1789, en prévision de ce qui survint, expédiée chez les capucins de Quimper.

Tour à tour, les différents immeubles composant le couvent furent vendus comme biens nationaux. Seuls le cloître et l'église, convertis d'abord en caserne, puis en grenier d'abondance, demeurèrent à la nation.

En 1812, l'église et le cloître furent eux-mêmes morcelés, et c'est dans ce morcellement que se trouve aujourd'hui l'entrepôt des Tabacs.

Ainsi, ici-bas, tout finit en fumée.

LES CHAPELLES EN PLEINE MER

A cette époque-là, notre rocher n'était pas encore un nid de corsaires, avides de batailles et écumeurs de mers. A cette époque-là, ce n'était même pas la ville claustrale et recueillie du moyen-âge, prébende d'un insigne Chapitre et d'un puissant évêque, ville monastique tout imprégnée d'un mystique parfum d'encens. A cette époque-là, ce n'était encore qu'une sorte de Thébaïde maritime, un refuge de très nombreux solitaires vivant, chacun sur son rocher, séparés du reste du monde par les flots de la mer : c'était chez nous l'ère crémitique, ère primitive et originelle de notre pays.

Alors, sur tous les îlots, sur toutes les roches qui nous entourent, sur l'île Harbourg, sur Césembre, sur les Beys, s'élevaient, à la place des fortifications actuelles, de petites chapelles, édifiées par les pieux ermites, venus pour évangéliser le druidique Clos-Poulet.

Ainsi, à Césembre, aux quatre coins de l'île, il y avait quatre petites chapelles. Au nord, c'était la chapelle Saint-Michel ; au sud, la chapelle Notre-Dame-de-l'Ile ; à l'ouest, près du moulin des Moines, c'était la chapelle Saint-Joseph ; à l'est, enfin, c'était la chapelle Saint-Sauveur. Il y avait aussi, à Césembre, la grotte de saint Brandan, confesseur de saint-Malo, grand saint Nicolas du Clos-Poulet, qu'invoquent encore aujourd'hui les jeunes filles en quête de maris. A Césembre, enfin, il y avait, mais un peu plus tard, le célèbre Pierre-le-Solitaire. Or, Pierre-le-Solitaire, raconte la légende dorée, vivait, miraculeusement nourri par deux corbeaux inséparables qui, lorsqu'ils s'éloignaient de l'île, étaient aussitôt remplacés par deux autres corbeaux. A Césembre, il y avait enfin la chapelle du couvent.

Au Petit-Bey, appelé le Mont Olivet, il y avait aussi une petite chapelle, très vieille, et dont on ignore même la lointaine origine.

Sur l'île Harbourg, où se trouvait, avant l'engloutissement de 709, le port principal de l'antique Aleth, s'élevait, très honorée, une chapelle consacrée à saint Antoine, et, les jours de marée, les aïeules de nos grand'mères ne manquaient jamais de s'y arrêter dire un bout de prière, afin, grâce à saint Antoine qui fait trouver tout, de trouver du lançon, en abondance, sur les grands bancs de sable environnants. C'est au pied de cette chapelle, raconte la tradition, que le vieil ermite Aaron, tel qu'il est représenté dans un des tableaux de la cathédrale, accueillit saint Malo, au moment où il débarquait sur le rivage du Clos-Poulet, et c'est dans cette chapelle aussi que ce dernier récita, dans notre pays, sa première prière à Dieu.

Sur le Grand-Bey s'élevait, bâtie par les ermites, la chapelle Sainte-Marie du Laurier, chapelle qui fut plus tard dédiée à saint Ouein, évêque de Rouen, et que le peuple, par corruption de langage, baptisa du nom de *chapelle Sainte-Ouine*.

C'est dans cette chapelle, durant tout le moyen-âge, que l'insigne chapitre de Saint-Malo, le jeudi avant le quatrième dimanche de carême, allait processionnellement chanter sa messe conventuelle, messe de la Férie, en y faisant seulement mémoire de saint Ouen, à moins qu'il ne fût double de deuxième classe, d'après les prescriptions du vieux rite malouin. L'étole, à l'aller et au retour, était portée par le chanoine titulaire de Saint-Malo, qui, vu l'importance de la fête, ne pouvait, pour aucune raison, la passer à son chapelain.

L'insigne chapitre descendait sur la grève par l'ancienne petite porte de Bon-Secours, murée seulement, on s'en souvient, depuis quelques années, et qui, alors, ne devait s'ouvrir que dans de très rares circonstances.

Un jour, sous le règne de Louis XIV et l'épiscopat de Monseigneur des Marets, la procession étant sortie comme de coutume, pour aller chanter, au Grand-Bey, sa messe conventuelle, comme de coutume aussi, les gens de l'Évêque et du Chapitre se mirent à monter la garde à la petite porte de Bon-Secours.

Alors, un nouveau lieutenant du roi, gouverneur du Château, s'imaginant que toujours, dès que cette porte s'ouvrait, même pour une procession, il en avait la garde exclusive, y envoya, sans retard, un poste de soldats[1].

Mal lui en prit. Le commandant de la milice malouine, trouvant, en effet, que c'était là porter atteinte aux droits de la ville, fit aussitôt battre le rappel, réunit en toute hâte cinquante hommes sur la place du Pilori, traversa au pas de course la rue du Bey, et tomba sans merci sur les soldats du gouverneur, dont trois furent tués et dix blessés.

---

[1] Archives municipales et divers documents inédits.

Surpris par une attaque aussi imprévue, les soldats du gouverneur battirent immédiatement en retraite, suivis des huées de la population, qui empêcha même le transport des blessés à l'hospice de la ville.

Cependant, le Chapitre et l'Évêque, jugés responsables de ce méfait, furent cités, au Criminel, devant le Parlement de Bretagne. Ils plaidèrent l'incompétence, et Louis XIV, qui avait alors besoin de la bourse des Malouins, s'empressa d'envoyer l'ordre de suspendre toutes poursuites.

Conclusion de l'incident : la porte de Bon-Secours, durant la messe annuelle dite au Grand-Bey, resta, dans la suite, et sans dispute, confiée à la garde des gens de l'Évêque et de l'insigne Chapitre.

C'est aussi à la chapelle Sainte-Ouine que se rendait, à une de ses sorties, jusqu'à l'année 1661, la procession des Rogations, et, c'est autour d'elle, on le sait, que s'est tenue jusqu'à la moitié de ce siècle la célèbre assemblée des saucisses et des cimereaux appelée « la Sainte-Ouine ». Ce fut, cependant, à partir seulement du fameux incendie de Saint-Malo que « la Sainte-Ouine » se tint sur le Grand-Bey. Précédemment, sous le nom pittoresque de « foire aux Sublets », elle avait lieu dans la Grand'Rue, le dimanche de la mi-carême. Par une ordonnance de Monseigneur Pierre de Laval, du 8 novembre 1513, confirmée par la duchesse Anne, « l'assemblée aux Sublets » fut retardée jusqu'au lundi de Pâques, date qu'elle a conservée jusqu'à l'année 1661.

Aujourd'hui, l'ancienne assemblée « des Sublets », devenue plus tard la « Sainte-Ouine », a transporté ses saucisses et ses cimereaux, sur le quai Saint-Louis. Les ruines de la chapelle Saint-Ouine ont, elles-mêmes, disparu depuis longtemps.

La petite porte de Bon-Secours est murée, et la génération actuelle ne s'en souvient plus déjà que comme d'un lointain souvenir d'enfance. Depuis des siècles, l'insigne Chapitre de Saint-Malo est mort à jamais. Tous les événements passés, tous les curieux épisodes dont le Grand-Bey a été le théâtre se sont lentement évanouis de toutes les mémoires. Tous, ils ont été absorbés par un seul : un seul les a tous fait oublier. Ce qu'il était, le Grand-Bey, ainsi que l'indique son étymologie, au temps de la forêt de Scissy, au temps de l'ère druidique, il l'est redevenu au temps de la civilisation balnéaire : il est redevenu « la grande tombe ».

Aujourd'hui, avec ses ruines couvertes de plantes agrestes, son antique souterrain à demi comblé, son décor très romantique, il n'est plus, pour tout le monde, le Grand-Bey du Moyen-Age, il n'est plus que le tombeau de Châteaubriand !

LE CLOS-POULET EN PÈLERINAGE

Dans toute la Basse-Bretagne, et spécialement dans le pieux Morbihan, leur terre classique, c'est durant la belle saison, que s'organisent les pèlerinages.

Le printemps fleurit. Aussitôt, voilà toutes les paroisses, voilà Arzon, Auray, Muzillac, Armor, Baden, Sarzeau, Theix, Saint-Gildas de Rhuys... les voilà toutes, précédées de leurs bannières et de leurs recteurs en surplis, par groupes, comme les dizaines d'un long rosaire ambulant, qui cheminent par les genêts et les broussailles vers la Basilique sacrée, dont la haute statue s'irradie dans les grisailles du ciel embrumé.

Chez nous, et cela depuis bien des siècles, s'il faut en croire la belle légende dorée du vieux Clos-Poulet, le sanctuaire privilégié des pèlerins, c'est l'église de Saint-Jouan-des-Guérêts.

On était au mois de Juin de l'an de grâce 1769.

Depuis un an, un beau gentilhomme du pays, le sieur Michel Pottier des Saudrais, avait épousé sa gente fiancée, Olive du Chêne, et Olive du Chêne était sur le point de devenir mère. Ce soir-là, les deux jeunes mariés avaient dîné chez des amis, à Saint-Servan, au Château-Vert, en la Roulais.

Tous deux, bras-dessus, bras-dessous, regagnaient Saint-

Malo, en regardant les étoiles. Déjà ils étaient arrivés à l'entrée du Pont-du-Val, sur la petite grève, quand tout-à-coup Noguette se mit à sonner. Au tintement de Noguette, répond aussitôt la trompette du chiennetier, et voilà, en même temps, les chiens du guet qui accourent, aboient, bondissent. Notre couple apeuré tombe à genoux sur le sable, promettant un pèlerinage à Saint-Jouan-des-Guérets. Alors, comme le lion de Florence, les chiens subitement s'adoucissent et se mettent tous à décamper, vers le ruisseau du Routhouan.

En accomplissement du vœu promis, un solennel pèlerinage d'actions de grâces fut organisé, et dans l'église de Saint-Jouan fut suspendu, en *ex-voto*, un beau tableau qui retraçait la scène miraculeuse : ce tableau, en 1793, fut brisé par les révolutionnaires du pays.

Aujourd'hui encore, l'église de Saint-Jouan-des-Guérets est le sanctuaire privilégié du Clos-Poulet. Seulement, au Clos-Poulet, ce n'est pas, en été, comme à Sainte-Anne, comme dans le reste de la Bretagne, c'est en hiver que s'organisent les plus grands pèlerinages.

Les plus grands pèlerinages, ce sont ceux des marins, des Terreneuvas. Une fois leur navire rentré au port, il n'est pas rare, à cette époque de l'année, de les voir, nu-pieds, précédés d'un vicaire de Saint-Servan, cheminer sur la grande-route qui mène à Saint-Jouan. Arrivés à la jolie chapelle de Lorette, éternellement verdoyante sous son grand voile de lierre, ils s'arrêtent, et, se mettant à genoux, ils entonnent l'hymne des marins, *Ave Maris Stella*. Alors ils gravissent la côte, et, parvenus au terme de leur pèlerinage, en face l'autel privilégié de la Vierge, au milieu

24

des tableaux naïfs et des *ex-voto* si vieux qu'ils tombent en poussière, ils entendent le Saint-Sacrifice de la messe, en reconnaissance pour la Vierge qui les a préservés miraculeusement des tempêtes, des brumes et des banquises.

Il est bien évident que les Terreneuvas ne sont pas les seuls fervents de Notre-Dame de Saint-Jouan-des-Guérêts, et je suis même certain qu'il n'est pas une seule belle dame du Clos, qui n'ait pas, vers elle, au moins une fois dans sa vie, fait un petit pèlerinage.

Jusqu'à Lorette, elle a causé avec sa compagne de route, elle a regardé les champs et les passants. A Lorette, elle a pris son chapelet, et, dévotement, tout au long du chemin, elle l'a récité avec ferveur.

Elle l'a récité avec ferveur, peut-être pour l'un de nous, car nos vieilles mères, vous le savez, ont toutes une grande dévotion, — une dévotion qu'elles tiennent elles-mêmes de leurs mères, — en Notre-Dame de Saint-Jouan-des-Guérêts, patronne du Clos-Poulet.

XIII

LES ÉVÊCHÉS DISPARUS
(ALETH, SAINT-MALO, DOL.)

PÈLERINAGE A LA CATHÉDRALE D'ALETH.
LE DERNIER JOUR DES ÉVÊCHÉS DE DOL ET SAINT-MALO.
DES CÉRÉMONIES QUI AVAIENT LIEU LORSQUE LE NOUVEL
ÉVÊQUE DE SAINT-MALO PRENAIT POSSESSION DE SON SIÈGE
ÉPISCOPAL. — LE POURPRIS DU CHAPITRE.
LE TOMBEAU DE L'INSIGNE CHAPITRE DE SAINT-MALO.

Mardi, 11 Novembre 189...

PÈLERINAGE A LA CATHÉDRALE D'ALETH

La semaine passée, je suis allé, ainsi que beaucoup d'autres, voir les anciennes fondations de l'église d'Aleth. On sait que des fouilles, pratiquées autour de la Cité, il y a peu de temps, les ont découvertes et ont même permis de reconstituer le plan de la très ancienne cathédrale.

Ces fondations, tant de fois séculaires, qui ont secoué un beau matin le linceul de terre qui les recouvrait, évoquent à notre esprit la plus curieuse vision d'un monde qu'on croyait à jamais disparu. Elles sont, en effet, le dernier lambeau, le suprême souvenir, la dernière trace de ce qui s'appela, jadis, le Clos-Poulet.

Le Clos-Poulet !... Aujourd'hui, quand ce mot vient aux lèvres, on croit à un sobriquet dont notre pays a été baptisé, on ne sait trop pour quelle raison. Le Clos-Poulet ! ce n'est pas là, pourtant, un sobriquet. C'est un nom. C'est le nom d'un pays disparu: un pays, en partie noyé dans les flots et en partie enseveli sous la terre.

Au temps de la forêt de Scissy, sur le bord d'une rivière appelée aujourd'hui la Rance, tout près d'un lac qui se nommait la Mare Saint-Coulman, se dressait une butte, s'avançant en forme de presqu'île.

Sur cette butte, après la défaite des Pyrénées, vinrent s'établir des bandes de Sarrasins. Là, ils bâtirent une ville qui fut appelée Gwic-Aleth ou Quidaleth. Lentement, le territoire autour de cette ville se couvrit de villages et ce territoire prit, dans l'histoire du temps, le nom de Pagos-Alethos. A ses frontières, s'élevait un village dont l'appellation est significative : c'est Saint-Pierre-Marc-en-Poulet, Sanctus Petrus de Marco, in pago Aletho.

L'église cathédrale du Clos-Poulet survécut, durant des siècles, aux invasions, aux dynasties, aux cataclysmes de la nature et aux ravages des peuples.

Bien vite, sans doute, elle perdit son titre d'église épiscopale, puisque dès saint Jean de la Grille, l'évêché fut transporté chez nous, à Saint-Malo. Ce fut même ce transfert qui donna le jour à cette rivalité qui, divisant les deux villes voisines, s'est perpétuée, jusqu'à nos jours, sans avoir encore trouvé un Homère digne de chanter sa longue épopée.

Cependant, privée de son évêque, l'église d'Aleth n'en conserva pas moins son Chapitre qui, seulement en l'année 1321, se transporta à l'église paroissiale actuelle, ne laissant qu'un simple recteur pour desservir l'ancienne cathédrale.

Aleth, d'ailleurs, la ville qui l'entourait, avait peu à peu disparu. Ses murailles avaient été rasées dès 1255, et, en 1759, quand furent construits les glacis du fort de la Cité, il y avait des siècles déjà que l'antique Aleth était une ville morte.

Jusqu'en 1747, ainsi qu'en témoigne un curieux manuscrit de cette époque, les ruines de l'antique cathédrale restèrent cependant fort reconnaissables. Les costales du chœur et de la nef étaient encore debout, et ce fut, sur leur emplacement, qu'on bâtit la petite chapelle Saint-Pierre.

Depuis l'épiscopat de saint Jean de la Grille, jusqu'à l'époque de la Révolution, c'était la coutume que le Chapitre de Saint-Malo allât, en corps, précédé de sa musique et du clergé paroissial, rendre publiquement hommage, le mercredi des Rogations, à ce qui restait de l'église-mère d'Aleth.

Or, à cette procession, qui rappelait à Saint-Servan le souvenir de son antique déchéance, se manifestait, par force horions et taloches, la rivalité des deux cités.

Il y a, à peine un demi-siècle, dans les mêmes circonstances et à la même date commémorative, horions et taloches pleuvaient, d'ailleurs, comme aux meilleurs jours d'antan.

Les mères de famille redoutaient, comme le loup blanc, la procession des Rogations, et beaucoup, paraît-il, pour empêcher leur chérubin d'assister à cette procession, cachaient sa culotte, la veille au soir, aussi bien que pouvait le faire leur tendresse maternelle.

Mais, au fond de quelque armoire, la culotte se retrouvait toujours, et, sournoisement, la casquette à la main, le chérubin se glissait à la queue de la procession, entonnant à pleins poumons le pieux répons : *Te rogamus, audi nos !*

Et la procession, franchissant les remparts, arrivait sur le quai, gagnait le barrage : *Te rogamus, audi nos !*

Tout à coup, une autre procession apparaissait. Voilà Saint-Servan ! Saint-Servan approche, et alors les gamins des deux villes s'empoignent : les nez se pochent, les casquettes s'envolent ! Pauvre maman, que n'as-tu mieux caché, dans la grande armoire, la culotte de ton chérubin !

Mais je m'écarte de mon sujet. Eh ! pourquoi pas ?.. puisque déjà mon sujet n'existe plus. Les dernières ruines de la vieille cathédrale sont recouvertes de terre. Debout, il ne reste plus qu'un pilier encastré dans un mur de clôture, et ce pilier, c'est tout ce qui subsiste maintenant de l'antique Aleth, capitale du Clos-Poulet !

Cependant sur les ruines de l'antique Aleth disparue, Saint-Servan s'élève et Saint-Servan est comme la ville neuve, par rapport à Aleth. Or, Saint-Servan, lui-même, a bien aussi une origine qui ne date pas d'hier et dont on peut ici dire, au moins, un mot.

Saint-Servan, en effet, qui a pour fondateur le saint qui porte ce nom, a, en même temps, comme fondateur un proche parent de Notre-Seigneur Jésus-Christ.

Oui, Saint-Servan était parent de Jésus-Christ. Je trouve, en effet, sa généalogie ainsi établie dans l'ancien bréviaire à l'usage de Saint-Malo, imprimé le 18 mai 1537, N° 1596bis :

« Anna quoque et Esmeria sorores fuerunt. Anna vero
» peperit sanctam Dei Genitricem Mariam. Esmeria autem
» peperit Elisabeth et Eliud. Elisabeth, Joannem Baptistam.
» Eliud, frater ejus, genuit Emen. Emen autem, *sanctum*
» *Servatum*, ex felicissima uxore sua Memelia nomine ».

SORORES :

Sᵗᵃ Anna	Esmeria	
Sᵗᵃ Maria	Sᵗᵃ Elisabeth	Eliud
Jesus Christus	S. Joannes Baptista	Emen
»	»	S. Servatius

Allons, cette fois-ci, sont-ils assez enfoncés, tous ces Malouins, si fiers de leurs ancêtres !

LE DERNIER JOUR
DES ÉVÊCHÉS DE DOL ET SAINT-MALO

Notre ville, depuis quelques années, est, en quelque sorte, redevenue un évêché, puisque l'archevêque de Rennes porte maintenant également le titre d'évêque de Dol et de Saint-Malo.

Cependant, c'est, on le sait, en 1790, lorsque les neuf évêchés de Bretagne furent réduits à cinq (un par département, comme dans le reste de la France), que l'antique siège épiscopal de notre ville se trouva, en réalité, absorbé par les nouveaux diocèses et que l'évêché de Saint-Malo disparut véritablement. Quand, à Saint-Malo ainsi qu'à Dol, on apprit la fâcheuse nouvelle, ce fut une véritable consternation.

Il faut toutefois le reconnaître, les Malouins trouvaient la seigneurie ecclésiastique trop puissante, et nous-mêmes avons relaté, à différentes reprises, combien ils se plaisaient à fronder avec elle. Aussi, n'auraient-ils peut-être pas été trop fâchés si une petite saignée avait été pratiquée dans les droits de leur Évêque et du Chapitre; mais, d'une simple saignée à la mort complète, il y avait trop loin, et, en lisant les relations de l'époque concernant la suppression de notre évêché, on peut affirmer que celle-ci produisit une désolation générale.

Le jeudi 14 avril 1790, vers dix heures du matin, à la fin de sexte, une Commission municipale se présenta dans le chœur de la cathédrale et signifia officiellement à l'évêque et à tous les membres de l'insigne Chapitre l'ordre absolu de cesser, le soir même, leurs fonctions.

Cette signification fut spécialement adressée à l'évêque en sa qualité de co-seigneur temporel de la ville et du territoire de Saint-Malo.

La même signification enjoignait au curé de célébrer le dimanche suivant, aux heures accoutumées, le culte paroissial dans le chœur de la cathédrale, jusqu'à ce jour, exclusivement réservé à l'insigne Chapitre.

Les chanoines désolés se retirèrent dans la salle capitulaire, située dans la cour de la Chanterie, salle qui a été démolie il y a peu d'années, en même temps que la voûte qui se trouvait à cet endroit. Dans cette dernière assemblée, les hauts et puissants chanoines malouins rédigèrent une lettre de protestation, pleine de dignité et de sagesse, qu'ils adressèrent immédiatement à la Municipalité. On peut lire cette lettre dans l'ouvrage si justement apprécié de M. Robidou : *Histoire et Panorama d'un beau Pays*.

Cependant, le soir même, la grande grille du chœur fut fermée. Les vingt-quatre chanoines malouins, une fois leur protestation rédigée, quittèrent aussitôt leur salle capitulaire, et, en traversant la place de la cathédrale, ils entendirent proclamer et virent, affichée à tous les carrefours, l'ordonnance qui les supprimait.

La suppression de l'évêché de Dol, date de la même époque. Ce fut le Directeur du district qui fut chargé de notifier aux chanoines le décret de suppression. Voici comment débute le procès-verbal, très peu connu, qui fut rédigé à cette occasion :

Du 19 novembre 1790.

« Nous, Thomas-Jacques Corbinais, Jean-Joseph Hébert et Mathurin Julien Garnier, administrateurs composant le directoire du district de Dol, déférant au réquisitoire de François-Louis Gaultier, procureur-syndic, du matin de ce jour, sur l'exécution de l'art. 20 du décret du 12 juillet 1790 publié en cette ville le 17 octobre dernier, certifions nous être, ce jour 19 novembre 1790, transportés du lieu de nos séances, en compagnie du dit procureur-syndic et de notre secrétaire-greffier, jusqu'à l'ancienne cathédrale de cette ville à l'effet d'y rapporter état et inventaire des choses, titres et objets à l'usage des ci-devant chanoines et leurs officiers, même d'apposer partout où besoin sera le sceau de ce district, et, finalement, de donner au procureur-syndic tels apurements qu'il requerra et qui conviendront, où étant arrivés vers trois heures de relevée, néanmoins à l'issue de l'office et, entrés dans le chœur, l'un de nous a fait connaître aux chanoines et autres y réunis le motif du présent, avec prière de nous suivre dans la sacristie pour y être présents à nos opérations, à quoi déférant, ils nous y ont introduits, et, tous entrés, le procureur syndic a requis qu'il fût donné en tant que de besoin lecture de l'art. 20 du décret du 12 juillet dernier, ce qui a été fait par notre secrétaire..... »

Dès que les chanoines furent entrés à la sacristie [1], le

---

[1] *Cathédrale de Dol*, par Toussaint Gautier.

procureur-syndic leur donna lecture du décret qui ordonnait leur suppression. Cette lecture terminée, l'un d'eux, Gilles Deric, requit le procureur syndic d'insérer dans son procès-verbal une lettre de protestation, conçue dans le même esprit que celle rédigée par le Chapitre Malouin. Puis, les portes furent fermées, tout office fut interdit. Les chanoines se retirèrent dans leurs hôtels spéciaux, qui se trouvaient dans la rue *Ceinte*, rue ainsi dénommée parce que, le soir, cette rue se fermait à ses deux extrémités, ainsi, du reste, que le pourpris du Chapitre Malouin.

Ainsi finit le Chapitre de l'antique ville de Dol, après une existence de plus de mille ans.

Avec le Chapitre de Dol la prospérité de la vieille cité s'émietta rapidement. La Révolution, du reste, lui porta de rudes coups et lui enleva, une à une, toutes ses prérogatives. C'est pourquoi, à la date du 13 germinal an XIII, la municipalité crut même devoir adresser au ministre de l'intérieur une supplique qui fait un tableau fort saisissant de l'état d'abandon où la Révolution laissa la ville de Dol.

Voici les principaux passages de cette supplique qui est, assurément, une des pages les plus curieuses dans l'histoire du Clos-Poulet :

« Monseigneur,

» Nous avons l'honneur de mettre sous vos yeux l'état des pertes que la ville de Dol a essuyées depuis la Révolution. S'il est beaucoup de villes en France qui aient été maltraitées parc et événement, il en est peu qui l'aient été autant qu'elle, proportion gardée, et qui doive fixer plus les regards paternels du gouvernement.

« Cette cité, quoique devenue petite par les guerres, comme frontière de l'ex-Normandie et les différentes révolutions des siècles, possédait tout ce qui convenait à cette ville, sinon du premier ordre, mais du second, et, sous tous les rapports, ce qui était nécessaire pour rendre ses habitants heureux : Évêché, Chapitre assez riche, maisons religieuses pour hommes et femmes, collège.

» Enfin, elle était dernièrement chef-lieu de district ou d'arrondissement, tribunal de première instance, où soixante mille personnes des environs trouvaient l'expédition de leurs affaires...

» De tous ces avantages précieux il n'existe plus rien, si ce n'est le souvenir du bonheur passé !

Pauvre ville de Dol : sa supplique est vraiment navrante ! Cependant, pour se consoler, elle peut bien regarder autour d'elle. Elle a bien des compagnes d'infortune ! La roue de la Fortune, en effet, tourne pour les villes aussi bien que pour les individus. Les villes de Bretagne, jadis prospères, sont, pour la plupart, comme elle, réduites à déplorer le brillant passé disparu. Quant à Saint-Malo, le prospère Saint-Malo d'antan, il est, lui aussi, sinon autant que Dol, au moins quelque peu déchu de sa prospérité d'autrefois. Heureusement qu'actuellement il semble avoir trouvé un moyen de prospérité en devenant une station balnéaire. Puisse-t-il profiter de cette suprême ressource !

DES CÉRÉMONIES QUI AVAIENT LIEU LORSQUE LE NOUVEL ÉVÊQUE DE SAINT-MALO PRENAIT POSSESSION DE SON SIÈGE ÉPISCOPAL.

Les curieuses cérémonies qui s'accomplissaient jadis, lorsque l'Évêque de Saint-Malo, nouvellement élu, venait prendre possession de son siège épiscopal, ne nous apparaissent plus aujourd'hui, à travers le lointain des siècles, que comme une pittoresque évocation, une scène chaudement colorée de l'antique Moyen-Age, un aspect spécialement caractéristique du claustral et mystique Saint-Malo tout empli de couvents, de chapelles, de bénéfices de toute sorte dont, tour à tour, l'insigne Chapitre disputait à l'Évêque, seigneur temporel, la haute suprématie.

La veille de sa prise de possession, Monseigneur arrivait à Saint-Servan, l'Aleth d'autrefois, le siège primordial des premiers évêques du Clos. Il couchait au presbytère, et, le lendemain, à l'heure où la marée le lui permettait, il se rendait à Saint-Malo par la « Petite Grève ».

Alors, l'enceinte des murailles, bien plus resserrée que celle d'aujourd'hui, n'était contournée que par des quais très étroits, tellement étroits même, que la mer, les jours de marée, poussait les bateaux dans les rues : dans la rue de Dinan, la rue Sainte-Barbe, la Grand-Rue, la rue

Jacques Cartier.... où les bateaux naviguaient presque comme les classiques gondoles, dans les rues de Venise.

Le port avait une étendue presque double de celle actuelle. Au sud, il était borné par la pointe du Naye, appelée alors de son vrai nom, « la pointe du Nez », nez de granit, nez monstrueux s'allongeant vers Saint-Malo, s'allongeant de mécontentement, parce que vers Saint-Malo, s'étaient envolés tous les privilèges de la vieille Aleth. Au nord, il s'arrêtait à la porte de Dinan. A sa partie septentrionale, il allait longer le Sillon, le quai Napoléon n'existant pas, et, à sa partie méridionale, il se terminait à la digue et au Talard.

Par ci, par là, sur la « Petite Grève », la vase faisait place, à quelques poignées de gros sable, sur lesquelles venaient se rouler les enfants du Clos, au milieu d'un ramassis de vieilles barques, de vieilles ancres, de vieux pontons servant de tout, même de cabarets.

De l'est à l'ouest, deux ruisseaux traversaient le port : au nord, le Petit-Marais ; au midi, le Routhouan ou Grand-Marais. Sur ces deux ruisseaux étaient jetés, très bas, de façon à ne pas entraver la navigation, sept ponceaux dont la physionomie s'est conservée longtemps gravée dans le souvenir de tous les vieux Malouins.

Quatre de ces ponts étaient jetés sur le Petit-Marais. C'étaient : 1° le pont de la Grand'Porte, près duquel débarquaient souvent les gabariers de Pleudihen ; 2° le pont aux Laitières, spécialement fréquenté par les laitières de Paramé ; 3° le pont de la Balise ou du Pot-ès-Chiens, ainsi nommé parce que c'est auprès de ce pont, à un poteau fiché dans le sable, que les chiens du guet étaient lâchés par leur gardien, quand, le soir, la mer était basse ; 4° le pont Rocabey, pont des Soupirs du Clos-Poulet, pont célèbre par ses noyades, ses rendez-vous galants, et, surtout, par les exhibitions de mollets auxquelles il contraignait les belles Malouines qui, attardées à leurs maisons de campagne, n'arrivaient à son entrée que juste au moment où il allait couvrir.

Les trois autres ponts, jetés sur le Routhouan, étaient le pont du Nez, qui existait à l'endroit, à peu près, du barrage actuel ; le pont du Val, situé au fond du port, et le pont à l'Evêque, situé en face la porte de Dinan.

C'est par ce dernier pont que Monseigneur faisait son entrée solennelle, dans sa bonne ville épiscopale, et c'était, assurément, un spectacle fort pittoresque de le voir, tout brillant dans ses habits pontificaux, traverser ce vieux pont étroit, jeté au-dessus des vases et des flaques d'eau, tandis que, sur son passage, s'agenouillaient, sur la cale de leurs bateaux asséchés, les vieux marins du Naye à demi ensommeillés.

A la porte de Dinan, Monseigneur était attendu par le Curé ou Vicaire perpétuel, ainsi que par le clergé paroissial vêtu de l'habit de chœur, mais ne portant pas la croix levée. Le curé lui adressait le discours de bienvenue, et, processionnellement, au son des cloches qui carillonnaient, le conduisait à la cathédrale.

A la porte de la cathédrale, il était reçu par l'insigne Chapitre qui, lui, par suite de son exemption, n'était pas allé le chercher jusqu'à la porte de Dinan. Lors, l'évêque baissait sa crosse, et le doyen de l'insigne Chapitre, ayant la sienne en main, lui adressait, à son tour, un discours de bienvenue et lui lisait ensuite, en latin et en français, la bulle apostolique déclarant « l'insigne Chapitre de Saint-Malo exempt au spirituel et au temporel de la juridiction épiscopale ». L'évêque jurait aussitôt sur les saints évangiles de ne jamais transgresser les prescriptions de cette bulle, de ne rien modifier concernant les rites, us et coutumes de l'insigne Chapitre, de ne rien omettre ou surfaire dans ses usages et observances. Après quoi, il présentait au doyen ses propres bulles. Le doyen les lisait à l'insigne Chapitre, puis, les levant en l'air, il les montrait à la foule qui se pressait sur la place de la cathédrale, clamant à très haute voix : « L'insigne Chapitre, déclare reconnaitre pour Evêque et Seigneur l'illustrissime et révérendissime N..., ici présent, à qui clercs, hommes nobles, bourgeois et manants doivent foi et hommage. Voici ses bulles ».

A ces mots, l'évêque levait sa crosse. Le doyen du Chapitre, qui avait fait la vacance du siège épiscopal, baissait la sienne et présentait l'eau bénite au nouvel évêque, que le dernier des chanoines encensait à trois reprises.

Alors, par le grand portail, qui ne devait se rouvrir devant lui que le jour de ses funérailles, l'évêque entrait dans la cathédrale, traversait la nef, et, par la porte centrale de la grande grille, pénétrait dans le chœur où avait lieu son intronisation, selon les règles du pontificat, mais les droits de l'insigne Chapitre étant expressément réservés.

Après l'intronisation, l'évêque sortait du chœur par la porte latérale située du côté de l'Epitre, et, sous le dais, processionnellement, se rendait à l'autel de la Paroisse, c'est-à-dire à l'autel actuel du Sacré-Cœur, où il recevait à l'obédience le clergé régulier et séculier pendant que le

Chapitre silencieux, tenait le chœur pour bien marquer qu'il ne devait pas obédience.

Après la cérémonie de l'obédience, le vicaire perpétuel et son clergé conduisaient l'évêque à son évêché, pendant que les cloches sonnaient à toute volée et que la batterie du Fort-à-la-Reine tirait vingt-et-un coups de canon.

Comme don de joyeux avénement, l'insigne Chapitre accordait au nouvel évêque le droit de présentation au premier canonicat simple qui viendrait à vaquer dans l'année, et, d'autre part, ce dernier, pour droit d'enregistrement de ses bulles sur les registres capitulaires, versait une somme de quarante écus d'or.

LE POURPRIS DU CHAPITRE

N'est-il pas intéressant, lorsqu'on aime à se retourner vers le passé, de rebâtir un instant sa chère petite ville natale, avec sa pittoresque physionomie d'autrefois ? N'est-il pas intéressant, oubliant sa vie extérieure, sa vie d'aventures et de batailles si souvent relatées, de se pénétrer de sa vie intime, vie, celle-là, toute mystique, toute emplie de recueillement, toute odorante d'un subtil parfum d'encens, de paix et de foi ?

Voilà pourquoi j'ai essayé d'esquisser ici « le pourpris, » point central du vieux Saint-Malo disparu ; petite ville close, enfermée dans l'intérieur de ses remparts ; lieu d'asile inviolable ; paisible demeure de son insigne et très puissant Chapitre.

Nous sommes au Moyen-Age.

En face le grand portail de la cathédrale, s'élève un mur partant de la maison qui fait l'angle de la place, pour aller rejoindre l'alignement de maisons situées du côté opposé, c'est-à-dire du côté de la Mairie actuelle. C'est là, à l'Ouest, la limite de l'antique pourpris du Chapitre.

Au milieu de ce mur qui sépare le pourpris du jardin de l'Evêché, s'ouvre la grande porte du palais épiscopal.

C'est par cette porte que sort Monseigneur lorsqu'il se rend à la cathédrale, dans laquelle il ne pénètre que par la porte qui porte son nom : la « porte à l'Évêque, » porte située auprès des fonts baptismaux et surmontée, à l'intérieur de l'église, d'un certain nombre de marches.

Monseigneur n'entre que deux fois, à l'église, par le grand portail : le jour de sa prise de possession et le jour de ses funérailles.

Quand il vient officier, il attend, au pied de l'autel Saint Malo, que le Chapitre ait fini de chanter l'hymne *Fidelium animæ*. Alors, précédé de ses officiers, il entre seulement dans le chœur, et, pendant qu'il revêt ses ornements pontificaux, tout le Chapitre psalmodie le *De Profundis*, pour le repos de l'âme de tous les évêques de Saint-Malo. C'est là une fondation du cardinal Briçonnet, évêque de la ville, et pour laquelle les chanoines reçoivent trois sols ; les chapelains deux sols et les enfants de chœur, un sol, seulement.

Toutes les maisons qui font face à l'église, ainsi que toutes celles qui lui sont latérales, appartiennent à la mense de l'insigne Chapitre : elles sont, en conséquence, habitées par les chanoines et aussi par quelques chapelains privilégiés.

Seul de tout le Chapitre, le grand chantre n'habite pas dans le pourpris. Sa maison, que précède une vaste cour, appelée « la cour de la Chanterie, » se trouve bien auprès de l'église, mais en dehors du territoire appartenant au Chapitre. Les vieux Malouins se souviennent, peut-être encore, de cette maison, qui a été démolie à l'époque de l'agrandissement de la chapelle du Sacré-Cœur.

Aux deux extrémités du pourpris, existent deux arcades qu'on nomme les « deux voûtes. » Ces deux voûtes sont surmontées d'habitations dans lesquelles logent les chasubliers, les sonneurs, les bedeaux, les ciriers, tous ceux, en un mot, dont les métiers sont destinés à l'entretien et à l'ornement de la vieille cathédrale.

L'une de ces voûtes existe encore : elle est à gauche du chœur, au bas de la rue des Halles. L'autre, qui était située dans la cour de la Chanterie, a été démolie, je crois, lors des constructions de la chapelle du Sacré-Cœur.

Sous ces voûtes étaient des portes en fer, ouvertes seulement à certaines heures. Ce ne fut qu'en 1649, sous l'épiscopat de Monseigneur de Neuville, que la communauté de ville obtint que les portes des arcades fussent ouvertes, le matin, à la fin des laudes, pour se refermer seulement à cinq heures du soir, en hiver, et deux heures plus tard, en été.

Les deux rues qui descendent actuellement de la chapelle Saint-Aaron et du Collège n'existaient pas. Sur leur emplacement il y avait un cimetière séparé du pourpris par un mur épais qui partait de la maison de « la Psallette » pour aller aboutir à la porte des Halles.

Quant à la maison de la Psallette, située en face la porte Saint-Cosme, elle servait de logement aux vingt-quatre enfants de chœur que logeait et entretenait l'insigne Chapitre.

Telle était, à l'époque de la seigneurie ecclésiastique de Saint-Malo, la topographie de l'antique pourpris du Chapitre, dont le nom même, aujourd'hui, s'est effacé de toutes les mémoires.

LE TOMBEAU DE L'INSIGNE CHAPITRE DE SAINT-MALO

Où est donc la sépulture de tous les chanoines qui composèrent l'insigne Chapitre de Saint-Malo : ce Chapitre qui, plus puissant que l'évêque, joua un rôle absolument prépondérant, jusqu'à l'époque de la Révolution, dans notre histoire locale, et dont, à mainte reprise, nous avons déjà eu l'occasion de parler depuis que nous pérégrinons ensemble à travers les vieux souvenirs de notre pays.

C'est sous la chapelle du Sacré-Cœur, qui s'appelait autrefois la chapelle du Saint-Sacrement, que se trouve cette sépulture, qui est un immense caveau, une sorte de catacombes creusées dans le granit, et s'étend sous toute la chapelle. On y descend par un vaste escalier de pierre, dont la première marche se trouve sous le confessionnal placé à la porte de la nouvelle sacristie. On sait que c'est cette sacristie qui, jadis, servait au clergé paroissial, alors que le Chapitre qui, sans doute, ne voulait pas se trouver continuellement au-dessus de son caveau funèbre, se réunissait dans la sacristie qui se trouve à côté du Chœur, et qu'on appelait alors « la nouvelle sacristie ».

Par une bizarre coïncidence, la nouvelle sacristie d'alors s'appelle donc « l'ancienne sacristie », et l'ancienne sacris-

tie, restaurée depuis quelques années, est redevenue la
« nouvelle sacristie ».

Assurément, si quelque vieux chanoine pouvait sortir
de sa tombe et se promener par là, il se perdrait dans ces
dénominations que le temps a absolument bouleversées.

L'existence du caveau où repose l'insigne Chapitre était
sortie de toutes les mémoires quand, vers l'année 1829,
en dallant à neuf la chapelle du Sacré-Cœur, les ouvriers
mirent à découvert l'escalier qui y conduit.

Seuls quelques ecclésiastiques d'alors y descendirent, et,
dans le caveau, aux vastes dimensions, ils aperçurent les
débris confus d'une dizaine de squelettes qui jonchaient le
sol. Le sol, d'ailleurs, était tout bouleversé, tout remué,
comme si des fouilles y avaient été faites. C'est qu'en effet,
durant la Révolution, les profanateurs qui pillèrent, sacca-
gèrent et, finalement, vendirent à l'encan notre cathédrale,
étaient passés par là et avaient mis la main sur tous les
objets de valeur, bijoux, crucifix, ornements, que les très
riches chanoines devaient avoir dans leur tombeau. Cependant, un couvercle de cercueil en plomb se trouvait encore
là, adossé à une des parois du caveau.

Vers le milieu de l'Empire, le gouvernement, voulant
créer quelques ressources aux fabriques des églises, permit
à celles d'entre elles, où il existait des caveaux mortuaires,
d'y faire inhumer les fidèles, moyennant des droits élevés
et certaines précautions commandées par l'hygiène.

L'un des honorables ecclésiastiques, qui, en 1829, était
descendu dans le caveau des chanoines, fit part à M. Huchet,
curé de Saint-Malo, de son existence. M. Huchet demeura
incrédule, et ce ne fut qu'en 1877, quand il fit réparer et

agrandir la chapelle du Sacré-Cœur, qu'il fut bien obligé de se rendre à l'évidence, mais alors la descente dans le caveau des chanoines était devenue impossible. Une fissure avait dû vraisemblablement se produire dans le mur, relativement peu épais, qui le sépare de la grande citerne située sous la cathédrale.

Depuis cette époque, où l'eau avait envahi, à près de 80 centimètres de hauteur, le caveau de notre insigne Chapitre, personne n'y est descendu. A nouveau, d'ailleurs, le caveau a été muré et, vraisemblablement, quand dans quelques siècles, il sera peut-être, une fois encore, mis au au jour, les chroniqueurs se demanderont quelle était sa destination et quels sont les ossements qu'il renferme.

XIV

EN HIVER

LA RÉCOLTE DU GUI. — LE NOEL DES PETITS NOYÉS.
LE C... DE L'AN. — FIN D'ANNÉES : USAGES ET TRADITIONS.
LE CLOS-POULET EN CHAPEAU A HAUTE FORME.
LA CASSE. — A PROPOS DES VISITES DE L'AN.
SALUEZ ! C'EST LE TABAC QUI PASSE ! — OISEAUX DE MER.

16 Décembre 189...

LA RÉCOLTE DU GUI

Voici décembre ! Décembre, le mois où depuis des milliers et des milliers d'années s'accomplit dans nos campagnes la récolte du gui.

La récolte du gui ! Voilà bien, n'est-ce pas, la plus typique, la plus originale, la plus caractéristique, la plus bretonne de toutes nos récoltes ?

Tous ces jours-ci, dès l'aube, armés de faucilles, jeunes gars et fillettes du Clos-Poulet s'en vont à travers les champs, passant l'inspection des pommiers. Dieu ! quels cris de joie quand au haut des branches nues, arides, effeuillées par l'hiver, ils découvrent les jolis bouquets de gui, tout verdoyants sous les flocons de neige. Vite, lestes comme des écureuils, les gars grimpent à l'arbre. Le gui reçoit un bon coup de faucille et les fillettes qui se bousculent, en étendant leurs tabliers, le cueillent à la volée.

Alors, le gui éternellement vert, le gui tout étoilé de perles nacrées s'entasse dans les grandes charrettes, et en route pour Saint-Malo !

Déjà, vous avez pu le voir s'étaler aux vitrines, au milieu des alléchantes friandises du prochain réveillon. Dès cette semaine vous allez le voir, messager du joyeux Christmass, partir pour l'Angleterre, dans les steamers de la South-Western qui vont l'emporter, à pleine cargaison et couronnés de sa fleur, jusqu'à la corne de leurs mâts.

La récolte du gui ! O l'étrange usage ! O la lointaine et curieuse coutume, assurément une des plus remarquables qui puisse, dans toute la France, captiver l'attention du Folkloriste ! Pensez donc ! Voilà des siècles et des siècles que, pour la première fois, a retenti, au fond de nos forêts de chênes, le fameux cri national : Au gui ! l'an neuf ! Voilà même des siècles et des siècles que le druidisme est mort ! Et voilà cependant que, tout-à-coup, nous nous apercevons qu'il n'a pas seulement laissé, jusqu'à nos jours, sur notre terre de granit, ses immuables souvenirs qui se nomment les cromlec'hs, les dolmens et les menhirs, mais aussi qu'il a laissé, enracinée dans l'intimité de nos âmes, l'ineffaçable remembrance de son culte mystérieux ! Et à la fin du dix-neuvième siècle, tout comme au temps fabuleux de l'âge de pierre, nous célébrons dans la Grande et dans la Petite-Bretagne, avec la fleur de gui, le renouvellement de l'année.

Je me souviens avoir vu, souvent, à cette époque de l'année, dans les campagnes du Morbihan, des groupes de jeunes gens attardés par la lande, chantant des Noëls et allant déposer des branches de gui sur la fenêtre de leurs promises.

Tout comme dans le Morbihan, chez nous, dans quelques familles, et surtout, tout près, chez nos voisins d'Outre-Manche, le gui est, à Noël, la fleur de la fête. Il prend le nom poétique de Mistle-toë, orne dans tous les salons la rosace du plafond. Vers lui monte le doux fumet de la dinde truffée ou de l'oie patriarcale, et c'est sous son verdoyant feuillage tout constellé de graines blanches, que la jeunesse tourne sa plus joyeuse valse.

LE NOEL DES PETITS-NOYÉS

(CONTE DE NOEL)

Petit Noël viendra, pendant la messe de minuit, déposer dans les souliers de beaux joujoux tout neufs.

De beaux joujoux tout neufs ! Tous, ils en auront, plein leurs souliers, les bébés sages qui voudront bien s'endormir le soir, sans pleurer, dans leurs jolies « chapelles blanches ».

Mais, les bébés qui n'ont pas de souliers, n'en auront-ils pas, comme les autres, de beaux joujoux neufs ? N'en auront-ils pas, les petits noyés, qui ne dorment plus dans leurs « chapelles blanches », mais reposent dans la mer, tout au fond de la mer, dans de grands lits de coquillages où il fait toujours froid ? Pourtant, ils sont très sages, les petits noyés. Ils ne pleurent jamais. Ce sont leurs mères, à eux, qui pleurent toujours.

*
* *

« Oh ! les pauvres petits noyés ! Je vais aller leur
» porter mes sabots, mes plus grands sabots, ceux qui
» peuvent contenir le plus de joujoux. Et Petit Noël, qui

» voit tout, descendra, pour les remplir, jusqu'au fond de
» la mer. »

Elle avait six ans, celle qui, au lieu de dormir, raisonnait ainsi. Elle habitait, presque autant dans la mer que les petits enfants noyés. Son logis, c'était le grand phare blanc qu'on distingue à peine, en plein jour, tout là-bas, dans le brouillard, mais que, le soir, on voit, si bien, lorsqu'il fait clignoter drôlement son gros œil de feu. Alors, sans bruit, elle se leva. De sa main, elle prit sa paire de sabots. A pas menus, elle gagna la porte et elle l'ouvrit, tout doucement, pour ne pas éveiller son grand-père, le garde du phare, qui lui, ronflait très-fort.

Et, tout de suite, elle tomba en extase. Elle joignit les mains comme pour dire sa prière et, sans même s'en apercevoir, elle laissa choir dans la mer, pour les petits noyés, sa paire de sabots.

Ce qu'elle vit était si admirable !

Dans le ciel tout bleu, il y avait un grand sentier d'or qui tombait jusque dans la mer. Et, dans la mer toute bleue, aussi, il y avait de belles rainées blanches qui ressemblaient à de longs serpents d'argent.

Ces longs serpents, ce sont les courants, les chemins de la mer, par lesquels, la nuit de Noël, l'Enfant Jésus emmène en Paradis, les petits noyés de l'année.

Et, à la suite du petit Jésus, ils allaient nombreux, nombreux, les petits noyés de l'année : il y avait les nouveaux-nés que des mères méchantes avaient jetés à la mer pour ne pas avoir à les élever ; il y avait des fillettes qui, sans doute, s'étaient noyées, l'été passé, en se baignant ; il y avait surtout, des jeunes garçons, presque tous, des petits mousses qui, pendant la tempête, étaient tombés du haut des grands mâts.

Et, souvent, l'Enfant-Jésus se baissait. Et un petit noyé, auquel il tendait la main, sortait de l'eau et se joignait au cortège.

Et, quand le cortège passa auprès du grand phare blanc, qui regardait, tant qu'il pouvait, de son gros œil de feu, l'amie des petits noyés fit le signe de la croix, et, récitant sa prière, elle se joignit à eux.

Et tous, ils marchèrent longtemps, toujours plus nombreux. Ils allèrent jusqu'à l'horizon, à l'endroit où le bleu du ciel frôle le bleu de la mer. Alors ils quittèrent la mer et ils gravirent le ciel par le beau sentier étoilé que les marins nomment « la voie lactée » et que la légende appelle « l'échelle d'or du Paradis ».

Arrivés en Paradis, les petits noyés reçurent de l'Enfant-Jésus leurs cadeaux de Noël, tout comme les petits enfants de la terre, endormis dans leurs chapelles blanches et qui, le soir, en se couchant, avaient dû déposer leurs souliers au pied de leurs berceaux.

L'amie des petits noyés reçut, elle aussi, dans le Paradis, sa part de cadeaux de Noël. Et, le lendemain, son vieux grand-père, le garde du phare, la cherchant en vain, dès l'aube, n'aperçut qu'une paire de sabots que la marée, en s'éloignant, emportait à la dérive.

LE C... DE L'AN

Vous connaissez la coutume populaire qui consiste à mystifier les gens, par quelque joyeuse facétie, le jour de la Saint-Sylvestre : coutume fort innocente qui se cache sous un nom un peu gaulois ; coutume nationale qui règne, pleine de vitalité dans toute l'étendue du Clos-Poulet !

Or, chaque année, encore, vous pouvez la voir s'épanouir à Saint-Malo, spécialement dans les petites rues, la vieille coutume dont je n'ose, aimables lecteurs, faire lire le nom vrai, à vos gros yeux sévères.

En quoi consiste-t-elle donc ? Chez nous, elle consiste dans l'imagination de farces — toujours du meilleur goût — et qui ont, généralement, pour victimes, un naïf, un simple d'esprit, « une bonne nature » en un mot. Tantôt, on l'envoie, « la bonne nature », chez le pharmacien, chercher une dose de vinaigre doux ; tantôt chez le couvreur, demander la corde à tourner le vent ; tantôt chez le mercier, demander une pelote de fil à couper le beurre...

Parfois même la coutume court la rue. C... de l'an... de l'an... de l'an ! égrennent des voix nasillardes de folâtres gamins. Et c'est un honnête citoyen, c'est une respectable matrone qui passent, majestueusement, leur chemin, emportant à la traîne, attaché par un long fil, ou bien un chiffon, ou bien un morceau de papier, symboles maculés de l'antique coutume.

Oui, antique coutume, et coutume aussi dont l'origine a fait couler des flots d'encre de tous les porteplumes folkloristes !

Suivant une sage opinion, le « C... de l'an » est frère jumeau du « Poisson d'Avril ». Tous deux sont nés, en l'an de grâce 1567, le jour où, par ordonnance royale, Charles IX décréta que l'année, au lieu de commencer au 1er avril, commencerait désormais le 1er janvier.

Alors, déjà, régnait, depuis longtemps, la coutume des étrennes qui, on le sait, remonte à l'époque des Romains. La date du premier jour de l'an venant à changer, la date des étrennes devait logiquement suivre le mouvement.

Mais il y en a qui en tiennent pour les vieux usages. Il y en a qui n'aiment pas à déroger à leurs petites habitudes. C'est ce qui arriva. Certains continuèrent donc à envoyer leurs étrennes au premier avril, certains autres — ceux qui étaient dans le train — prirent la nouvelle date. On ne dit pas, par exemple, qu'il y en eût à choisir les deux époques à la fois.

Toujours est-il que tout, en France, se terminant par des plaisanteries, on envoya des étrennes pour rire, au premier avril, à ceux-là qui ne voulaient pas s'accommoder du nouveau régime ; et ces derniers, par juste représaille, s'amusèrent à mystifier, au bout de l'an, par des cadeaux simulés, des plaisanteries joyeuses, des envois amusants, ceux-là qui, au contraire, s'étaient ralliés de suite et sans regret à la mode nouvelle.

Aujourd'hui, la coutume des étrennes domine, en maitresse absolue, le jour du premier janvier. Mais, à la Saint-Sylvestre comme au premier avril, partout en France et surtout dans le Clos-Poulet, persistent pleins de vitalité et le gaulois « C... de l'an » et le folâtre « poisson d'avril ».

Faut-il, encore et pour longtemps, leur souhaiter longue et joyeuse vie ?

31 Décembre 189. . . . .

FIN D'ANNÉE — USAGES ET TRADITIONS

Tous ces jours-ci, en cheminant par les rues, tout nous parle de Noël et du Premier de l'An. Ainsi, la veille de Noël, vous avez remarqué, assurément, toutes les bandes de petits gamins qui se promenaient joyeusement en portant au bout de bâtons, des carottes et des betteraves que leur ingéniosité avait, pour la circonstance, métamorphosées en lanternes ?

Ces carottes et ces betteraves avaient été préalablement creusées par eux, et, à l'intérieur, au fond du creux, ils avaient fiché un bout de chandelle chipé à leur maman, et ils portaient triomphalement cela, comme un cierge pascal, en chantant des bribes de *Noëls* plus ou moins défigurés.

J'ai vu même une bande de gamins qui, elle, avait imaginé un luminaire tout à fait « couleur locale ». Le luminaire en question consistait, tout simplement, en un bâton bien goudronné dans lequel le feu fut allumé, grâce à la permission demandée à une marchande de marrons, qui, complaisamment, prêta un charbon.

Vous savez, n'est-ce-pas, que ces étranges luminaires que, chaque année, promènent par les petites rues, la veille de Noël, les petits enfants de Saint-Malo, sont les derniers vestiges de l'antique usage qui consistait jadis en une grande illumination de torches, torches qu'on allumait pour se rendre à la messe de minuit et qu'on jetait à terre à la porte de la cathédrale, après avoir fait avec elles des cercles de feu et de brillants moulinets qui faisaient jaillir des nuées d'étincelles ?

*
* *

Le jour de l'an, dès l'aube, les gamins de Saint-Malo ont l'habitude de venir par bandes sonner aux portes, afin de souhaiter la bonne année. Leur souhait est invariablement le même : « Je vous souhaite », vous disent-ils, « une bonne année, accompagnée de plusieurs autres, et « le Paradis à la fin de vos jours ». C'est là une formulette aimable sous laquelle se cache tout simplement la demande d'un petit sou.

Ce souhait, tel qu'il est formulé par nos gamins, remonte au temps des druides. Inutile de dire, par exemple, que, depuis le temps des druides, il a subi bien des variations.

Au temps des druides, on allait dans une forêt aux environs de Chartres, en plein pays des Carnutes, cueillir, lors du solstice d'hiver, le gui mystérieux dont l'inaltérable verdeur annonçait le caractère sacré.

Une fois la cueillette achevée à l'aide d'une faucille

d'or, on rentrait au pays en criant : Au gui l'an neuf !
Puis, la veille de l'an nouveau, on allait, par bandes
joyeuses, distribuer de porte en porte quelques brindilles
de gui ainsi cueilli, et les porteurs ne manquaient jamais
d'être gratifiés de quelques petits présents.

C'est là, la coutume dite des *Haguinètes*, qui, dans tout
le moyen-âge, s'est incarnée dans une série de couplets
naïfs qui avaient tous pour but de réclamer des « haguinètes », ou, comme on dit aujourd'hui, des « étrennes ».

> Donnez-moi mes haguinettes
> Dans un panier que voici
> Je l'achetai samedi
> D'un bonhomme du dehors,
> Mais il n'est pas encore payé
> Haguignélo !!!
> Oh ! Oh ! Oh !

Ainsi, on dit à Rouen, capitale des vieilles traditions
normandes.

Si, à Saint-Malo, la formulette diffère, le sens et le but
poursuivi sont les mêmes : le petit sou.

A propos ! que les jeunes filles à marier n'oublient pas,
qu'à Saint-Malo, il leur est bien facile, le jour du premier
de l'an, de savoir le nom de celui qui demandera leur main,
au cours de l'année qui commence.

Au premier pauvre qui sonnera à leur porte, leur disant :
« Je vous souhaite une bonne et heureuse année... »,

il suffira qu'elles demandent : « Comment se nomme-t-il ? »
Le pauvre répondra : Jean, Jacques, Isidore ou tout autre
nom du calendrier. En tous cas, le nom de baptême
prononcé par le pauvre, est le nom de baptême du fiancé
éventuel.

Si le pauvre ne comprend pas la question et ne
prononce aucun nom de baptême, c'est que la jeune fille
ne se mariera pas dans l'année.

C'est là une vieille croyance malouine, très populaire
autrefois, et que nos grand'mères connaissaient bien.

8 Janvier 189...

LE CLOS-POULET EN CHAPEAU A HAUTE FORME

Tous ces jours-ci, c'est la classique, c'est la grande époque des visites ; j'allais dire : c'est leur triomphe !

Des visites ! — des visites de Premier de l'An — tout le monde en fait, ceux-là qui en raffolent comme ceux-là qu'elles horripilent ; ceux-là qui, dans les salons, aiment à aller faire « la belle jambe », comme ceux-là vulgairement appelés, chez nous, du nom pittoresque de « loups de brousse » et qui n'aiment guère à exhiber leur modeste individu.

Savez-vous ce que je préfère, dans les visites du Premier de l'An ? C'est la très originale, la très désopilante exhibition de « chapeaux à haute forme » que sortent pompeusement, pour la circonstance, du fond de leurs armoires, les messieurs de la « Côte d'Émeraude ».

Sur la « Côte d'Émeraude », le chapeau à haute forme est d'un port très difficile : il offre trop de prise au *Noroud*. Aussi est-il détrôné, durant le cours habituel de l'année, par toute la variété des autres coiffures connues : la casquette, la cape, le melon, le feutre mou...

Les grands jours seulement, les jours où l'on va enterrer quelque parent, les jours où l'on va faire des visites, à la revue du 14 Juillet, aux réceptions du jour de l'an, on sort son « tube » inusable. Oh ! alors, c'est un curieux spectacle ! c'est une savante étude rétrospective du « tube » à travers les âges ! Voilà le tube bas, évocation touchante des chapeaux que nos bons grands-pères portaient le jour de leur première communion. Voilà le tube haut comme un clocheton et rappelant le règne pacifique du papa Louis-Philippe. Voilà le tube à larges bords, le tube à bords plats, le tube qui s'évase en montant, le tube qui, au contraire, ne s'élève vers le ciel qu'en s'amincissant comme un cierge pascal. Le voilà avec tous les aspects, toutes les physionomies, toutes les grâces, toutes les variétés, dont la mode tour à tour, a su le revêtir. Le voilà, avec tous les noms que lui ont valu ses formes diverses : tuyau de poêle, tromblon, tube, chapeau à haute forme... Le voilà qui passe dans les rues étroites de notre bonne ville, perpétuellement menacé dans son équilibre instable par le vent qui le pince au passage. Alors, il tremble sur le chef qu'il recouvre. Alors, son propriétaire essaie bien vite de le consolider, mais n'arrive, par suite d'un faux mouvement trop précipité, qu'à le laisser choir piteusement au bord d'un ruisseau, et, tout maculé de boue, il roule, roule, ricochant sur le pavé et semblant se rire de son maître décoiffé, qui exécute à sa poursuite un gracieux pas gymnastique.

Janvier 189...

LA « CASSE »

Je flânais par les rues.

Flâner par les rues, c'est promener sa nonchalance de la porte Saint-Vincent à la porte de Dinan. Flâner par les rues, c'est arpenter, immuablement, en les montant et en les descendant tour à tour, la rue Saint-Vincent, la rue du Pilori et la rue de Dinan, ces trois rues-là étant, comme qui dirait, nos grands boulevards, sur lesquels le « Tout Clos-Poulet » passe, s'agite, flâne, muse, se promène.

C'est, dans ces rues-là, que le soir, à la brune, à partir de six heures, vont et viennent, par bandes, les gens de bureau, patrons et clercs, qui ont enfin pu remiser leurs ronds-de-cuir, jusqu'au lendemain matin. C'est dans ces rues-là aussi que passent les jeunes filles qui, par le grand tour, accompagnées de leurs mamans, se rendent à l'église, dire dévotement leurs prières du soir ou assister à la Bénédiction. C'est dans ces rues-là, enfin, que passent, en trottinant, les bonnes petites ménagères en bonnet blanc qui courent bien vite chercher le dîner avant que le *bourgeois* rentre au logis conjugal.

Le dîner, c'est « quatre sous de casse ». « Quatre sous de casse » est un plat national qui s'achète à la charcuterie du coin.

La charcuterie du coin, vous la découvrirez facilement. Humez l'air. Dans l'air vous sentirez un délicieux arôme de charcuterie rôtie. Suivez l'arôme, à la piste. Bientôt vous le verrez prendre forme, vous le verrez se matérialiser en une immense terrine. Suivez la terrine, que l'on porte à bout de bras. Tout droit, elle vous conduira à la charcuterie du coin.

A la charcuterie du coin, on s'écrase littéralement.

— A qui le tour ? dit la charcutière, qui n'a pas de préférences.

— A moi ! crie t-on de toutes parts.

Et, de toutes parts, on tend sa tasse, et dans sa tasse on reçoit pour « quatre sous de casse », et pour « quatre sous de casse » on fait un souper royal dans toutes les humbles mansardes de Saint-Malo.

4 Février 1893.

A PROPOS DES VISITES DE L'AN

Nous venons de clore le mois de janvier, le mois classique des visites, le mois très cher à nos jolies élégantes, qui ont pu, promener dans les salons leurs plus séduisantes toilettes.

Maintenant que le défilé touche à sa fin, recueillons-nous un instant pour rapprocher la mode actuelle de celle du temps passé et pour constater que, depuis un demi-siècle, le luxe, en matière de toilettes, a marché dans notre pays, à pas de géant.

Sans doute, les garde-robes de nos grand'mères étaient fort bien garnies, et je connais plus d'un vieux tonton qui, aussi précieusement que des reliques, en possède de forts curieux échantillons : robes de moire antique, robes de soie claire à bouquets pompadour, robes de brocart avec manches à gigots et belles longues jupes à queue se tenant seules, toutes droites, dans l'armoire. Mais toutes ces merveilles-là ne voyaient pas souvent le grand air, et, dans le courant habituel de la vie, dans l'intimité, sur la promenade, en visites, on s'habillait fort simplement. Ainsi, quand, il y a environ soixante ans, le mérinos fit chez nous son apparition, ce fut un véritable événement. La grande marchande de nouveautés de l'époque en avait reçu d'Espagne, un envoi de six coupes. Chaque coupe ne contenait qu'une robe. Mais quelle robe ! Il y avait une robe orange, une robe amarante, une robe bleu de roi, une robe nacarat, une robe prune-monsieur et une robe caca-d'oie. Les six robes furent le prix de la course. La bonne vieille dame qui m'a conté cette histoire n'arriva que bonne sixième et n'eut que la robe caca-d'oie.

La robe caca-d'oie, la robe prune-monsieur, la robe nacarat, la robe bleu de roi, la robe amarante et la robe orange firent, le dimanche suivant, leur brillante apparition à la grand'messe, et, après la grand'messe, furent, suivant la coutume d'alors, se promener sur les remparts, entre la Grand'Porte et la porte Saint-Vincent. Oh ! en les voyant, ce que l'on fit de gorges-chaudes, mais *in petto* ce qu'on fut vexé de n'avoir pu avoir une des six robes de mérinos, ne fût-ce que la robe caca-d'oie ! Toujours est-il qu'incontinent les six robes en question furent baptisées d'un sobriquet fort caractéristique. On les appela « le troupeau de mérinos ». Notez, qu'à cette époque, le Clos-Poulet était fort en avant, et chacune de ses bonnes bourgeoises possédait depuis longtemps une robe du dimanche en mérinos, quand cette étoffe, comme étant trop luxueuse, était encore formellement exclue même des petites soirées très intimes, dans la meilleure noblesse de Basse-Bretagne.

On sait, qu'en ce temps d'aimable simplicité, nos grand' mères arboraient immuablement leurs toilettes d'hiver pour aller à confesse la veille de la Toussaint. Elles les arboraient, qu'il fît froid ou non, simplement parce que leurs parents avaient toujours agi ainsi. Ce jour-là, donc, toute la kyrielle des boas, des mitons de fourrure, des palatines, des gros manchons, sortait des cartons verts, dans un nuage de poivre aux propriétés éternuantes, et allait pieusement se purifier autour des confessionnaux.

Le lendemain, fête de la Toussaint, on sortait sa belle robe d'hiver. Or, sortir sa belle robe d'hiver, arborer sa toilette neuve, « se mettre sur son trente-six » comme on dit aujourd'hui, en langage familier, s'appelait alors, en langage plus familier encore, « faire son coup de pétard », ainsi que nous l'avons déjà dit.

C'était donc, le jour de la Toussaint, que se faisait le grand « coup de pétard » de l'hiver. Quant au grand « coup de pétard » de l'été, il avait lieu à la fête de Pâques et à la foire de Saint-Servan.

Le « coup de pétard » de l'été se faisait en simplette robe de jaconas et d'indienne rose, en fraîche chemisette. Aujourd'hui, le « coup de pétard » de l'été se fait sur la plage, au Casino, quand les étrangers, après le Grand-Prix, quittent Paris et viennent chez nous, nous donner le ton. Autres temps, autres mœurs !

Février.....

SALUEZ !
C'EST LE TABAC QUI PASSE !!...

Venant de tous les coins du Clos-Poulet, voici les charrettes de nos bons paysans qui arrivent dans nos murs.

C'est la troisième fois de l'hiver qu'elles nous rendent visite. D'abord, avec une pleine cargaison de marmots joufflus, de vieilles grand'mères et de fraîches promises, elles sont venues, d'un train alerte, chercher les gars de Terreneuve. Puis, à la Noël, majestueuses comme des châsses et fleuries comme des fiancées, elles nous ont apporté le symbolique « mistle-toë. » Cette fois, traînant un volumineux chargement que voile une bâche discrète, les voilà qui dégringolent cahin-caha, tout au long de la rue du Presbytère, et il y en a, il y en a, à la queue leu-leu... il y en a jusqu'à l'entrée de la place Duguay-Trouin.

Soulevez la bâche qui les recouvre. Aussitôt, un arôme subtil, embaumé comme l'encens, vous pénètre les narines ; un ruissellement d'ocre jaune, doré comme les cheveux de Venise-la-belle, vous dilate les yeux. Saluez ; saluez, vous les frères et les amis du « Caporal ordinaire » ! Saluez, vous les dilettanti du « scaferlati supérieur » ! Saluez, vous les humbles dégustateurs de la prolétaire « carotte ». Saluez ! vous aussi, les friandes amoureuses de « la prise », qui gardez, pour votre tabatière mignonne, votre regard le plus câlin. Saluez tous ! C'est le tabac qui passe ! C'est le tabac qui passe ! Et hue ! cocotte ! Il passe, à pleines charrettes, le long des grandes routes glacées de la « Côte d'Émeraude ». Il passe, tressautant, sur nos ponts, dans nos vieilles rues tortueuses, et le voilà enfin, le voilà venu à la porte de son sanctuaire : la Régie.

Avant d'arriver là, comme les agents du Monopole, courant à travers champs, ont minutieusement compté, une à une, ses feuilles vert-émeraude ! Comme nos bons paysans les ont entourées de soins jaloux, incessants, minutieux, jusqu'au jour où ils ont enfin décidé qu'il était temps de procéder à « l'enguirlandage. »

Dans nos fermes, on compte, vous le savez, trois grandes fêtes carillonnées. La première, c'est la tuerie du cochon (sauf vot' respect). La deuxième, c'est « la batterie à la mécanique ». La troisième, enfin, c'est « l'enguirlandage » du tabac.

« L'enguirlandage », c'est la veillée de l'été, non pas la veillée sous le manteau de la cheminée, autour du fagot qui flambe, mais la veillée dans la grange, toutes portes ouvertes, en face le ciel bleu, les étoiles et la nuit claire. Tout le hameau est réuni, curieusement groupé. Il chante à pleine voix, se donne du cœur, en allant souvent goûter au tonneau de cidre, et il enfile les feuilles de tabac comme des perles, les unes à la suite des autres, avec de grandes aiguilles de fer deux fois longues et grosses comme les aiguilles à tricoter. Dehors, par instants, on entend des cris aigus, glapis par des voix traînantes : « Cutà !... Vuhè !... » ce sont les enfants qui jouent à cache-cache, s'appelant dans leur langue maternelle, le vieux gallo d'antan.

L'opération terminée, les guirlandes de tabac sont suspendues sous les hangars couverts de chaume, bien exposés à la chaleur du midi, ou bien elles sont étendues horizontalement, sur des séchoirs que l'on promène, chaque jour, avec le soleil, autour des murs de la ferme.

Le tabac est bien sec. Il faut l'apporter maintenant, aux « Messieurs de la Régie. »

A Saint-Malo, les « Messieurs de la Régie » sont divisés en deux commissions chargées, après serment prêté devant le juge de paix, d'estimer la valeur du tabac qu'on leur présente, de dire s'il doit être classé dans la première, la deuxième ou la troisième catégorie, de juger, même, s'il ne doit pas être déclaré non vendable, mis au rebut, envoyé au Talard qui est comme sa grande nécropole et le four crématoire où il est incinéré.

Quant au tabac qui est accepté, celui-là, en réalité, commence une nouvelle vie qui se passe souvent bien loin du Clos-Poulet. Suivant sa destinée, en effet, il se métamorphose en cigares exquis, en modeste carotte, en poudre parfumée... Tantôt, pieusement, loin du monde, il se glisse dans la large tabatière d'une vieille fille ; tantôt, se cachant dans la doublure d'une casquette, il se fait le baume consolateur d'un brave mathurin ; tantôt, brillant à la bouche d'un élégant clubman, il court les grands boulevards. Et tous deux, le clubman et le cigare, finissent souvent dans le ruisseau.

Février. . . .

OISEAUX DE MER

Nos plages ont aussi, en hiver, leurs distractions.

En été, dans le joyeux brouhaha des étrangers, les distractions qu'elles nous offrent, ce sont les bains de mer, les jeux de croquet et de lawn-tennis, les petits ouvrages et les petits potins qui se font ensemble dans les coquets « paniers ».

En hiver, lorsque le froid pique, ainsi que tous ces temps-ci, les plaisirs de la plage, contrastant singulièrement avec ceux de l'été, consistent dans la chasse des oiseaux de mer.

La chasse aux oiseaux de mer, assez dédaignée sur nos côtes et surtout à Saint-Malo, est, cependant, religieusement pratiquée encore par quelques-uns de nos vieux concitoyens. Par exemple ! je me suis toujours demandé si, ceux-là, ce qu'ils aimaient surtout, c'était la chasse en elle-même ou le plaisir assez suggestif de retrouver enfin leur grande grève, bien éventée, bien solitaire, bien délaissée, bien veuve de toutes ses folles distractions de l'été, enfin fini !

Ce qui me fait opiner pour cette deuxième solution, c'est que si, d'occurrence, ils tirent, avec leur vieille rouillasse, une pièce de gibier, ils la rapportent bien rarement dans leur carnassière.

Allant se nicher dans un creux de rocher, derrière le Fort-Royal, la Poudrière ou le Grand-Bey, ils attendent là, patiemment, toute leur après-midi du dimanche. Parfois, dans les embruns du large, ils voient bien passer, tout à l'horizon, une longue bande de canards qui file, en forme de triangle, avec une petite avant-garde pour éclairer la marche. Mais :

« Va-t-en voir s'ils viennent, Jean ! »

ces canards-là ne sont pas pour leur vieille rouillasse.

Pour leur vieille rouillasse, sont seulement les canards isolés, qui, par petites bandes éparpillées, s'en viennent, en hiver, jouer, plonger, pêcher au bord du flot. Encore, ceux-là, il ne s'agit pas seulement de les tuer, il s'agit de les rapporter. Or, on ne les rapporte à peu près jamais.

Pour les rapporter, il faudrait, en effet, avoir un bateau, et, le bateau, on l'a ordinairement oublié.

D'ailleurs, de nos côtés, ce n'est pas au bord de la mer et à l'abri d'un rocher, c'est plutôt aux bords des étangs et des marais que se pratique, dans toute sa « maëstria », la chasse aux canards et autres oiseaux d'eau.

Ainsi, c'est surtout dans les marais de Redon ou sur les bords du golfe du Morbihan, si cher aux oiseaux de mer à cause de ses vastes lais, de ses larges bandes vaseuses conquises sur la mer, que les disciples de saint Hubert s'adonnent volontiers à la fameuse chasse « au Hutteau ». Le Hutteau, c'est l'abri primitif, le terrier humain où, durant des heures, à l'aube ou à la nuit tombante, on s'en va guetter le gibier qui ne doit pas manquer de venir.

Enfin, le voici. Entre les meurtrières de la hutte, on épaule lentement, en imitant parfois son cri.

Lors, la bande qui passe croit entendre un congénère. Elle abaisse son vol. Pan ! Pan !... Un pauvre canard ralentit subitement sa marche. La colonne dont il fait partie le dépasse. Lui, se sent de plus en plus lourd ; ses plumes se hérissent ; son long col se penche lamentablement vers le sol sur lequel, tout à coup, il tombe, lourdement, ainsi qu'une motte de terre qui aurait été jetée d'en haut.

A Saint-Malo, ce qu'on trouve surtout, ce sont les mouettes, qui s'en viennent jusque dans l'avant-port chercher leur pâture, et c'est, assurément, un curieux spectacle de les voir, tous ces temps-ci, par bandes si nombreuses, accomplissant, jusqu'au bord des quais, leurs étranges volutes, tantôt planant à la façon de l'aigle, tantôt drainant dans l'air pour plonger tout à coup dans l'eau, en quête de quelque butin.

Avec les mouettes, tourbillonnent les goëlands. Or, si les canards sont les messagers du froid, les goëlands sont, on le sait, les messagers du gros temps. C'est pourquoi les filles de notre pays, lorsqu'elles les voient passer, leur reprochent la mort des pauvres gars que les tempêtes ont engloutis, en leur criant :

> Goëlands ! goëlands !
> Rendez-nous nos amants !

Les veuves, elles, adressent surtout aux courlis leurs imprécations, et, quand elles les entendent, dans le creux des vagues, pousser leurs appels perçants, elles leur crient :

> Courlis ! courlis !
> Rendez-nous nos maris !

C'est, du reste, au-delà de Saint-Malo, c'est sur les grèves plus solitaires que la nôtre, que l'on peut, avec succès, chasser les oiseaux de mer, tels que les courlis, les culs-blancs, les hirondelles et les pies de mer, les cormorans, les mouettes, les goëlands, oiseaux de toutes sortes, d'ordinaire plus beaux que succulents, et dont la suprême destinée est plus souvent de finir entre les mains du naturaliste que dans la casserole de nos cuisinières.

Or, il y a longtemps qu'il en est ainsi dans notre pays.

Chez nous, autrefois, du temps des corsaires, sur toutes les cheminées des salles à manger, il y avait de superbes bocaux en cristal remplis de toute une collection de coquillages. En outre, à l'instar des hures de sanglier et des têtes de cerf qu'on voit ailleurs, il y avait aussi, chez nous, de grands goëlands empaillés ou de blanches mouettes aux ailes étendues qui, du haut des dressoirs de chêne, présidaient, fatidiquement, aux plantureux festins que s'octroyaient nos joyeux ancêtres.

XV

DURANT « LE MOIS NOIR »

LES LÉGENDES DE LA TOUSSAINT.
VISITE AUX TOMBEAUX DE LA CATHÉDRALE.
INTERSINES ET SIGNIFIANCES. VEILLÉE DE MORT. A « L'ORATE
FRATRES ». LE REGISTRE MORTUAIRE. LES CORPS DES
PAUVRES, A LA CATHÉDRALE DE SAINT-MALO. NOS ANCIENS
CIMETIÈRES. — COMMENT « ON REVIENT ».

LES LÉGENDES DE LA TOUSSAINT

1ᵉʳ Novembre 1893.

Voici la Toussaint !

Voici la Toussaint, fête des cimetières. Voici la Toussaint, fête des tombes, au pied desquelles on va aller demain, tous ensemble, en famille, accrocher les couronnes de perles, déposer des bouquets et réciter des prières.

Voici la Toussaint !

Suivant la curieuse croyance de notre pays, quand tinte le premier glas de la fête, tous les trépassés des cimetières se soulèvent sur le coude, au fond de la tombe où ils attendent ; tous les trépassés du purgatoire se soulèvent aussi sur le coude, au milieu des flammes où ils expient.

Ils se soulèvent, tous, sur le coude, frémissant d'un inquiet espoir : l'espoir de la délivrance ; ils se soulèvent sur le coude, pour être envolés plus vite au Paradis.

Lors, sur tous les points de la Bretagne, les blanches coiffes s'abaissent en signe de deuil, les chapelets s'égrènent, les services funèbres se psalmodient. La prière monte, monte sous mille formes, mais toujours, hélas ! elle ne peut monter jusqu'à Dieu.

Le soir de la fête arrive ; le dernier glas tinte dans les clochers..... C'est en vain, que, beaucoup, ils se sont soulevés sur le coude, les pauvres trépassés des cimetières ! Les voilà qui retombent, rigides, dans leurs suaires, au fond de la tombe où ils attendent depuis des siècles !

Les voilà qui retombent, rigides, dans les flammes où ils souffrent depuis des siècles, les pauvres trépassés du Purgatoire !

*
* *

La Toussaint a ses fleurs, ses fleurs emblématiques qui sont l'immortelle, la scabieuse, le chrysanthème et la giroflée.

L'immortelle, c'est la fleur des morts par excellence. Elle ne se fane jamais, et est le symbole de la vie éternelle. Sa légende est vieille : elle remonte au doux Jésus le Nazaréen.

Jésus, le doux Nazaréen, revêtu d'une tunique aussi blanche que les flocons de la neige, d'un manteau aussi bleu que l'azur de son Paradis, se rendait à Naïm.

Il était sur le point d'y arriver, quand, devant lui, il vit venir un cercueil derrière lequel une mère éplorée marchait en sanglotant.

A sa vue, cette mère, tendant vers lui les bras : « C'est mon fils ! » lui cria-t-elle, d'une voix déchirante.

Lors, Jésus, ému de pitié, se mit à pleurer, à ses côtés. Puis s'approchant du cercueil, il le toucha, et le fils de la veuve, souriant à sa mère, se jeta dans ses bras.

Cependant, Jésus, le doux Nazaréen, avait disparu ;

mais, à l'endroit où il avait pleuré, des fleurs s'étaient épanouies sur le sol.

Or, ces fleurs ne se fanèrent jamais, et, symbole de la résurrection des morts et de la vie qui n'aura point de fin, elles furent appelées « immortelles ».

* * *

Les scabieuses, ce sont les immortelles de la côte, les immortelles des petits cimetières de Saint-Lunaire, Saint-Bréac, Saint-Jacut, Saint-Cast….. dans lesquels, au bord du rivage, dorment les vieux marins du Clos-Poulet.

La touchante légende de la scabieuse offre une certaine analogie avec celle de l'immortelle.

C'était le jour de la Toussaint. Il y a de cela bien longtemps. Une pauvre veuve en deuil allait par la dune, cueillant des coquillages pour en décorer, le lendemain, jour des trépassés, le tombeau de son mari qui avait péri en mer.

La pauvre veuve pleurait, et, dans sa douleur aussi profonde que naïve, elle déplorait de ne trouver sur la dune que des coquilles nacrées. Elle aurait tant voulu des fleurs, des gros bouquets de fleurs avec lesquels elle aurait joliment orné la tombe de son défunt !

Lors, toujours pleurant, elle se mit à demander des fleurs à la Vierge Marie, et, sur la dune, aussitôt, ses larmes en tombant se changèrent en petites fleurettes, fleurettes mélancoliques, fleurettes aux tons violets, aux couleurs de deuil.

Ces fleurettes, nées de larmes, ce sont les scabieuses que la tradition locale appelle, en Bretagne, les « fleurs de veuve ».

*
* *

Parmi les fleurs symboliques de la Toussaint, il y a encore le chrysanthème, qu'il nous vienne du lointain et mystérieux Japon, ou bien qu'il nous vienne simplement de nos champs de blé, dont il est la marguerite dorée, « la fleur d'or », ainsi que l'indique son étymologie.

Il y a aussi la giroflée, humble crucifère, dont les pétales sont comme autant de petites croix qui, pieusement, viennent se planter au pied de la tombe, à la place de la croix de bois, que l'oubli et le temps ont lentement laissé tomber en poussière.

Fille des lézardes béantes et des vieilles tours écroulées, fille des ruines et des tombeaux, la giroflée nous a été apportée de Palestine, à l'époque des Croisades, dans des circonstances qu'ainsi raconte la légende :

Le sire de Malines aimait une noble veuve, d'une remarquable beauté, mais cette noble veuve ne répondait à ses avances que par la plus froide indifférence.

Pourtant, avant de se rendre au cri d'appel de Pierre l'Ermite, il s'en vint fléchir le genou aux pieds de son adorée, lui demandant quel souvenir de la Terre-Sainte elle désirait recevoir de lui.

— « Je désire, répondit la châtelaine toujours désolée, je désire une fleur qui pousse sur les tombeaux, afin de pouvoir la planter sur l'ultime demeure de mon noble époux à jamais regretté ».

Depuis que la châtelaine avait ainsi parlé, bien des fois les arbres de son manoir avaient verdoyé, et bien des fois leurs feuilles mortes avaient jonché le sol, quand, un soir, un vieil ermite vint heurter à sa porte.

— « Je vous apporte, lui dit-il, le suprême souvenir que m'a remis pour vous un noble baron, frappé à mort sous les murs de Jérusalem ».

Ce suprême souvenir était un petit médaillon. Sans même vouloir l'ouvrir, la veuve toujours désolée le laissa choir au fond de la douve de son château, contre un mur écroulé, depuis bien des siècles.

En tombant, le médaillon s'entrouvrit, et, lentement, le mur en ruines et la douve desséchée se couvrirent de fleurs, fleurs jusqu'alors inconnues, qui se glissèrent jusqu'à la tombe où, un jour aussi, on vint inhumer, à côté de son noble seigneur, la belle châtelaine, la veuve inconsolée.

Depuis ce temps, la giroflée, « la murée du baron » devint le symbole de l'éternelle fidélité. Le Moyen-Age la chanta dans ses ballades et les pages galants, ainsi que les amoureux troubadours l'arborèrent à leur chapel.

Chez nous la giroflée s'appelle « le ramoneur ». On l'appelle ainsi parce qu'elle grimpe partout, jusqu'au faîte des cheminées qu'elle fleurit pittoresquement de ses mélancoliques bouquets.

Le « ramoneur » est d'un jaune pâle. Sur chaque tige, ses fleurs sont peu nombreuses. Il est, dit-on, comme le vrai ramoneur en chair et en os, celui qui ramone la cheminée de haut en bas, originaire des Alpes.

C'était, il y a longtemps. Au fond d'une vieille gentilhommière du Clos-Poulet, vivait une belle jeune fille, qui laissait doucement, sans regret, s'écouler les beaux jours de son printemps, en filant la quenouille pour soulager les pauvres de son village, en chantant de jolis sônes que seuls entendaient les oiseaux du bon Dieu.

A l'approche de chaque hiver, à l'époque de la Toussaint, trois ramoneurs, un vieux et deux tout jeunes, passaient par le pays, et, du haut en bas, avant qu'on y allumât la première fouée, ils ramonaient les grandes cheminées du château.

Or, l'un d'eux, tout bas dans son cœur, s'était épris éperdûment de la jolie châtelaine et vraiment il pensait, tout ingénument, qu'elle était quasiment aussi belle que la belle madone du Paradis.

Et, leste comme un petit chat, il grimpait, grimpait au long de la haute cheminée du château.

Et, dans la haute cheminée du château, sa voix, comme une plainte, égrenait sa plaintive cantilène.

> Ramona ! Ramona !
> La cheminée !
> Du haut en bas !

Une fois, au haut, tout au haut de la grande cheminée, il imagina de planter un bouquet d'étranges fleurs desséchées, puis comme une masse, il se laissa dégringoler jusqu'en bas, sur la pierre du foyer.

> Ramona ! Ramona !
> La cheminée
> Du haut en bas !

Et il mourut.

Mais, sur le faîte de la haute cheminée, dans l'azur bleu du ciel, bientôt, fleurit un bouquet de petites plantes inconnues, aux tons pâles comme le soleil d'hiver.

Et, ce bouquet de petites plantes, qui, depuis lors, fleurit sur le faîte de toutes les vieilles cheminée de Bretagne, s'appelle « Les ramoneurs ».

VISITE AUX TOMBEAUX DE LA CATHÉDRALE [1]

On peut dire, avec une entière exactitude, que notre vieille cathédrale est un véritable cimetière, mais un cimetière oublié, fini ; un cimetière où ceux qui y reposent sont, en quelque sorte, doublement morts, étant morts même au souvenir des vivants. On peut dire qu'elle est un cimetière, mais un cimetière qui ne possède plus ni inscriptions commémoratives, ni épitaphes, ni pierres tombales. Elle est un cimetière disparu, comme tous les anciens cimetières de Saint-Malo, comme les Cimetières des Ecailles, de la rue du Collège, de la Hollande... Elle est un cimetière, cependant, où reposent, depuis l'ère lointaine de Charlemagne, bien des hauts dignitaires, bien des confesseurs de la foi, bien des évêques mitrés, bien des insignes chanoines, bien des défunts de toute sorte, qui ont fondé, agrandi, illustré notre curieuse et glorieuse cité.

Recherchons, tout d'abord, l'emplacement où reposent les vieux évêques de Saint-Malo. Ce sera là, assurément, une recherche pleine d'intérêt, pour ceux-là, de notre pays, qui aiment à s'attarder, avec nous, à la remembrance des choses du passé.

[1] Renseignements tirés d'un manuscrit rédigé par un ancien prêtre de Saint-Malo, devenu plus tard, curé dans le diocèse de Meaux.

Dans la petite chapelle, proche l'ancienne sacristie, où confesse M. le Curé, se trouve un caveau double qui renferme les corps de Monseigneur Le Gouverneur et de Monseigneur Lépervier, deux des plus illustres pontifes de notre vieille cathédrale.

Il n'y a pas encore bien longtemps, sous la fenêtre qui éclaire cette petite chapelle, on distinguait une pierre en saillie sur laquelle était sculpté un épervier, épervier qui était comme l'armoirie parlante de Monseigneur Lépervier. Cette pierre disparut, à l'époque où notre cathédrale reçut un grand badigeon jaunâtre, d'un effet très peu artistique ; badigeon que tous les Malouins, certainement, virent gratter, plus tard, avec un infini plaisir.

Dans le sanctuaire du chœur, sous le siège de l'officiant, se trouve le corps de Monseigneur de la Bastie, et, un peu en avant de celui-ci, contre la dernière marche du marchepied de l'autel, le corps de Monseigneur Desmarets.

Du côté de l'Evangile, c'est-à-dire de l'autre côté du marchepied de l'autel, repose Monseigneur Geoffroy, ou Godefroy, quatrième successeur de saint Jean-de-la-Grille, évêque qui fonda, on le sait, sous l'invocation de saint Thomas-de-Cantorbéry, le premier hôpital de Saint-Malo.

Dans la deuxième chapelle de l'aile gauche du chœur, appelée souvent la chapelle Saint-François, se trouve la tombe d'un cinquième évêque dont, il y a un demi-siècle, on pouvait lire encore l'épitaphe, aujourd'hui absolument effacée : je veux parler de la tombe de Monseigneur de Neuville.

Dans la troisième chapelle de l'aile gauche du chœur,

appelée autrefois la chapelle Sainte-Anne, se trouve le corps de Monseigneur de Quémadeuc.

Dans l'aile droite du chœur, au milieu du passage qui mène à la chapelle de la Vierge, après avoir dépassé la vieille sacristie, c'est la tombe de Monseigneur de Villemonté.

Sous le confessionnal qui se trouve proche la chaire, à côté de la nouvelle sacristie, repose le corps de Monseigneur de Rohan, qui, décédé à Paris, demanda à être inhumé dans sa cathédrale.

Il est un autre évêque de Saint-Malo qui décéda, lui aussi, loin de son ancien siège épiscopal. C'est Monseigneur de Pressigny, le dernier de nos évêques, mort archevêque de Besançon.

Monseigneur de Pressigny est inhumé à Paris, dans l'église Saint-Roch, derrière le chœur, dans la chapelle « de la Mère de Dieu ». Vers l'année 1838, il fut question de revendiquer le précieux dépôt du corps de notre dernier évêque, mais ce pieux projet ne fut pas mené à bonne fin.

Derrière le siège de l'officiant, en dehors du chœur, parce que, dans le chœur, il n'y avait plus de place libre, repose Monseigneur des Laurents, cet évêque qui, revenant des États de Bretagne, descendit de voiture, sur le Sillon, à l'endroit où se trouve gravée, aujourd'hui, sur le parapet, une petite croix rouge, et mourut subitement en prononçant cette phrase bien connue des Malouins : « Je te revois enfin, ô mon cher Saint-Malo ».

Au commencement de la Révolution, la dalle qui recouvre les restes de Monseigneur des Laurents fut retournée sur elle-même afin, vraisemblablement, d'éviter une profanation, et elle est restée telle, jusqu'à nos jours.

Quant aux autres évêques de Saint-Malo, ils sont tous inhumés, sous le pavé du chœur, en pleine terre, terre apportée là sous saint Jean-de-la-Grille, afin de niveler le terrain, de ce côté.

Il est, n'est-ce pas, fâcheux, que tout ce qui rappelait l'ancien diocèse de Saint-Malo ait ainsi, lentement, peu à peu, à jamais disparu ? On aimerait tant, dans notre vieille cathédrale, à pouvoir aller s'agenouiller sur la tombe de nos anciens évêques, fondateurs de la Cité ! On aimerait tant, par une épitaphe, par une inscription, par une plaque de marbre, rétablir leur lointaine généalogie et indiquer au passant, l'endroit où ils reposent, depuis des siècles, sous les dalles de pierre de la tant vieille cathédrale qu'ils ont bâtie !

« INTERSINES » ET SIGNIFIANCES ». — VEILLÉE DE MORT. — A L'« ORATE FRATRES ». — LE REGISTRE MORTUAIRE. — LES CORPS DES PAUVRES A LA CATHÉDRALE DE SAINT-MALO. NOS ANCIENS CIMETIÈRES.

Dans les campagnes du Clos-Poulet, tout autant que dans le reste de la Bretagne, le culte des morts revêt un caractère tout spécial, marqué souvent d'une touchante naïveté, et parfois même empreint d'une étrange grandeur.

Chez nous, la mort, d'ordinaire, ne frappe pas brusquement : elle prévient, et il y aurait, assurément, un fort long catalogue à dresser de tous les présages appelés « intersines » ou « signifiances » qui ont coutume d'annoncer au Breton, d'après la croyance populaire, l'imminence de son décès.

Tantôt il en est prévenu, durant sa messe de mariage, quand le cierge qui brûle devant lui, au pied de l'autel, vient à s'éteindre brusquement : si, sans s'éteindre, son cierge se consume plus rapidement que celui de son conjoint, c'est « l'intersine », seulement, qu'il mourra le premier.

Au milieu de la lande, au bord de l'étang, au-dessus de l'aire à battre, voit-il une croix de feu ou un cierge qui s'allume tout à coup ? C'est l'annonce certaine que quelqu'un du village est sur le point de mourir. Si le cierge s'allume à la porte d'une maison, c'est cette maison qui est « marquée » par la mort et, parmi ceux qui l'habitent, c'est le chef de famille qui est « marqué », si le cierge brille au-dessus du toit.

La « signifiance », c'est encore tantôt une chouette qui vient frapper trois coups d'aile sur la vitre de la fenêtre ; c'est le chien de garde qui hurle longuement durant la nuit ; c'est la chandelle de suif qui, sans cause apparente, s'éteint au fond de la cheminée ; c'est une illusion d'enterrement qui se dessine subitement au milieu de la lande, que la lune, entre deux nuages, éclaire de ses rayons ; c'est un grand chêne émondé qui, au bord d'un fossé, se dresse tout à coup comme un spectre grimaçant ; c'est une procession de fantômes qu'on voit glisser, au long des tombes, en passant, le soir, à la porte du cimetière ; c'est « la messe blanche » qu'on entend psalmodier, à minuit, en passant auprès d'une chapelle en ruine. La « messe blanche » est célébrée par un prêtre trépassé, en présence des défunts de la paroisse, encore voués aux flammes réparatrices du Purgatoire.

Quant à l'étoile filante qui, par les belles nuits, sillonne l'azur du ciel, c'est, on le sait, une âme qui, quittant la terre, s'envole au Paradis.

Aussitôt que la mort a frappé quelqu'un, le maître de maison se rend à l'horloge et en arrête le balancier, afin de bien marquer l'heure du décès.

Le soir, a lieu « la veillée de mort », à laquelle assiste le village presque entier. A cette veillée, on récite le chapelet, et souvent, il faut bien l'avouer, on en entremêle la récitation de très copieuses libations, prises au pichet qu'on a, pour aider à passer la nuit, placé sur la table, en permanence.

Dans certains villages, à la fin de chaque dizaine, on ajoute une petite prière de circonstance. Dans tous les environs de Pleudihen et de Miniac-Morvan, cette prière fort naïve est ansi conçue :

> Par où qu'il a passé, j'passerons.

Et tout le monde de répondre :

> Oh ! la triste affaire !!!

Dans plusieurs bourgs des environs de Ploërmel, on retrouve, à la veillée de mort, une prière assez analogue, mais, assurément encore plus bizarre et plus naïve que celle en usage à Pleudihen et à Miniac-Morvan.

La personne qui récite le chapelet, psalmodie d'une voix larmoyante :

> Il est mort ! il n'est plus !

Les assistants répondent :

> Ah ! mon Dieu, la triste affaire !!!

Lors, la première personne reprenant :

> Il est mort ! il n'est plus !

Tout le monde ajoute, en chœur, cette étrange finale :

La triste affaire ! — N'en parlons plus.

Et c'est là l'*Amen* du chapelet récité, à la veillée de mort.

Une coutume qui existe aussi à Pleudihen et à Miniac-Morvan, et est assurément plus digne d'être conservée que les précédentes, c'est celle qui consiste, pour tous ceux qui assistent à un enterrement, à baiser pieusement le pied du cercueil, au moment où le convoi va quitter la maison mortuaire pour se diriger vers l'église.

. .

Il existait autrefois, à Saint-Malo, aux messes d'enterrement, un touchant usage dont on doit déplorer la disparition.

Le diacre, avant l'*Orate Fratres*, se tournait vers l'assistance et disait à haute voix : « Nous offrons, mes frères, » le saint sacrifice de la Messe pour le repos de l'âme de » N... Unissez vos prières à celles de l'Eglise, en récitant » un *Pater* et un *Ave* ».

Or, paraît-il, il advint qu'à différentes reprises un bon vieux diacre qui avait parfois, dans les derniers temps de sa vie, de légères défaillances de mémoire, ne put, au moment d'adresser cette suprême demande de prière pour l'âme de la personne décédée, se rappeler le nom de cette dernière.

D'où, hélas ! une douce gaieté parmi les fidèles, et, comme voie de conséquence, l'habitude prise, peu à peu, de supprimer, au moment de l'*Orate Fratres*, la prière récitée pour le repos de l'âme du défunt.

Autrefois, aux inhumations de première classe, il existait également à Saint-Malo un très pieux usage qui a disparu, à peu près à la même époque que le précédent, c'est-à-dire il y a environ trente ans. Je veux parler de « la signature sur le registre mortuaire ».

Pendant le chant du *Dies Iræ*, le vicaire de semaine et, plus tard, le cérémoniaire, vêtu de son étole noire et assisté d'un enfant de chœur, qui tenait l'encrier, faisait signer, à toute l'assistance laïque, l'acte mortuaire de celui dont on célébrait la messe d'enterrement.

La signature était donnée, dans le chœur, où était placé, pour la circonstance, le registre des actes de décès.

N'est-il pas regrettable qu'on ait laissé s'éteindre lentement cet usage, car l'apposition de la signature sur le registre mortuaire, au moment des funérailles d'un parent ou d'un ami, durant le chant si impressionnant du *Dies Iræ*, ne pouvait que suggérer de fort salutaires réflexions à tous ceux qui participaient à cette cérémonie toute spéciale, d'ailleurs, aux enterrements de notre pays.

Il était encore, jadis, à Saint-Malo, une très vieille coutume, mais qu'on a vue, celle-là, grâce au vénérable curé M. Huchet, disparaître, à la satisfaction générale.

Je veux rappeler la coutume qui consistait à placer les corps des pauvres, non pas devant la grille du chœur, comme dans les autres inhumations, mais, tout humblement, devant les Fonts-Baptismaux, sur deux tréteaux, entre deux cierges de cire jaune.

Les pauvres, du reste, avaient même autrefois chez nous un cimetière spécial. Ce cimetière, beaucoup plus long que large, allait de la Porte Saint-Pierre, actuelle jusqu'à la montée Notre-Dame, là où existaient les anciens abattoirs. Les pauvres partageaient leur cimetière avec les soldats de la garnison qui venaient à mourir à l'hôpital, si toutefois les familles de ceux-ci ne réclamaient pas leur corps.

Les gens riches s'y faisaient bien, eux aussi, parfois inhumer, mais seulement comme suprême acte d'humilité chrétienne.

Quant aux juifs et aux protestants, leur cimetière allait de la Porte Saint-Pierre actuelle, jusqu'à l'ancien chenil des chiens du guet, en face l'un des bastions de la Hollande.

Pour les suppliciés et ceux qui refusaient les sacrements, au moment de la mort, ils étaient ensablés, *extra muros*, au pied des murailles, à côté de l'ancienne porte de Bon-Secours. Leurs ossements sont restés là, jusqu'à ce que le temps et la marée les aient peu à peu réduits en poudre et fait disparaître. Peut-être plusieurs vieux Malouins se souviennent-ils de s'être amusés — jeu légèrement macabre ! — à en désensabler quelques-uns, durant leur enfance, il y a quelque soixante ans.

*
* *

Jetant avec vous un regard rétrospectif sur la physionomie si pittoresque qu'avait jadis notre rocher, je me suis efforcé, plus haut, de vous esquisser, en quelques traits, un de ses coins les plus originaux et les moins connus. Je veux parler de l'antique « pourpris », point central et âme vivante du vieux Saint-Malo d'autrefois, ville close enfermée dans une autre ville close, lieu d'asile inviolable, mystique et vénéré sanctuaire de son très haut et très puissant Chapitre.

Or, à l'époque de l'antique pourpris, n'existaient pas les deux petites rues parallèles qui, partant l'une de la chapelle Saint-Aaron, l'autre du Collège, dégringolent aujourd'hui, cahin-caha, vers la cathédrale. La rangée de maisons qui les sépare n'existait pas davantage.

Tout cet emplacement était occupé par le grand cimetière paroissial, séparé du pourpris par un mur épais, mur qui, partant de la maison dite « Maison de la Psalette », où, on le sait, le Chapitre logeait ses vingt-quatre enfants de chœur, s'en allait aboutir, jusqu'en face la porte de l'église, connue aujourd'hui sous le nom de « porte des Halles ».

Au milieu de ce mur était percée une large porte qui ne devait s'ouvrir que pour les inhumations et donnait accès, du Pourpris des Chanoines dans le cimetière paroissial.

A côté du cimetière paroissial, qui a existé jusqu'en 1777, il y avait un autre cimetière, un peu en contre-haut du précédent, situé à droite de la rue actuelle du Collège, lorsqu'on la monte, en tournant le dos à la cathédrale. Ce second cimetière, converti depuis bien des années en un jardin particulier, survécut quelques années au cimetière paroissial, malgré une ordonnance de l'Evêque interdisant d'y inhumer.

C'était la communauté de ville qui refusait de se rendre à l'ordonnance épiscopale. Quant à l'insigne Chapitre, il se désintéressait, en effet, de la question : il vivait, lui, retiré dans son pourpris, faisant enterrer ses chanoines défunts dans le caveau funèbre qu'il possédait dans l'intérieur de la cathédrale.

Si la communauté de ville résistait à l'ordonnance de son Évêque, c'est que le terrain qui avait été acquis pour remplacer les deux cimetières situés aux portes du pourpris, était un terrain éloigné, nouvellement conquis sur la mer et dans lequel l'eau montait parfois jusqu'au ras des fosses.

Je veux parler du cimetière actuel.

Cependant il advint qu'un beau matin d'été, après de fortes pluies, le mur de soutènement du cimetière tomba dans la rue, entraînant dans sa chute une douzaine de cadavres en putréfaction, et les bonnes dévotes qui se rendaient ce jour-là, en trottinant, à la messe de cinq heures, heurtèrent du pied, avec des cris d'épouvante, les cadavres de leurs ancêtres, gisant en pleine rue.

Cet incident donna gain de cause à l'ordonnance de l'évêque. Désormais, on enterra dans le nouveau cimetière, le cimetière actuel, qu'on appela « le Clos à Pyhuit », du nom, d'après les uns, du propriétaire qui vendit le terrain à la ville ; du nom, disent les autres, de celui qui eut l'honneur d'y être inhumé le premier.

Quant aux ossements de nos ancêtres, enterrés dans les anciens cimetières de la rue du Collège, il furent, finalement, au moins pour partie, transportés au nouveau cimetière, par les soins du vénéré M. Huchet, qu'on nommait « le grand curé », et du maire, M. Hovius.

Un jour, les ossements recouverts de draps mortuaires et entassés dans trois tombereaux, stationnèrent à la porte de l'église, pendant toute la durée d'une grand'messe. Après quoi, escortés d'une partie de la population, et, au son du gros Malo, ils gagnèrent, pour toujours, « le Clos à Pyhuit ».

Jusqu'au mois de mars 1779, dans l'emplacement à peu près où se trouve aujourd'hui l'Ecole des Frères, existait encore un autre cimetière, réservé celui-là exclusivement aux riches bourgeois de Saint-Malo. Ce cimetière était appelé par le peuple « cimetière des écailles », parce qu'après l'agrandissement de la ville, on combla l'emplacement qui existait entre les anciens remparts et la ceinture des nouvelles murailles, avec toutes sortes de détritus et de poussiers riches surtout en écailles : écailles de moules, écailles d'huîtres, écailles d'ormés, écailles de toutes sortes. D'où, bien naturellement, le nom de « cimetière des écailles » donné à ce cimetière dans lequel on inhuma jusqu'à l'année 1779.

On le voit, la nomenclature des anciens cimetières malouins est longue.

Au bout de la rue de Toulouse actuelle, voici le cimetière des écailles ; au long de la rue du Collège, voici les deux grands cimetières paroissiaux ; voici, au long des petits remparts, en face Dinard, les cimetières des suppliciés, des juifs et des protestants qui se succèdent pour ainsi dire. Enfin, voici le cimetière de la Hollande, réservé exclusivement aux pauvres et aux soldats de la garnison.

Peu à peu, avec le Moyen-Age qui s'efface, avec la ville qui se transforme, avec les règlements nouveaux qui interdisent d'inhumer autour du clocher, dans l'intérieur de la cité, tous les cimetières disparaissent, et le « Clos à Pyhuit » devient pour tous, riches et pauvres, nobles et roturiers, l'unique lieu de repos, où, sans distinction, côte à côte, nous sommes appelés à dormir le suprême sommeil.

COMMENT ON « REVIENT »

En synthétisant toutes les légendes et traditions populaires de notre pays, on peut, je crois, ramener à trois, toutes les formes, très variées en apparence, que se plaisent à vêtir les défunts, quand il leur prend fantaisie de venir nous rendre une petite visite.

La forme qu'ils semblent adopter de préférence est la forme d'une « Dame Blanche ».

Cette forme, inutile de le dire, est exclusivement le posthume apanage du beau sexe.

Qu'est-ce que c'est que la « Dame Blanche ? »

Nos paysans ne pouvant découvrir la raison des phénomènes physiques que, bien souvent, la nature du sol ou les éléments engendrent dans notre pays, se sont plu à leur donner une cause surnaturelle.

Or, c'est ainsi qu'est née « la Dame Blanche », hôte classique de tous nos étangs, de toutes nos grèves, de tous nos « doués ».

Quand donc, dans notre mélancolique Bretagne, quand, dans le grisâtre Clos-Poulet, le brouillard arrondit ses vagues cotonneuses et soulève lentement son long voile tissé de blanchâtres molécules que le soleil, tout à coup, vient irradier de ses rayons d'or, « la Dame Blanche » apparaît.

Auprès de nous, dans les solitudes du Mont Saint-Michel, on la voit, le soir, à marée montante, promenant sur la mobilité des lises et des tangues son impalpable corps de fée, et c'est elle — contait le marquis de Tombelaine, ce pêcheur étrange qui, de son vivant, appartenait déjà au monde de la légende — c'est elle, qui saisissant dans ses bras couleur de flot les voyageurs en péril de mer, se laisse glisser avec eux dans l'insondable gouffre de ses sables mouvants.

C'est elle, la Dame Blanche, qui apparaît à Vannes au-dessus de l'étang au Duc ; la Dame Blanche vannetaise est le fantôme d'une belle châtelaine qui, jadis enlevée sur une barque par un seigneur avide de sa main, préféra se noyer que d'appartenir à son ravisseur.

C'est elle, la Dame Blanche, qui apparaît aussi à l'Ebihen, et, quand à l'aube, la vieille tour, déchirant l'enveloppe des brouillards qui l'enserre, se colore brusquement d'un rayon de soleil, on la voit, la Dame Blanche, appelée sur l'Ebihen « la Mourioche », qui s'envole bien vite, comme une grande mouette, du haut de son vieux tourillon. Or, m'a conté mainte fois une ancienne fermière de l'île [1], bonne vieille de cent ans qui avait bien plus de légendes dans sa mémoire que d'écus dans son bas de laine, « la Mourioche » n'est autre que l'âme d'une ancienne propriétaire de l'Ebihen qui revient, le soir, voilée de brouillards, pour coucher sur son antique domaine de granit et s'envole, avec les mouettes, au matin, lors de la marée.

[1] La mère Collet, bien connue de tous les touristes qui, il y a une quinzaine d'années, ont visité les Ebihens.

※
※ ※

Les fantômes de la Bretagne en général et du Clos-Poulet en particulier ne revêtent pas tous, indistinctement, « un corps de Dame Blanche ». Certains préfèrent demeurer toujours invisibles et ne manifestent leur présence qu'en faisant entendre le son de leur voix. Tels sont les fantômes qui habitent les vieux puits ou les fontaines, fontaines dont la plus connue est assurément la fontaine de Baraton, située, on le sait, dans la vieille forêt de Paimpont. Tels sont aussi, en général, tous les fantômes de la côte, qui habitent cette multitude de grottes qu'à Camaret, à Morgat, au Toulinguet, à Quiberon, à Rothéneuf, au Cap Fréhel... un peu partout en Haute et Basse-Bretagne, on trouve, portant les mêmes noms. Ces noms, sortis de l'étrange imagination de nos pères, sont : la Goule-ès-Fées, la Cheminée du Diable ou le Trou de l'Enfer.

Or, aux confins de la « Côte d'Émeraude », du côté du Cap Fréhel, entre le phare et le fort Lalatte, nous avons, notre « Trou du Diable », fort apprécié même des amis de la belle nature et où, dit la légende, gémissent les âmes de tous les pêcheurs du Clos qui ont été condamnés, en expiation de leurs fautes, aux éternels supplices de l'enfer. Ces âmes qui hurlent de perpétuels gémissements se font surtout entendre lorsque souffle la tempête et que la marée, s'engouffrant sous leur retraite, les cingle, les piétine, les roule, les émiette dans l'éternel remous de ses flots verdâtres.

Mais dans le monde surnaturel des fantômes, ce sont

surtout les noyés, qu'on nomme en Basse-Bretagne, les
« Chouerien », c'est-à-dire les crieurs, qui tout en demeurant invisibles, se plaisent à manifester leur présence en
faisant seulement entendre le son de leurs voix.

Leurs voix, ce sont des appels déchirants, ce sont des
prières qui implorent une minute de repos, une poignée
de terre bénite, un petit coin d'ombrage dans le champ
« d'Avène ». D'abord faibles comme une musique lointaine, ces voix montent graduellement comme une gamme
étrange, bourdonnent comme un immense essaim qui
reste invisible, éclatent brusquement comme un grand sanglot, mugissent comme des amas de vagues qui se brisent.
On dit même que, la nuit de la Toussaint, elles font un
si épouvantable fracas, qu'un vivant qui les entendrait
tomberait immédiatement mort de frayeur [1].

C'est tout à fait une exception si les noyés revêtent une
forme sensible. Sur plusieurs points de la baie de Saint-
Malo, surtout du côté de Saint-Jacut, on dit cependant
que dans le corps de chaque marsouin réside l'âme d'un
pêcheur noyé, et c'est cette âme qui donne au marsouin
son caractère éminemment variable.

Dans cet ordre d'idées, le prince des revenants nautiques, c'est un marsouin qui porte dans ses flancs l'âme
d'un pêcheur détesté, appelé « Nicole », pêcheur qui, il y
a bien des siècles, se noya sur une de nos côtes [2].

---

[1] Voir le tableau du Raz-de-Sein. — *Tradition et Légendes*, par Le Car-
guet, Vannes, imprimerie Lafolye.

[2] Suivant une autre version, Nicole est un garde maritime qui, de son
vivant, dressait force procès-verbaux aux pêcheurs et qui, après son décès, est
passé dans le corps d'un marsouin et a continué à les malmener.

Le « poisson Nicole », devenu cruel comme l'âme qu'il a avalée, est aujourd'hui, chez nous, comme le juif-errant de la Manche, le croquemitaine des bateaux, le grand avaleur des pêcheurs.

Le poisson « Nicole », génie malfaisant, sépulcre vivant d'une âme damnée, a heureusement sa néfaste influence combattue par les aimables hôtesses qui logent à Saint-Énogat, au fond de la Goule-ès-Fées, sous la belle propriété de M. Hébert.

Vous qui voulez bien me lire, lisez attentivement leur gracieuse genèse et allez ensuite visiter leur pittoresque château.

Or, donc, par une épouvantable tempête de noroû qui se déchaîna, il y a longtemps, au moment même où minuit sonnait au clocher du Vieux-Bourg, une toute petite barque entraînée par les vagues, les brises et les courants, vint se jeter à la côte.

Prodige étrange ! la barque ne s'entr'ouvrit pas sur la côte. Prodige encore plus étrange ! ce fut la côte qui s'entr'ouvrit, lui livrant un mystérieux passage à travers ses flancs de granit. Et la barque, voguant sur une mer d'écume, plus blanche que le lait, vint s'échouer mollement sur une belle plage aux sables d'or.

Et sur la plage aux sables d'or, des fées mignonnes, vêtues d'algues roses, dansaient en chantant. Elles chantaient une naïve chanson du Vieux-Bourg, que peut-être elles avaient apprise jadis, au village, avant d'être fées et habitantes des goules sous-marines.

Elles chantaient en chœur :

> A ma main gauche
> J'ai t'un rosier
> A ma main gauche
> J'ai t'un rosier !
> Qui fleurira, dolidondaine,
> Qui fleurira t'au mois de mai !

Et la plus jolie des fées, secouant ses longs cheveux d'algues vertes, reprenait toute seule :

> Qui fleurira, dolidondaine
> Qui fleurira t'au mois de mai !
> Entrez en danse, gentil rosier,
> Et demandez c'que vous voudrez !

Notre pêcheur qui, jamais de sa vie, n'avait été comparé à un gentil rosier, eut bien bonne envie de solliciter un gros baiser de la fée si avenante ; mais après mûre réflexion, il jugea plus pratique de lui demander tout simplement une pleine barque de poisson.

Lors il s'endormit.

Et il s'éveilla le lendemain, au soleil levant, se frottant longtemps les yeux, comme s'il avait fait un beau rêve.

Cependant sa barque, grand vent-arrière, filait doucement, s'éloignant de la côte de Saint-Enogat.

Et sa barque était pleine de merveilleux poissons. C'étaient les jolies fées de la Goule, ces gracieuses personnes animées par les âmes de toutes les petites pêcheuses de la côte, noyées en état de grâce, qui avaient rempli, à pleines mains, son batelet devenu presque trop faible pour emporter une pêche aussi abondante. Et, dans le vent qui jasait dans la voile blanche de sa barque, vibrait encore, apaisé par la distance, un étrange et merveilleux refrain :

Qui fleurira, dolidondaine
Qui fleurira t'au mois de mai !...

Pour en finir avec les revenants nautiques, disons enfin qu'au raz de Sein, il y a, comme chez nous, un poisson Nicole. Mais, là-bas, ce poisson Nicole n'a pas son influence combattue par la vertu de fées bienfaitrices. Ce poisson, là-bas, s'appelle « la Sirène ». La Sirène, dernière survivante de la ville d'Is engloutie, n'est autre que Dahut, fille du roi Grallon.

Dahut, comme Nicole, mange les bateaux et les pêcheurs, et quiconque la rencontre dans ses eaux, n'a qu'à fuir bien vite, toutes voiles dehors, s'il ne veut pas être englouti.

*
* *

Les fantômes qui, tout en demeurant invisibles, ne manifestent leur présence qu'en faisant entendre mille et mille bruits très divers, souvent aussi habitent dans les débris de vieilles tours, de vieilles gentilhommières, de vieux manoirs d'un autre âge qui, aujourd'hui, s'écroulent miette à miette au milieu de la tristesse de nos landes et la solitude de nos bois. Alors, au classique coup de minuit, ce sont comme des murmures de pas mystérieux, des frôlements de robes invisibles, des échos de voix d'outre-tombe, des chuchotements étouffés, des ricanements lugubres, des traînées de chaînes, des roulements de boulets et de pierres.....

Dans cet ordre d'idées, il faut citer la fameuse « Maison-

Rouge », qui, située entre le Chemin-Pavé et la vieille « Promenade Verte », appelée aussi « Chemin des Amoureux », a été, il y a une trentaine d'années, un rendez-vous très suivi de revenants appartenant à la catégorie des esprits frappeurs et des traîneurs de chaînes.

D'ordinaire, toutefois, dans les ruines hantées, le revenant revêt une forme, et cette forme, c'est le plus souvent la vaporeuse forme de « dame blanche » dont nous avons déjà parlé.

Ainsi, c'est une « dame blanche » qui apparaît dans les ruines du fameux château de Montafilant, près Plancoët.

C'est une « dame blanche » qui apparaît dans le château et la forêt de Coëtquen, forêt appelée jadis la *Forêt blanche*. Et cette « dame blanche », c'est une jeune marquise qui, enfermée, il y a longtemps, dans l'une des tours du vieux manoir, y mourut misérablement de faim.

C'est une « dame blanche » aussi qui apparaît dans le château du Guildo, au milieu de ces ruines pittoresques si connues des touristes, qui achèvent maintenant de s'écrouler au bord de l'*Arguenon*. Cette « dame blanche », qui revient, chaque soir de lune, au sommet d'une des tours, puis, comme un sylphe impalpable, descend vers la rivière, à l'aide seulement de la brise, pour y laver un suaire sanglant, c'est l'ombre de la belle Françoise de Dinan, morte de douleur, morte de la mort de son mari, l'infortuné Gilles de Bretagne, que le duc François, son frère, fit arrêter là et laissa plus tard mourir de faim au château de la Hardouinaye.

C'est une « dame blanche » encore..... Mais comment poursuivre mon évocation ? Il me faudrait, en effet, tout un volume pour dresser la genèse de toutes les « dames blanches » qui daignent, de leurs silhouettes de neige, hanter les ruines du vieux Clos-Poulet.

*
* *

Fort souvent les trépassés vont se loger, de gré ou de force, dans le corps des animaux.

Ainsi, on conte à Rochefort-en-Terre (Morbihan) [1], qu'une nuée de corbeaux, appelés les « grols » ou les « cornils » s'abat chaque année, la nuit de la Toussaint, autour d'une vieille mare, appelée le *Patis de l'Etang*, et que ces « grols » ont tous une physionomie distincte dans laquelle on retrouve fort bien les traits de parents défunts, décédés en péché mortel.

Quant aux coucous, il est universellement admis en Bretagne que ce ne sont que des bandes de vieux gars qui ont passé leur vie à courir le guilledou et, en pénitence de leurs fautes, sont devenus coucous après leur mort [2].

Un animal, plus encore que les coucous et les corbeaux, de race éminemment folklorique, c'est le « lutin » ou « garou ».

Le « garou », c'est le sépulcre vivant et malicieux d'un défunt qui court la lande et les chemins creux, en atten-

---

[1] Ceci m'a été conté par le garde champêtre de Rochefort-en-Terre, il y a quelques années.

[2] Conté par le même.

dant la rémission de sa peine. Sépulcre vivant, car il revêt toujours la forme d'un animal : cheval blanc, chat noir, chèvre mystérieuse ou mouton fantastique. Sépulcre malicieux, car il passe son temps à jouer les plus mauvais tours aux paysans qui, pour leur malheur, se rencontrent, sur sa route. Tantôt, prenant la forme d'un mouton, il semble, par ses bêlements plaintifs, appeler leur pitié. Alors, ils le prennent entre leurs bras pour le reporter à la bergerie, et lui s'alourdit, s'alourdit tant, qu'ils sont bientôt obligés de le déposer à terre, et le « garou » aussitôt s'esquive, en leur éclatant de rire au nez. Tantôt, le « garou » prend la forme d'un cheval blanc, et sur sa croupe, bon gré mal gré, il les emporte par la campagne, et, après une course folle, les précipite dans un fossé plein d'eau.

Le garou, pauvre pêcheur mort en état d'excommunication, ou au moins de péché très grave, reste garou tant qu'il n'a pas été délivré par un vivant.

Le vivant le délivre, en le frappant au front d'un coup de couteau ou, en tout cas, en faisant couler son sang [1].

Un gars de Rochefort qui, témoin d'un meurtre, n'avait pas voulu le dénoncer à la justice de Vannes, tomba en possession du garou. Tous les soirs, le garou l'attirait, grâce à une invisible fascination, jusqu'à la Croix de la Grêle, autour de laquelle il l'obligeait à hurler en courant, depuis minuit jusqu'au lever du jour. Le gars, à ce

---

[1] Récit raconté par le garde champêtre de Rochefort-en-Terre. Ce récit se retrouve, avec quelques variantes, relaté, comme une des vieilles croyances de notre pays, dans l'*Histoire de la Petite Bretagne*, par l'abbé Manet.

manège, devint tout « failli » et attrapa, par-dessus le marché, la réputation de courir la nuit.

Alors il se décida à conter ses peines à un ami qu'il avait depuis son enfance. « Je suis, lui dit-il en pleurant, possédé par le garou, et je ne serai délivré que lorsque quelqu'un, au lieu de s'enfuir comme les autres en entendant mes cris, osera « foncer » sur moi avec un instrument tranchant et fera couler mon sang ».

« Compte sur moi, dit l'ami, et tu ne seras plus garou ».

Le soir même, il se rendit vers la Croix de la Grêle, mais quand, au coup de minuit, il aperçut son pauvre camarade vêtu d'une grande peau de bouc qui lui descendait au talon et bondissant en hurlant, comme un vrai possédé qu'il était, il s'encourut à toutes jambes.

Pourtant, sur les instances nouvelles de son ami, il revint le lendemain et cette fois, fermant les yeux pour n'avoir pas trop peur, il « fonça » sur lui et lui enfonça son alène dans le ventre. Le sang coula, et de son ventre s'échappa comme « une souris chauve ». C'est le garou qui s'envolait.

*
* *

Sur l'île des Ebihens, c'est « l'âne rouge » qui apparaît : il apparaît tantôt cavalcadant dans le chemin si dur à monter qu'on l'appelle le chemin de l'enfer ; il apparaît tantôt perché entre ciel et mer, comme un cormoran sur la crête dentelée des « Haches » [1] que la lune découpe en silhouettes fantastiques, tantôt errant sur les dunes, sur les rochers, sur les grèves. Il apparaît et apparaîtra toujours,

[1] Rochers des Ebihens.

l'âne rouge des Ebihens, tant qu'une pêcheuse de Saint-Jacut n'aura pas osé le piquer, jusqu'au sang, d'un bon coup de faucille torse qui lui sert, par les belles nuits de basse mer, à haper le lançon qui danse au raz du flot.

C'est que « l'âne rouge » des Ebihens, c'est un vieux marquis d'autrefois, ancien propriétaire de l'île, qui, de son vivant, trop galant vis-à-vis les brunes Jaguines, doit expier ses fautes, tant que l'une d'elles n'aura pas jugé bon de le délivrer d'un bon coup de faucille qui fera couler son sang.

*
* *

Très souvent, enfin, les fantômes adoptent la forme d'une simple lumière.

Aimez-vous les belles histoires ? Oyez alors celle-ci. Elle est, au fond, absolument véridique, et, en la forme, elle est à peine colorée d'une de ces demi-teintes de légende qu'on aime bien dans le Clos-Poulet [1]. Son théâtre, c'est la Ville-Poulet, située, ainsi que son nom l'indique bien, en plein Clos-Poulet, aux confins du taillis des Millières, en la commune de Saint-Coulomb, tout près du vieux château de Plessis-Bertrand et de la curieuse ferme appelée encore maintenant, par les vieux de par là, du nom caractéristique : *La Ferme de la Potence*.

C'était le 13 prairial, an II. M. Le Poitevin de la Ville-Noël se rendait à Saint-Malo en compagnie de son voisin de campagne, M. Benoist Giron de la Massuère, demeurant à la Ville-Poulet.

---

[1] Cette histoire nous a été très aimablement contée par M. Fichet, de Saint-Malo, vieux Malouin qui connaît son « Clos-Poulet » sur le bout du doigt.

En chemin, ils rencontrèrent une bande d'individus qui les invitèrent à une « boudine ». La « boudine », c'était un repas qu'on donnait un peu à tout venant, le jour où « on tuait le cochon » (1).

M. Giron put décliner l'invitation. M. de la Ville-Noël n'osa le faire. Mal lui en prit. La prétendue « boudine » n'était, en effet, qu'un guet-apens, dans lequel il fut assassiné à coups de couteau. Quant à son cadavre, il fut, durant la nuit, jeté, avec une pierre au cou, dans l'étang de la Fosse-Hingant, où les lavandières le découvrirent le lendemain matin.

Il paraît que le citoyen Jean Sebert, médecin légiste, en procédant à la constatation s'écria : « Les lâches ! ils ne m'en feront toujours pas autant, car, par ce temps-ci, je ne sors plus sans être armé ».

Dix jours plus tard, il passait à côté de la Croix-Marie, se rendant vers le village du Frêne, quand il s'aperçut qu'il était suivi d'une bande de mauvaise mine. Vite, il monta dans le champ appelé le Grand-Tertre-Bréault, pour se réfugier par le plus court chemin à la Ville-Poulet. Il y arrivait, quand, atteint de trois coups de feu, il tomba mort dans un fossé.

Or, conte la légende, sur le fossé du Grand-Tertre-Bréault, comme sur l'étang de Plessis-Bertrand, parfois, la nuit, plane une lumière. Cette lumière, disent les dernières vieilles qui savent encore les histoires de la Révolution, c'est l'âme de ceux qui furent assassinés là.

(1) L'usage des « boudines » existe encore, très suivi, dans le Morbihan et le Finistère.

XVI

EN CARÊME

LE MARDI GRAS ET LES CRÊPES. AUTREFOIS LE JEU DE L'OIE
SUR LA GRAND'GRÈVE ET LE CARNAVAL DES PAUVRES
A DOL-DE-BRETAGNE. — AU GROS LANÇON !
PROFILS OUBLIÉS. — HUITRES ET MAQUEREAUX.
POURQUOI LES SARDINES ONT QUITTÉ LA « CÔTE D'ÉMERAUDE »
CONTE DE CARÊME.
LE DIMANCHE DES RAMEAUX. LES USAGES QUI S'Y RATTACHENT.
LA STATION DE CARÊME DANS LES CHAPELLES DE VILLAGE.
LA SEMAINE SAINTE, SES USAGES ET SES LÉGENDES.

Mardi, 6 février, 18....

LE MARDI-GRAS ET LES CRÊPES. AUTREFOIS LE JEU DE L'OIE SUR LA GRAND'GRÈVE ET LE CARNAVAL DES PAUVRES A DOL-DE-BRETAGNE.

Nous voici au Mardi-Gras !

> Mardi-Gras,
> N't'en vas pas !
> Nous mang'rons des crêpes ?
> Mardi-Gras s'en est allé
> Avec son soulier percé.

Ainsi on chantait, jadis, sur un rythme, certes, qui n'avait aucune prétention à la richesse de la rime et à la mesure des pieds.

En chantant ainsi, par douzaines, dans toutes les poêles du pays, on faisait sauter des crêpes fines et dorées. De toute éternité, en effet, les crêpes ont été chez nous, bien plus que les masques, le symbole du Mardi-Gras.

Cet usage de célébrer le Mardi-Gras avec une bonne petite indigestion de crêpes croustillantes, est facile à expliquer. La crêpe est surtout faite avec des œufs. Or, autrefois, les œufs étaient un mets interdit, durant tout le saint temps du Carême. D'où la coutume des crêpes, d'où le carnaval des œufs, d'où aussi la coutume des œufs de Pâques. Les crêpes, c'étaient les derniers œufs que l'on mangeait avant le Carême ; les œufs de Pâques bariolés et peinturlurés, c'étaient les premiers que l'on mangeait, une fois le Carême enterré.

Crêpes et œufs de Pâques, voilà donc autrefois les deux signes extrêmes, les deux antipodes du temps quadragésimal.

C'est, on le sait, à cette époque de l'année, notamment le Dimanche-Crêpier, que se tirait l'oie sur la Grand'Grève.

L'oie était attachée à un piquet. Celui qui la tuait en la frappant à la tête, celui-là en devenait le propriétaire et pouvait, le soir, faire avec ses abattis une succulente fricassée.

A Dol [1], il existait à l'époque du Carnaval un très pieux et très pittoresque usage, usage qui s'est perpétué jusqu'à l'époque de la Révolution, jusqu'à l'époque où Monseigneur de Hercé, dernier évêque du pays, quitta son diocèse pour aller se faire fusiller à Vannes, sur « la Garenne, » avec Sombreuil et les principaux chefs qui se livrèrent prisonniers à la bataille de Quiberon.

Cet usage a conservé, dans les traditions populaires de notre pays, l'appellation de « Carnaval des Pauvres. »

Le jour du Mardi-Gras, tous les mendiants du pays

---

[1]. *Essai historique sur les Monuments de Dol*, par l'abbé Lécarlatte, ancien recteur de la Fresnais.

étaient conviés à un grand repas qui leur était offert par l'évêque. L'invitation était faite dans toutes les chapelles et églises du diocèse, au prône de la grand'messe. Au jour dit, des centaines de pauvres arrivaient de tous les points. Sous des hangars, dans la cour, dans la salle à manger du palais épiscopal, partout où il y avait place, des tables étaient dressées.

Toutes les cloches, au coup de midi, se mettaient à carillonner. Lors, l'évêque, entouré de tout son Chapitre, arrivait au lieu du festin. Il récitait l'*Angelus*, et, après l'*Angelus*, le *Benedicite*. On commençait alors à manger. Inutile de dire qu'on mangeait ferme et de bon appétit. C'était l'évêque, ayant une serviette autour des reins, c'était le Chapitre tout entier, qui faisaient le service de la table.

Après le repas, l'Évêque récitait les « grâces » et partageait entre ses convives tous les vivres qui n'avaient pas été mangés. Aux vivres il joignait des effets et de l'argent, et chacun s'en allait bénissant la délicate et charitable générosité du pieux prélat.

Le « Carnaval des Pauvres » s'appelait aussi les « Noces de l'Évêque ».

Il paraît que c'est à cet usage très enraciné jadis dans le vieux diocèse de Dol, à cet usage des « Noces de l'Évêque, » que remonte la coutume qui, peu à peu se répandit partout en Bretagne, de convier aux noces des gens aisés, un grand nombre de pauvres auxquels, ainsi qu'aux autres invités, on servait un copieux festin.

Il y a beau temps, hélas ! que tous ces jolis et pieux usages ont pour jamais disparu de notre pays, pour se cantonner dans la Basse-Bretagne, où ils existent encore, très vivaces.

Chez nous, c'est la coutume des masques qui les a remplacés.

Au change, les pauvres n'ont pas gagné.

AU GROS LANÇON !

A lui, dans notre folklore du carême, à lui surtout une mention toute spéciale ! A lui, le joli lançon effilé, le joli lançon aux reflets d'azur ; le joli lançon, ver luisant de nos rivages, feu follet de nos sables d'or ; le joli lançon qui, par les belles nuits de printemps, se joue, comme un sylphe mystérieux, dans l'écume blanche de la vague, au milieu des gouttelettes de phosphore qui la criblent merveilleusement !

A lui, une mention toute spéciale, à lui, le délicat lançon, le poisson national, le plus populaire de la « Côte d'Emeraude. »

« Au gros lançon !... Au lançon frais ! » clame le marchand qui passe dans les rues de Saint-Malo.

« Au gros lançon !... Au lançon frais ! »

— V'là le marchand de lançon ! » s'écrie joyeusement l'humble ménagère qui demeure au quatrième étage, dans la mansarde.

Et vite elle ouvre sa fenêtre en tabatière et elle appelle bien fort : « Marchand de lançon ! marchand de lançon ! »

— « Voilà ! voilà ! » répond la grosse voix de ce dernier, qui fait de suite volte-face. Alors, quatre à quatre, elle dégringole son escalier, et, dans son allée, auprès du portail, elle en achète « un lot » — un lot qui lui coûte trois sous et qui nourrira toute sa famille. Et le marché convenu, le marchand, par dessus « le bricot » [1] ajoute deux ou trois beaux gros lançons dans la « devantière » [2] de sa cliente.

*
* *

Qu'est-ce que c'est donc que le lançon ? Quelle est l'origine de sa forme effilée et de sa couleur aussi miroitante qu'un reflet d'azur ? Quelle est l'origine de son nom qui signifie « petite lance ? »

C'était sous le règne de Conan, premier roi de la Bretagne. En ce temps-là, vivait sur les confins du Clos-Poulet, au milieu des rochers qui se nomment aujourd'hui la presqu'île de Saint-Jacut et s'appelaient alors les rochers de Lan-Douar, en ce temps-là, dis-je, vivait un saint ermite. D'après le savant Morice, ce saint ermite devait s'appeler : Jagu, Jacut, Jacob ou Jacques. On ne sait pas trop. Ce qu'on sait bien, par exemple, c'est qu'il était le fils de Fracan, cousin germain du roi Conan, et qu'il avait pour disciple saint Cast, parrain de la jolie paroisse qui porte encore aujourd'hui son nom.

Ce qu'on sait aussi, c'est que c'est grâce à lui que toutes les grèves du Clos-Poulet en général et de Saint-Jacut en particulier, sont emplies de jolis lançons bleus qui, durant le carême, se vendent encore, chez nous, à trois sous le lot.

[1] Expression de Saint-Malo qui signifie « par dessus le marché. »
[2] « Devantière » signifie tablier.

Quant, en l'an de grâce 418, après la naissance du Christ, saint Jacut, arrivant de la Cambrie, accosta près de la presqu'île de Lan-Douar, sur son auge de pierre qui lui servait de batelet, cette presqu'île était habitée par un ramassis de gars qui ne rêvaient que la guerre et le pillage. — C'est de ces gars, d'ailleurs, que nous descendons tous, en droite ligne.

Tout au fond de l'âme, il faut le reconnaître, ces gars n'étaient pas plus mauvais que d'autres : ce qu'ils étaient surtout, c'étaient des ignorants.

Aussi saint Jacut entreprit-il leur conversion.

Un jour, sur les rochers, au bord de la grève, il leur prêchait la douce religion du Christ-Sauveur. Eux autres, la lance au point, ils écoutaient :

Et le saint leur disait : « Pour arriver au beau Paradis
» du Christ-Sauveur, il vous faut quitter vos lances, sym-
» boles de pillage et de tuerie. Il vous faut embrasser une
» existence paisible, honnête, laborieuse. Il vous faut, au
» lieu de batailler dans les plaines rouges de sang, il vous
» faut gagner votre vie comme les pêcheurs de l'Évangile,
» en scrutant les flots bleus de la mer, de la mer d'azur,
» aux couleurs du beau Paradis. »

Et le saint, sans doute, était bien éloquent, car tous, prenant leurs longues lances aux larges pointes d'acier, les firent en même temps tournoyer dans l'air, de toute la force de leurs bras robustes, et ils les lancèrent dans le vide.

Et toutes leurs lances allèrent se piquer dans le sable. Et, ô miracle ! en se piquant dans le sable, elles lancèrent toutes comme un éclair. Et, ô miracle plus merveilleux encore ! cet éclair en même temps sembla se liquéfier, se multiplier, se fondre en reflets plus bleus que l'azur du firmament d'été. Et cet éclair aussi sembla s'animer, prendre vie et prendre forme : la forme d'une petite lance.

Lors, le saint dit : « Descendez sur la grève et reprenez vos lances. L'éclair qu'elles ont fait jaillir, vos grandes lances d'acier, cet éclair est devenu un lançon. Le lançon est né de vos lances, et désormais vos lances, fouillant les sables d'or, ne vous serviront plus qu'à le pêcher. »

Or, les siècles ont succédé aux siècles, et, depuis ce miracle lointain, sur toutes les grèves de la « Côte d'Emeraude », et surtout sur les grèves de l'antique Lan-Dour, qui s'appellent maintenant les grèves de Saint-Jacut-de-la-Mer, les pêcheuses, filles des anciens Francs, s'en vont la nuit, armées de faucilles, chercher le lançon, le lançon né de la lance de leurs aïeux.

Il paraît que, longtemps, en souvenir de la miraculeuse origine du lançon, elles durent même, comme juste redevance, aller sonner à la grille d'airain des nobles abbés de Saint-Jacut pour leur en offrir la primeur, toutes les fois qu'elles partaient le vendre, à pleines « panerées, » sur les marchés de Saint-Malo.

Aujourd'hui, cette redevance n'existe plus, comme n'existe plus, depuis des siècles, la vieille abbaye de saint Jacut, fils de Fracan et cousin de Conan Ier, roi de Bretagne. Mais le lançon né de la lance des anciens Francs, le lançon luisant comme un reflet d'acier, le lançon, lui, existe toujours, et c'est lui que vous entendez bannir, par ce temps de carême, dans les vieilles rues de Saint-Malo.

Au gros lançon !

Au lançon frais !!...

PROFILS OUBLIÉS

Nous sommes en plein carême.

Le carême ! Apothéose de la morue Béchamel, du chou-fleur au gratin et de la sardine à l'huile !

Le carême ! L'alleluia des pois blancs !

Le carême ! La saison des pénitences, des austérités, des sermons qu'on va entendre, le soir, dans la vieille cathédrale, dont la grande nef reste noyée dans les demi-teintes si propices au recueillement !

Le carême ! Quand, fermant les yeux, je murmure ce mot-là, le carême...! l'image des choses de l'Eglise remplit aussitôt mon esprit, et voilà que cette image se reflète, par là-même, du même coup, sur mon papier.

Et, dans les mirages du reflet, j'aperçois d'abord un suisse superbe : c'est le père Vanet, notre suisse en 1830. Or donc, le père Vanet, suisse de profession et fabricant de cercueils à ses heures... d'agrément fut, pendant dix ans, la terreur des enfants de tout Saint-Malo. C'était le grand croquemitaine du Clos-Poulet.

Debout, près la porte du chœur, la hallebarde à la main, droit comme les lances de la grille, immuable comme la statue du Commandeur, il promenait jusque dans les recoins obscurs des confessionnaux, jusque dans les lointains brumeux des stalles basses, un œil de lynx qui avait la propriété de clouer immédiatement le bec, à tous les gamins bavards.

Le père Vanet avait trois plumets réglementaires. L'un de ces plumets était rouge, l'autre était blanc, et le troisième était bleu. Le plumet bleu servait pour les dimanches ordinaires ; les deux autres servaient suivant la couleur des fêtes : le blanc, pour les vierges ; le rouge pour les martyrs.

Chacun de ces plumets avait un mètre de haut. Le plumet rouge surtout était effrayant, et, quand on bavardait, il semblait rutiler de colère plus encore que la figure du bon père Vanet.

La révolution de 1830 a emporté le père Vanet, ses trois plumets et l'immense cocarde tricolore que les événements politiques avaient collée à son chapeau, aux derniers temps de son exercice.

Un autre bon type de Malouin, brave homme et fervent chrétien, c'était le vieux pilote Saison qui, au mois de novembre 1793, acheta la cathédrale mise aux enchères publiques et ce, pour 23,540 francs en assignats ou 600 francs en argent, au choix de l'acquéreur.

Il l'acheta afin de pouvoir, aussitôt après la Révolution, la rendre au culte, sans qu'elle ait trop à souffrir des déprédations révolutionnaires.

Par exemple, à la suite de son acquisition, il ne voulut plus jamais payer à l'église le prix de sa chaise et il ne la paya pas, tant qu'il vécut, c'est-à-dire jusqu'en 1837 ou 1838.

Il disait, qu'à l'église, il était chez lui et n'était pas tenu de débourser un liard, avant d'être rentré dans les 23,540 francs en assignats qu'il avait déboursés pour l'achat de celle-ci.

Inutile de dire qu'il était la terreur des chaisières de l'époque. Quand, par distraction, l'une d'elles étendait vers lui la main, il la pétrifiait de peur, jurant qu'il aimerait mieux avaler le Grand-Bey ou mettre Cézembre à la voile que de lui donner un liard percé.

Peut-être, le souvenir de ces deux bons Malouins dont je viens de vous entretenir, ne faisait-il que sommeiller au fond de plusieurs vieilles mémoires ? Puisse-t-il alors être pour elles le point de départ pour l'un de ces longs voyages qu'au coin du feu, dans le grand fauteuil, on aime tant à faire, lorsqu'on est vieux, au cher pays des choses passées, des rêves éteints, des heures envolées, des printemps disparus.

HUITRES ET MAQUEREAUX

Dieu fait bien ce qu'il fait.

Malheureusement, l'homme défait souvent ce que Dieu fait, et voilà pourquoi, durant le saint temps du Carême, nous ne trouvons plus qu'à grand'peine une pauvre petite queue de morue salée, une minuscule « loche » (1) égarée ou un tout petit « prêtre » (2) minuscule à nous mettre sous la dent.

Autrefois, il en était tout autrement, et nos pieuses ménagères du Clos, en quête d'aliments maigres, n'avaient qu'à aller jeter un rapide coup d'œil à la Poissonnerie pour y trouver à gogo, raies, bars, soles, turbots, plies, grondins, rougets, roussettes, mulets... toute la variété, en un mot, de ces excellents poissons qui, alors pullulaient et aujourd'hui encore pullulent sur nos côtes.

Chez nous, autrefois, la douzaine d'huitres coûtait deux sous. Or, je parle des plus grosses huitres, celles qu'alors on préférait à toutes autres et que, comme aujourd'hui encore, on appelait les « pieds de cheval ».

Les « pieds de cheval » se vendaient tout cuits, et, au retour de la Poissonnerie, il n'y avait qu'à leur donner un petit tour de casserole, pour les métamorphoser en un succulent plat d'huitres à la daube.

En ce temps-là, on mangeait, à Saint-Malo, tant d'hui-

(1)-(2) Poissons très répandus sur notre côte.

tres à la daube — tant de « pieds de cheval » — que, sur la grève de Bon-Secours, leurs coquilles formaient de véritables collines qui débordaient partout, même sur les tombes du cimetière situé par là et qu'on appelait, parce qu'il renfermait bien plus de coquilles que de défunts, « le cimetière des écailles ».

Notez même que les collines de coquilles seraient vite devenues montagnes si tous les enfants du Clos n'avaient pas eu, pour grande distraction, d'aller chaque jeudi sur la grève, faire des ricochets avec les écailles de « pieds de cheval » qui, de cette façon arrivaient à se liquider encore assez facilement.

Ce que je dis de l'abondance des huitres était aussi vrai, d'ailleurs, de toute espèce de coquillages, mollusques et poissons.

Aujourd'hui, tous ces trésors du Carême ne me semblent guère, quoi qu'on dise, avoir sensiblement diminué.

Continuellement, en effet, nous entendons parler de pêches quasi-miraculeuses, faites par les bateaux de notre pays.

Seulement, aujourd'hui, tout s'en va à Paris : toute pêche faite sur nos côtes est vendue d'avance. Je sais même beaucoup de pêcheurs qui, maintenant, traitent à forfait de leur pêche annuelle, quelle qu'elle soit, formant avec leurs acheteurs une sorte de contrat aléatoire : tant pis pour ces derniers si la pêche n'est pas fructueuse.

Si donc l'exportation ne nous enlevait pas toute la fine fleur de nos poissons, nous aurions encore d'aussi belles poissonneries que par les plus plantureux carêmes d'antan.

C'est, du reste, avec cette époque de l'année — l'époque de l'abstinence quadragésimale — que coïncide le retour sur nos côtes de poissons fort appréciés, parmi lesquels, en première ligne, il faut citer le maquereau.

Le maquereau, c'est comme qui dirait l'hirondelle de la « Côte d'Émeraude », le signe précurseur de notre printemps.

Sitôt que, tout là-bas, il sent, en reniflant, un vague parfum de renouveau, il boucle, sans plus de retard, sa valise de voyage.

Les maquereaux, on le sait, nous viennent des mers du Nord, en légions plus nombreuses que les légions d'Attila. Tous, en armée compacte, serrés les uns contre les autres, ils côtoient l'Islande, l'Écosse, l'Irlande et viennent enfin se jeter dans l'Océan Atlantique. Alors, se fait entre eux une grande division, et tandis que les uns, amateurs des plages du Midi, s'enfilent dans la Méditerranée, les autres, qui préfèrent les côtes de Bretagne, font leur entrée dans la Manche, et, par bandes, par sociétés, par familles, suivant leurs goûts, leurs habitudes, leurs souvenirs, s'éparpillent sur toutes les rives du joli Clos-Poulet. Parmi ces rives, leur préférence est pour celles de Saint-Cast, du cap Fréhel, de Saint-Briac et surtout de Saint-Jacut. Aussi, de toute éternité, les Jaguins se sont-ils livrés, avec enthousiasme, à la pêche du maquereau, et, de toute éternité, le maquereau — le joli maquereau bleu à la robe bariolée — a-t-il été pour eux la première source de richesse.

On sait même que, de tous ces côtés-là, pendant bien des années, l'impôt ne s'est pas payé, comme actuellement, avec des gros sous, mais avec un lot de maquereaux.

Ainsi, c'est au moyen de redevances de maquereaux, prélevées sur chaque bateau, que fut édifiée en 1697, la tour actuelle des Ebihens.

Ainsi encore, l'église paroissiale de Saint-Briac a été bâtie avec les produits du lot obligatoire de maquereaux que chaque pêcheur, en rentrant au port, devait apporter à son recteur : voilà pourquoi, sur les murs extérieurs de l'église, ainsi qu'au fond des bénitiers, vous apercevez encore de gros maquereaux, en relief, sculptés dans le granit et destinés à perpétuer le souvenir de cette très pittoresque singularité historique.

POURQUOI LES SARDINES ONT QUITTÉ « LA COTE D'ÉMERAUDE »

Comme je l'ai dit, avec le carême coïncide, chez nous, la venue du maquereau, dont la délicate primeur nous aide, une fois en passant, en nous pourléchant même le bout des doigts, à satisfaire l'austère observance quadragésimale.

Or, chez nous, tout jadis, s'il faut en croire les séculaires grimoires, avec le maquereau, arrivait aussi la sardine aux frétillements d'azur, aux reflets changeants, aux miroitements d'acier : elle nous arrivait par bandes, par nuées, par myriades, comme elle arrive encore aujourd'hui sur les côtes de l'Océan.

Pourquoi donc, aujourd'hui, a-t-elle ainsi quitté entièrement — ou peu s'en faut, — pourquoi a-t-elle quitté, sans esprit de retour, les côtes du Clos-Poulet qu'elle ne fréquente plus que par tous petits groupes absolument insignifiants ?

Voici la légendaire raison de ce phénomène, telle qu'elle m'a été donnée par un brave pêcheur de Saint-Jacut-de-la-Mer.

C'était il y a bien longtemps. C'était bien avant l'époque où, comme vous le savez, il prit un jour fantaisie à une honorable famille de Jaguins d'aller porter au grand roy une belle « pancrée » de poissons frais. Et cette honorable famille s'embarqua sur sa charrette, sa charrette « voilée » comme un bateau. Et la charrette voilée comme un bateau, filant le long des grandes routes, arriva bel et bien à Paris, à la porte du palais du grand Roy, toutes les voiles dehors et grand vent arrière.

C'était même bien avant l'époque où, à Saint-Jacut-de-la-Mer, l'arithmétique était si rudimentaire que, pour se compter, les habitants du crû ne connaissaient d'autre moyen que de tremper délicatement, à tour de rôle, le bout du petit doigt dans quelque bouse de vache étoilant le milieu de la place publique [1].

Donc, en ce temps-là, existait à Saint-Jacut-de-la-Mer, dans un petit coin bien abrité des vents de la mer, un joli oratoire dédié à saint Joseph.

Dans ce joli oratoire, le soir, après la pêche, souvent on s'en allait réciter les litanies de « san José », écrites en Bas-Breton, alors langue de ce pays-là, sur une vieille pancarte que les gros doigts et le temps avaient bien usée un peu, mais où on distinguait encore les lettres, surtout en regardant de près. Un jour, on offrit à l'oratoire une statue de saint Pierre. Elle était superbe, cette statue, avec ses belles enluminures rouges et dorées. Aussi, trouva-t-on convenable de la mettre aux lieu et place de la statue de saint Joseph. Dame ! c'était assez naturel. Entre pêcheurs on se fait des gracieusetés. Or, saint Pierre, vous le savez, était un grand pêcheur, tout comme les

---

[1] Vieilles légendes de Saint-Jacut, souvent relatées dans les Revues qui s'occupent de Folklore.

Jaguins de Saint-Jacut-de-la-Mer, près Aleth, en Clos-Poulet. Tout comme eux, il avait une barque, et comme eux, paraît-il, il faisait parfois, s'il en faut croire M. le Recteur, des pêches quasiment miraculeuses.

Quant à saint Joseph, on le relégua dans une petite grotte perchée très haut sur un rocher, tout au bord de la mer et des hautes vagues qui déferlent. C'était là, avouons-le, entre nous, une idée assez singulière que de placer un saint qui ne fut jamais marin, juste au milieu des nids de mouettes et de cormorans, juste au-dessus des vagues de la mer furieuse.

Pauvre saint Joseph ! Il se trouvait là bien dépaysé, bien malheureux, bien apeuré, quand la houle, le vent, les nuages, les embruns, tout cela, en ronde folle, tourbillonnait autour de lui. Comme il tremblait de la tête aux pieds, dans son tout petit coin de rocher, lorsque les lames gigantesques, avec leurs blanches chevelures éparpillées et leurs croupes verdâtres, se heurtaient en roulant au-dessous de lui, l'éclaboussant irrespectueusement de grands soufflets d'écume !

Un soir que la brise soufflait ferme, le pêcheur Jean Legall regagnait le port en courant des bordées du côté de l'Ebihen. Tout à coup, du côté de la statue de saint Joseph, jugez de sa stupeur ! il vit une grande clarté. A la place de la statue, se trouvait saint Joseph en personne, saint Joseph en chair et en os, le saint Joseph du Paradis. Il semblait bien affligé, et à côté de lui se trouvait une belle dame blanche qui ne pouvait être que la Sainte Vierge et essayait de le consoler.

Il paraît qu'elle ne réussissait qu'à moitié car Jean

Legall vit bientôt rouler sur la joue de saint Joseph une larme qui était grosse comme un quartier de roche et brillante comme un rayon de lune. Cette larme tomba dans la mer, en faisant un grand bruit.

Le conteur, ici, fit une pause. Cette larme, monsieur, me dit-il en forme de conclusion, était si amère, si amère, que la mer est devenue sur nos côtes encore plus salée qu'autrefois, et aujourd'hui, les sardines, ne la trouvant plus à leur goût, font un grand détour, lorsqu'elles voyagent, pour ne plus passer par chez nous.

Et voilà aussi pourquoi, maintenant, par chez nous, quand arrive le carême, ne trouvant plus de sardines fraîches, on doit se contenter de mettre sur sa table une boîte de sardines à l'huile.

CONTE DE CARÊME

C'était sept cents ans et neuf ans en plus, après la naissance du Christ. C'était sous le pontificat de notre seigneur Cadocanam, haut et discret évêque de Quid-Aleth.

Alors s'élevait sur la lisière de la forêt appelée Scissy un grand nombre de pieux ermitages. L'un d'eux, blotti au milieu des rochers, façonné de mousse, de lichen, de terre desséchée, de verts branchages, ressemblait à un nid, mais à un nid un peu plus vaste que ceux où, d'ordinaire, nichent les oiselets.

Cet ermitage était habité par un très vieux solitaire dont la barbe était aussi blanche que les flocons de la neige immaculée.

On contait sur ce solitaire des histoires merveilleuses : on contait qu'il avait fait, dans une auge de pierre, la traversée des côtes de l'Angleterre aux rivages du Clos-Poulet, et qu'il était si âgé, si âgé, qu'il avait, dans sa jeunesse, connu le grand saint Aaron.

C'étaient là, évidemment, des racontars. Mais ce qui est hors de doute, c'est que ce vieil ermite était si austère, si pieux, qu'il ne prenait même pas le temps d'aller cueillir sa nourriture parmi les fruits et les racines de la forêt, et que le ciel, pour l'empêcher de mourir de faim, était obligé de pourvoir directement à son entretien.

Dans une claire fontaine attenant à son ermitage, vivait, en effet, un étrange poisson dans la chair duquel notre ermite pouvait tailler chaque jour son repas, et, aussitôt coupée, la chair du poisson merveilleux repoussait immédiatement.

*
* *

Un jour de Carême, le roi Hoël, suzerain de tous les bourgs du Clos-Poulet et de beaucoup d'autres encore, s'égara, durant une chasse qu'il faisait avec toute sa cour, au milieu de la forêt de Scissy.

Déjà il se faisait tard, et, depuis longtemps, il se sentait fort affamé, lorsqu'il entendit enfin, dans le lointain, une petite clochette qui tintait longuement, pour saluer de sa jolie voix de cristal, les derniers rayons du soleil couchant.

Guidé par cette clochette, Hoël s'en vint bientôt sonner à la porte de l'ermitage dont je viens de vous faire la description :

« — Par amour du bon Dieu, un gobelet d'eau pure et un bout de racine ? » demande-t-il au saint ermite.

« — Le temps d'un *Pater*, et vous allez pouvoir souper à votre faim », lui répondit aussitôt celui-ci.

Au bout d'une minute, le saint revint, en effet, apportant, sur un plat de bois, son poisson merveilleux. Lors, passant devant ses hôtes, il servit à chacun d'eux une grosse tranche de poisson, et le poisson, cependant, ne diminua pas de volume. Et Hoël, ainsi que tous les seigneurs de sa cour, était plongé dans l'étonnement.

Alors le saint ermite leur dit : « C'est maintenant l'époque anniversaire de la quarantaine de jeûne qu'il y a sept cents ans et neuf ans en plus, accomplit, dans le désert, Notre-Seigneur le Christ. En vérité, je vous l'assure, quiconque, en mémoire de ce jeûne divin, veut vivre dans l'abstinence, trouve plus aisément à se bien nourrir, que celui qui passe son temps à la chasse, en quête de gibiers délicats ».

« — Comment voulez-vous donc, repartit Hoël, que nous vivions de poissons, dans un pays où il n'existe que des taillis pour abriter les fauves et des arbres pour nicher les oiselets ? »

« Ayez confiance, dit encore le saint ermite, car quiconque veut faire abstinence aura toujours, sur sa table, poisson en abondance ».

Ainsi parlant, le saint ermite se mit en prière, les bras étendus en face l'horizon bleu.

Et de l'horizon bleu, s'éleva un grand bruit : c'était la mer emplie de poissons qui accourait de toute la force de ses vagues, en couvrant les bosquets, les grands chênes, les hauts rochers de sa limpide nappe d'azur.

Depuis cette époque, la mer roule ses eaux, là où jadis s'élevait la vaste forêt de Scissy.

Depuis cette époque, on peut faire l'abstinence du carême, dans toute l'étendue de notre pays, et la tradition raconte même que, plus on la fait consciencieusement, plus le poisson se laisse facilement prendre dans les filets des pêcheurs de la côte, et plus aussi les poissonnières le cèdent facilement, aux pieuses ménagères de Saint-Malo.

16 Mars 1891.

LE DIMANCHE DES RAMEAUX.
LES USAGES QUI S'Y RATTACHENT.
LA STATION DE CARÊME DANS LES CHAPELLES DE VILLAGE.

Comme le temps passe vite, même en carême ! Déjà, c'est dimanche prochain, le dimanche des Rameaux !

Le dimanche des Rameaux est, assurément, une des fêtes les plus poétiques et les plus aimées de notre Religon. Il n'est pas seulement, en effet, la belle fête commémorative qui nous rappelle l'entrée triomphale de Notre-Seigneur à Jérusalem ; il est aussi la belle fête qui vient, tout à coup, au milieu des austérités quadragésimales, nous annoncer que Pâques approche. Or, Pâques, c'est la fête de la résurrection du Sauveur ; Pâques, c'est aussi la fête de la résurrection du printemps.

Le dimanche des Rameaux, chaque fidèle, suivant la vieille et pieuse tradition, se rend aux offices portant à la main ou, entre les feuilles de son livre de messe, soit un petit brin de buis, soit une branchette de laurier.

Autrefois, dans différentes parties de notre pays, les

paysans, en sortant de la grand'messe, allaient planter au milieu de leurs champs leur rameau bénit, après en avoir toutefois détaché les quelques feuilles destinées à leur bénitier.

C'était là, n'est-ce pas, une bien jolie coutume qui, je crois, hélas ! a, à peu près, disparu. C'était là, aussi, une très poétique et très éloquente prière, destinée à attirer sur les récoltes prochaines, la bénédiction du Ciel.

Aujourd'hui, on se contente d'ordinaire d'accrocher pieusement le rameau bénit, au bénitier suspendu sur le côté du lit-clos, à un des fuseaux du « char-lit ». Dans le bénitier se trouve déjà, vous le savez, un tison du dernier feu de la Saint-Jean, trempant dans l'eau bénite. Ce tison est destiné spécialement à protéger de la foudre.

Dans certaines fermes de Basse-Bretagne et même du Clos-Poulet, le rameau bénit est destiné à orner la Sainte-Vierge.

Sûrement, vous avez remarqué la petite niche placée au milieu de la galerie à fuseaux qui couronne tous les lits-clos de pur style breton. Dans cette petite niche, se trouve encore souvent, mais se trouvait toujours autrefois, une petite statue de la Vierge.

Cette statue de la Vierge, en vieille faïence du pays, est décorée de couleurs éclatantes ; elle porte l'Enfant-Jésus dans ses bras, et, au cou, par un naïf anachronisme qu'on retrouve souvent, du reste, dans les choses bretonnes, et au cou, dis-je, une croix suspendue à un collier. Le style de cette statue est bien connu, et ses reproductions se voient maintenant aux vitrines de tous les marchands de porcelaine.

Or, autrefois, beaucoup de ces statuettes étaient creusées à l'intérieur, et la couronne était, en même temps, l'orifice d'un vase à fleurs. C'est, dans cette couronne, qu'on plaçait le buis bénit, au moins jusqu'au mois de mai, époque à laquelle on le remplaçait par de petits bouquets de fleurs naturelles.

Vous êtes-vous quelquefois demandé comment, à la campagne, on sanctifiait le temps du Carême, et par quels exercices religieux on se préparait à célébrer la fête de Pâques ? A la campagne, en effet, il n'y a pas d'ordinaire de sermons faits, comme chez nous, par un prédicateur spécial. A la campagne même, il n'y a, la plupart du temps, que des petites chapelles où, une fois par semaine, un prêtre de la paroisse voisine s'en vient célébrer la Sainte-Messe.

Encore, les chapelles qui sont desservies, une fois par semaine, par un prêtre détaché de la paroisse voisine, sont-elles presque l'exception, et, très-souvent, les habitants de maints villages, disséminés par les campagnes, doivent-ils faire une très longue course, avant d'arriver à l'église la plus proche.

Même dans ces villages, cependant, il est bien rare qu'il n'y ait pas au moins une chapelle où l'on célèbre la Messe, le jour où arrive la fête du saint auquel elle est dédiée.

Certes, sur ces chapelles de villages bretons, sur les usages séculaires qui les entourent, sur les vieilles coutumes qui les régissent, sur le point même de savoir à qui elles appartiennent, il y aurait à faire de fort curieuses études.

Ainsi, par exemple, certaines appartiennent à la « frairie ». La « frairie », c'est la confrérie, c'est l'agglomération des chaumières avoisinantes, c'est la sorte de société civile formée par tous les habitants du village, co-propriétaires de la chapelle et de tout ce qui sert à l'orner.

La « frairie » a son signe distinctif : c'est une bannière à l'effigie du saint de la chapelle et que le plus robuste de la « frairie » porte aux pardons et aux processions de la paroisse dont relève sa « frairie ».

Or, dans ces petites chapelles, « frairies » et autres, le saint temps du Carême se célèbre, sinon peut-être aussi éloquemment qu'à Notre-Dame de Paris, du moins aussi pieusement, aussi assidûment.

Pendant le Carême, chaque soir, on se rend à la chapelle où on dit un chapelet, où on chante des cantiques. D'ordinaire, c'est le bedeau ou gardien de la chapelle qui prend l'initiative des prières. C'est aussi souvent la châtelaine voisine. C'est du moins, toujours, le gros bonnet de l'endroit.

Ce que je dis des cérémonies du Carême est également exact pour les exercices du mois de Marie.

En tout cas, si vous aimez les contrastes, allez suivre à Notre-Dame de Paris une station quadragésimale et allez en suivre une autre dans une « frairie » de Basse-Bretagne.

Peut-être, après tout, quoique par des moyens fort différents, toutes deux, au même degré, sauront-elles pieusement vous intéresser.

LA SEMAINE-SAINTE, SES USAGES ET SES LÉGENDES

Voici la poétique fête des « Pâques Fleuries » qui déjà s'envole.

Elle laisse comme souvenir, une branchette de buis qui décore le bénitier et protège le chevet.

Nous sommes en semaine sainte !

La semaine Sainte, c'est la semaine toute consacrée aux cérémonies de l'Eglise, aux examens de conscience, aux dernières abstinences que l'Agneau de la Pâque doit bientôt faire oublier ! Jadis, lorsque, durant quarante jours consécutifs, l'usage des aliments maigres était une obligation, ainsi qu'à la Noël, c'était, chez nous, l'usage de réveillonner à minuit, le jour de Pâques. On réveillonnait de saucisses, de foie gras, de boudins, de charcuterie de toute sorte. Et c'était là, certes, un usage bien compréhensible, alors surtout que les doctrines du « végétarisme », du « semi-végétarisme », du « *Naturel food Society* » et autres doctrines similaires n'avaient pas encore pénétré, jusque dans notre Clos-Poulet, où, d'ailleurs, elles ne paraissent pas devoir récolter jamais beaucoup de disciples.

La Semaine-Sainte ! c'est la semaine toute remplie de

recueillement, d'encens parfumé, de poétiques traditions, de curieuses et lointaines légendes.

Voici les cloches qui se détachent de leurs aériens séjours, secouent leurs robes d'airain et, silencieuses, recueillies, voyagent vers Rome à travers le ciel gris de Bretagne.

Elles vont à Rome, où le Pape doit les bénir, les purifier, leur confirmer leur belle et aérienne mission. Or, leur belle et aérienne mission, c'est du haut du clocher, de chanter les naissances et de pleurer les décès ; c'est de tinter les *Angelus*, de sonner les *Te Deum* et les *Alleluia !*

Alleluia ! Alleluia !! Voilà les cloches qui reviennent de leur grand voyage, apportant dans leurs robes d'airain les jolis œufs de Pâques, qu'elles sèment sur leur passage et que les petits enfants s'en vont joyeusement « dénicher ».

Et sur leur passage aussi, au long des « banquettes » de la route qui, de Rome, ramène en Bretagne, l'herbe verdoie et les pâquerettes fleurissent.

Mais, avant l'Alleluia de la Pâque, il y a aussi toute la tristesse des fêtes commémoratives de la mort du Sauveur.

En Basse-Bretagne, cette tristesse s'exprime par une série d'usages très enracinés. Les bonnes femmes, ainsi qu'aux enterrements, baissent les « naches » de leurs coiffes. Les lavandières suspendent leur travail. Si elles lavaient, elles laveraient leur suaire, et sûrement, mourraient avant la fin de l'année.

Les hommes ne doivent pas travailler à la terre. Quant

aux femmes de Basse-Bretagne, on sait qu'elles n'y travaillent jamais.

Les hommes ne doivent pas travailler à la terre, parce que la terre « saignerait » sous leurs coups de bêche ou de charrue. S'ils travaillaient à la terre, aussitôt que leurs instruments aratoires s'enfonceraient dans son sein, elle se fendrait, se fendrait très loin, indéfiniment, jusqu'à la mer où elle se termine. Elle se fendrait ainsi, comme la terre se fendit lorsque Notre-Seigneur, sur la croix, rendit le dernier soupir.

C'est pourquoi, le travail des paysans bas-bretons, durant cette semaine, consiste uniquement à réparer les brèches des champs.

※
※ ※

En Basse-Bretagne, c'est encore un usage très répandu de célébrer les mystères de la Passion avec une mise en scène aussi curieuse qu'originale. L'un représente Notre-Seigneur, l'autre représente Judas. Celui-ci fait le rôle de Barrabas, et celui-là de Saint-Jean. Il y a aussi la Sainte-Vierge, Marie-Madeleine, le groupe des saintes femmes, en un mot tous les personnages qui figurent dans la Passion.

Il y a quelques années, j'ai assisté, à Plumerlin (Morbihan), à la scène commémorative du Jardin des Oliviers.

Les Bretons représentant les apôtres étaient couchés dans un bois de sapins, à côté d'une lande. Un Breton, faisant le rôle de Notre-Seigneur, était à genoux au pied d'une croix de granit.

Armés de fourches et de bâtons, Judas et sa troupe se présentèrent bientôt à l'entrée de la lande. Alors, se déroula une série de scènes très originales, jouées avec une naïveté pleine de saveur pittoresque et dans le style des anciens « Mystères ».

Finalement, Notre-Seigneur fut arrêté et j'entendis un Breton, en s'en allant, qui résumait ainsi ses impressions : « Ce n'est pas fort, tout de même !... Le grand Jobick qui s'est fait arrêter, par les voleurs, dans la même lande que l'an dernier !!! »

Notez que c'est le grand Jobick qui remplissait le rôle de Notre-Seigneur.

A Plumerlin, vous le voyez, on n'est pas, sur certains points, à moitié naïf.

J'ai entendu dire qu'il y a une trentaine d'années, à la chapelle du Rosais, à Saint-Servan, on célébrait également ainsi les mystères de la Passion. Je ne sais si ce renseignement est exact.

A Saint-Malo, l'office des Ténèbres est le dernier office dans lequel les fidèles ont été appelés à jouer un rôle actif. Leur rôle consistait, au moment où les prêtres laissent tomber les stalles pour rappeler le « grand bruit » dont parlent les Ecritures, leur rôle, dis-je, consistait à faire un épouvantable vacarme, avec tous les ustensiles les plus bruyants qu'ils avaient pu découvrir.

Aujourd'hui, tous ces usages, dont le caractère n'est plus dans nos mœurs, tendent de plus en plus à disparaître, et, vraisemblablement, avant longtemps, même au fond de la Basse-Bretagne, ils ne seront plus que des souvenirs, et ces souvenirs, à leur tour, disparaîtront rapidement des mémoires.

Hâtons-nous donc de les enregistrer.

*
* *

De toute la guirlande de fraîches, naïves et pieuses légendes dont l'imagination populaire a fleuri la semaine sainte, la plus poétique encore est celle des « Oiseaux de la Passion ».

C'était au printemps, il y a dix-neuf siècles ; les hirondelles volaient vers la Bretagne.

Tout-à-coup, du haut des airs, elles distinguent en bas, sur la terre, le Dieu qui leur avait donné généreusement le beau domaine du ciel bleu, au jour de la création.

Il était couronné d'épines. Il tenait un roseau à la main, et une foule méchante le maltraitait.

Alors, émues de pitié, vite, elles descendent des hauteurs du firmament et, voletant autour de la tête de Jésus, elles enlèvent, une à une, les cruelles épines qui perçaient son divin front.

Depuis cette époque lointaine, les hirondelles de Bretagne, messagères du printemps, apportent avec elles le bonheur, et les toits où elles veulent bien suspendre leurs nids sont bénis de Dieu.

Cependant, Jésus marche vers le Calvaire. Un rouge-gorge le suit dans son douloureux pèlerinage et chante au-dessus de la tête du Sauveur. C'est la seule façon dont il peut l'aider à supporter le poids de sa croix.

Jésus est crucifié. Le rouge-gorge est encore là et chante, chante toujours. Tout-à-coup, il aperçoit une épine qui s'enfonce dans le front du Sauveur. Vite, d'un coup de bec, il l'arrache. Alors, une goutte de sang qui perlait au front du divin Crucifié tomba sur la gorge du petit oiseau, et elle y restera jusqu'au dernier jour du monde, en souvenir de sa bonne action.

En Basse-Bretagne, on conte que chaque année, le Vendredi-Saint, à trois heures, Jean Rouge-Gorge va se poser, dans la lande, sur une croix de genêt, et enrichit la jeune fille en état de grâce qui s'arrête un moment à écouter sa gentille chanson. Blanche-Epine [1], une fois, entendit ainsi Jean Rouge-Gorge qui lui ordonna de frapper le roc, d'où sortit une belle vache rousse, au lait intarissable.

On sait que, si la pie est un oiseau de malheur, c'est que, seule de tous les oiseaux du ciel, elle dédaigna de s'associer au deuil de la nature, après la mort du Christ.

On sait aussi que le moineau est, en Basse-Bretagne, considéré comme maudit. Moins discret, en effet, que les nombreux oiseaux de toutes sortes qui peuplaient le jardin des Oliviers et se taisaient afin de ne pas éveiller l'attention des Juifs, lui, il les attira méchamment par son ramage tapageur.

Mais, nous l'avons dit, les cloches sont revenues de Rome.

Voici les œufs de Pâques traditionnels et les jolies légendes dont ils perpétuent le souvenir.

---

[1] Vieille légende bien connue en Haute et en Basse-Bretagne.

Voici le printemps !

C'est l'époque où jadis nos bons ancêtres revêtaient, invariablement, les belles jupes de popeline rose et les grands capots de mousseline, les gilets blancs immaculés, les frais pantalons de nankin et les « panamas » à larges bords.

Voici le printemps !

La lampe de la veillée s'éteint doucement. La bûche de Noël est morte, et les derniers tisons expirent sur leur couchette de cendre.

Voici le printemps !

Il sonne l'heure de l'arrivée et la fin du voyage que vous avez bien voulu entreprendre, avec moi, au joli pays des traditions qui s'effacent, des croyances qui se dissipent, des coutumes qui, lentement, une à une, à regret, s'estompent, s'évaporent, s'éteignent à jamais dans les lointains brumeux du passé disparu.

TABLE DES MATIÈRES

Introduction 1

I

VIEILLES RELIQUES

N. D. de la Grand'Porte 3
La Maison du Cheval Blanc 6
Histoire d'une ancienne famille du pays 11
Le château des Bigorneaux 14
La maison en argent de Saint-Malo 20
La maison de verre de Saint-Malo 25
La maison de Jacques Cartier 32
La maison de la « Moune » 39
Duc, cherche tes chiens 42
Saint-Christophe de la Grand'Porte 45
Le château de la Fosse-Hingant 49
Le château Gaillard 53
Un dernier mot sur les vieilles maisons de Saint-Malo . . . 57

II

LA MARINE DE LA « COTE D'ÉMERAUDE »

Les gabariers de Pleudihen 63
Les bateliers du Naye 67
Les bateliers de la Rance 72

La caravane et les bisquines de Cancale 76

TERRENEUVAS ET SAINT-PIERRAIS

Noël ! Noël ! Les Terreneuvas ! 83
Les Engagements 87
La Revue. 90
Au revoir ! les Saint-Pierrais ! 93
Partance 98
La poupée de Terreneuve 102

III

MÉTIERS DISPARUS

Les meuniers de Saint-Malo 109
L'enfant du Diable 115
La Madeleine et les Cordiers 119
Les muletiers de Redon 124
Les filandières et les tessiers 127
« Tinaises » et monteuses d'eau » 141
Les fantômes malouins 144

IV

TEMPS PASCAL

Temps pascal 149

V

FOLK-LORE DE MAI

Folk-Lore de Mai 159

VI

LA CÔTE D'ÉMERAUDE

Sur la plage	169
Les drames de la plage	172
Premières silhouettes	176
Les chèvres aux bains de mer	180
De la merveilleuse origine des bals au Casino de Paramé	183
Pourquoi, chez nous, fait-on le signe de la croix en entrant dans l'eau	187
Saint-Malo-les-fleurs	191
Branle-bas !	195
Le Gros-Malo	198
Bateaux anglais	202
Le train de plaisir	206
La Vierge de Saint-Cast	210
L'or de chat	214
Au bas de l'eau	218
Nos bains de mer au temps passé	224

VII

DANS LE « MARAIS »

La pomme du « Marais » et sa merveilleuse origine	231
Les « boiries »	235
De l'origine du « Badiou »	239

VIII

CRIS DE LA RUE

Cris de la rue	245

IX

JEUX ET RÉJOUISSANCES

Le roi boit !	259
La Sainte-Ouine	266
La joûte et la goëmonnerie	269
Tir de l'oie et papejai	272
Quintaine, tourniquet et mat de cocagne	276
Autrefois la Saint-Jean à Saint-Malo	281
Le chant de la chèvre	291
Jeu ou impôt de la rose à Paramé	294
Les jeux de balle	297

X

DES QUATRE ACCROISSEMENTS SUCCESSIFS DE LA VILLE DE SAINT-MALO

Des quatre accroissements successifs de la ville de Saint-Malo	305

XI

LES CROIX LÉGENDAIRES

Les croix légendaires	323

XII

VISITE AUX VIEILLES CHAPELLES

La chapelle Saint-Aaron	339
La chapelle Saint-Etienne	345
Chapelle et couvent des Récollets	349
Chapelle et couvent de la « Victoire »	351

La chapelle Saint-Thomas	353
Chapelle et couvent des Bénédictins de Saint-Malo	357
Les chapelles en pleine mer	363
Le Clos-Poulet en pèlerinage	368

XIII

LES ÉVÊCHÉS DISPARUS
(ALETH, SAINT-MALO, DOL)

Pèlerinage à la cathédrale d'Aleth	373
Le dernier jour des évêchés de Dol et Saint-Malo	378
Des cérémonies qui avaient lieu lorsque le nouvel évêque de Saint-Malo prenait possession de son siège épiscopal	383
Le pourpris du chapitre	388
Le tombeau de l'insigne chapitre de Saint-Malo	391

XIV

EN HIVER

La récolte du gui	397
Le Noël des petits noyés	400
Le C... de l'an	403
Fin d'année : usages et traditions	406
Le Clos-Poulet en chapeau à haute forme	410
La casse	412
A propos des visites de l'an	414
Saluez ! c'est le tabac qui passe	417
Oiseaux de mer	420

XV

DURANT LE « MOIS NOIR »

Les légendes de la Toussaint	427
Visite aux tombeaux de la cathédrale	434

Intersines et signifiances. Veillée de mort. A l'« orate fratres ». Le registre mortuaire. Les corps des pauvres, à la cathédrale de Saint-Malo. Nos anciens cimetières, ... 438
Comment « on revient ». 428

XVI

EN CARÊME

Le mardi-gras et les crêpes. Autrefois le jeu de l'oie sur la grand'grève et le carnaval des pauvres à Dol-de-Bretagne . 463
Au gros lançon ! 467
Profils oubliés 471
Huîtres et maquereaux 474
Pourquoi les sardines ont quitté la côte d'Émeraude 478
Conte de carême 482
Le dimanche des Rameaux. Les usages qui s'y rattachent. La station de carême dans les chapelles de village 486
La semaine sainte, ses usages et ses légendes 490

Achevé d'imprimer
le trente Octobre mil huit cent quatre-vingt-quatorze
par
LEMERCIER ET ALLIOT
à *NIORT*
pour
HYACINTHE CAILLIÈRE, ÉDITEUR
à *RENNES*

www.ingramcontent.com/pod-product-compliance
Lightning Source LLC
Chambersburg PA
CBHW051131230426
43670CB00007B/764